Xavier Sala i Martín (Cabrera de Mar, 1963) es licencia-
do por la UAB, máster en finanzas internacionales y doctor en economía por la Universidad de Harvard. Ejerce la
docencia como catedrático en la Universidad de Columbia
y como profesor invitado en la Universidad Pompeu Fabra. Colabora, entre otros organismos internacionales, con
el Foro Económico de Davos al tiempo que asesora a una
serie de gobiernos de África y América Latina. Asimismo,
es patrón y fundador de la Umbele Foundation: A Future for
Africa, dedicada a la promoción de la educación en África,
y de Empresaris Sense Fronteres - CEOs Without Borders,
una organización que promueve el desarrollo empresarial
en los países pobres. Ha sido miembro de la junta directiva
y tesorero del F. C. Barcelona. Xavier Sala i Martín es autor de varios libros, entre los que cabe destacar *Economía
liberal para no economistas y no liberales*, *És l'hora dels
adéus?* y *Economía en colores*. En el campo de las publicaciones especializadas, es el responsable del *Global Compe-
titiveness Report* para el World Economic Forum de Davos
y es coautor junto a Robert J. Barro de *Economic Growth*,
editado por el prestigioso MIT (Massachusetts Institute of
Technology). Vive entre Nueva York y Barcelona. Es cola-
borador habitual del periódico *Ara*, de las emisoras de radio
RAC1 y Catalunya Ràdio y de Televisió de Catalunya.

XAVIER SALA I MARTÍN

Economía liberal
para no economistas
y no liberales

DEBOLS!LLO

Título original: *Economia liberal per a no economistes i no liberals*

Primera edición en esta colección: mayo de 2017

Printed in Spain – Impreso en España

ISBN: 978-84-9793-631-6
Depósito legal: B-9.897-2017

Compuesto en gama, s. l.

Impreso en QP Print

P 8 3 6 3 1 C

Penguin
Random House
Grupo Editorial

*A Maria Martín i Pujol y a Emili Sala i Amó,
que son y han sido siempre liberales con sus hijos,
que son y han sido siempre unos grandes padres*

ÍNDICE

PRIMERA PARTE
LA GRANDEZA DE LA LIBERTAD

De buenas intenciones,
el infierno está abarrotado

Dejándose llevar por su mala cabeza, el señor Xavier Sala i Martín (profesor de economía en la Columbia University de Nueva York, a quien probablemente ustedes habrán visto alguna vez por la tele vestido con americanas chillonas y corbatas con grandes dibujos) insistió en que en el título de este libro apareciera la palabra *liberal*.

A él, que vive medio año en Nueva York, tres meses en Cataluña —donde ejerce como profesor de la Universitat Pompeu Fabra—, y tres en Washington —donde colabora con el Fondo Monetario Internacional—, le debe parecer que lo de llamarse liberal queda bien. Pero no sabe dónde se ha metido.

La mayor contribución de un catalán a la bibliografía sobre el liberalismo es la del insigne eclesiástico Fèlix Sardà i Salvany, nacido en Sabadell en 1844 y muerto el año de Nuestro Señor de 1916. Sardà i Salvany pasó a la historia por la publicación, en 1884, de un libro titulado *El liberalismo es pecado* (en 1999 la editorial Altafulla hizo una edición facsímil que todavía hoy podemos encontrar). El libro fue un auténtico *bestseller*, hasta el punto de que en 1891 se llegó a hacer una edición en ocho lenguas (¡incluidas el catalán, el gallego y el euskera!). Durante años, los catecismos españoles (como el del famoso padre Ripalda) incorporaban la pregunta «¿El liberalismo es pecado?», a la cual, naturalmente, había que responder «Sí, es pecado». Pero Sardà i Salvany no sólo es un recuerdo de otros tiempos. Hace muy pocos años, el 11 de octubre de 1992, para conmemorar los quinientos años de algo, el papa Juan Pablo II canonizó a uno de los más fervientes seguidores del integrista Sardà: san Ezequiel Moreno y Díaz, muerto en 1906, quien se hizo grabar en su tumba a modo de epitafio la brillante frase «El liberalismo es pecado». Y aún hoy en día los seguidores de monseñor Lefèbvre van por el mundo difundiendo la obra del eclesiástico vallesano (en Internet es fácil encontrar una adaptación de esa frase al inglés: *Liberalism is a Sin*).

La historia política española hizo que la ideología integrista de Sardà i Salvany se mantuviera bien viva hasta hace pocos años, y que muchos de los que hoy tenemos más de cuarenta todavía podamos recordar cómo de pequeños nos contaban los males del liberalismo, mezclados con los del judaísmo, la masonería y el marxismo. Curiosamente, aquellos a quienes se intentó inculcar el falangismo terminamos leyendo las obras completas de Marx, Engels, Lenin y Mao o, a menudo, adaptaciones como la de Marta Harnecker, que no diferían mucho, en cuanto al tono, del catecismo del padre Ripalda. Y así nos fueron las cosas.

Una vez más nos contaron que el liberalismo era pecado. Aunque resulte difícil de creer, Engels, en su estudio sobre la situación de la clase trabajadora en Inglaterra, también utiliza el término *pecado*. Y así fuimos pasando de un integrismo a otro, pero manteniendo siempre la idea de que el liberalismo es pecado. Pecado contra la religión, pecado contra la historia, pecado contra los trabajadores, pecado contra los pobres... Sabiendo que era pecado, pero sin saber muy bien qué significaba eso del liberalismo. Como decía Unamuno en una carta abierta a Ángel Ganivet (publicada en *El defensor de Granada* en 1898): «[...] la constante cantinela de que el liberalismo es pecado, sin que logremos llegar a saber qué es eso del liberalismo».

Y aún nos hallamos en el mismo punto. Todavía hoy una mayoría de nuestra sociedad, y la práctica totalidad de nuestros intelectuales, periodistas y otros creadores de opinión, sostienen que eso del liberalismo no es más que una trampa de los ricos para ahogar a los pobres. Normalmente utilizan el término *neoliberalismo* y tienen por costumbre acompañarlo del adjetivo *salvaje*. Huelga decir que el *liberalismo salvaje* es el culpable de todos nuestros males: es el culpable de que en el mundo haya pobres, de que el planeta se caliente, de que nuestras calles no sean lo bastante seguras o de que las vacas se vuelvan locas. Todo esto, y mucho más, es culpa del *neoliberalismo salvaje* con la ayuda inestimable del *pensamiento único*, la *globalización* y, según me dijeron el otro día, *el patrón mundial del consumo*.

Ya me explicarán ustedes por qué demonios uno de nuestros mejores economistas, la máxima autoridad mundial en crecimiento económico y un señor respetado en los foros financieros internacionales quiere colgarse la etiqueta de *liberal* en un país donde, de pequeños, todos sabíamos que *el liberalismo es pecado* y ahora que se supone que nos hemos hecho mayores ya hemos aprendido que *la culpa es del neoliberalismo salvaje*.

Posiblemente encontremos una explicación fácil: lo hace para provocar, para llamar la atención. Por el mismo motivo que se viste con americanas chillonas o que utiliza el guión corto para escribir su nombre cuando está en Estados Unidos (Sala-i-Martín), no vaya a ser que los yanquis no se den cuenta de que él es catalán. Es una explicación fácil, pero no termina de encajar con el personaje.

Y es que Sala i Martín, además de usar el guión corto en su nombre y vestir americanas llamativas, trabaja como un condenado. No es un comediante a quien le gusta llamar la atención, es un profesor de economía de los buenos, de los que se pasa horas y horas leyendo, investigando, dirigiendo, escribiendo, viajando, analizando, pensando... Hace tiempo que lo conozco y que lo trato con cierta asiduidad, y jamás le he oído pronunciar una opinión gratuita.

Y todavía más importante: a menudo le he oído decir que no sabe nada de nada sobre una cuestión determinada. No es cierto; normalmente sabe más sobre ella que todos los entendidos que se pasan la vida pontificando sobre el bien y el mal. Pero para él no basta, prefiere no opinar si no sabe *mucho* de una cuestión. Si no la ha estudiado a fondo y no ha conseguido hacerse su propia opinión personal. Una opinión que, además, se pueda explicar de un modo claro.

Ésta es otra de las grandes virtudes del personaje: saber explicarse. Cuando habla se le entiende, incluso cuando habla de economía... que suele ser casi siempre. Como los sabios de verdad, sabe que las explicaciones demasiado complicadas suelen ser el refugio de los mediocres. Sabe que cuando una idea es lo suficientemente clara siempre puede ser expuesta de una forma comprensible. Y también sabe que una parte de su trabajo consiste en conseguir que le entiendan. Que le entiendan los estudiantes y los colegas, pero también la gente normal, aquellos que no dominan las técnicas econométricas ni el vocabulario especializado y que, por ello, son más difíciles de engañar.

Retomemos nuevamente la cuestión. Si el profesor Sala i Martín escribe un libro como el que tienen en las manos, donde expone de forma clara y rigurosa el funcionamiento de la economía de nuestros tiempos, y su voluntad no es, simplemente, provocar, ¿por qué lo titula *Economía liberal para no economistas y no liberales*?

Pues porque se lo cree. Porque, después de estudiar durante muchos años, ha llegado a la conclusión de que la mejor aproximación a la economía es la que han hecho los liberales, porque cree que el mundo será mejor si avanza la libertad económica. Y, en el fondo, es por ello por lo que se toma la molestia de escribir un libro como éste. Un libro que le dará mucho menos dinero y prestigio que una breve intervención en un foro académico. Lo escribe porque quiere que su país, el nuestro, sea mejor. Y porque está firmemente convencido de que el mundo será mejor si la libertad económica es mayor. No sólo se lo cree, sino que es capaz de argumentarlo de modo entendedor y por eso escribe este libro. Para explicárnoslo e intentar convencernos.

Intenta convencernos de que «el gobierno tiene unas obligaciones y de que debe jugar un papel fundamental. Ahora bien, más allá de dichas obligaciones, el gobierno ha de limitar su acción y dejar que la gente actúe con libertad tanto en el ámbito económico como en los distintos ámbitos sociales. Ni en la cartera, ni en la braqueta».

¡Ya me estoy imaginando los sarcasmos! ¡Ahora incluso resultará que el señor Sala i Martín es un buen samaritano que lo que quiere es arreglar el mundo! ¡Ya sólo faltaba eso! ¿Cómo nos podemos creer que quiera arreglar el mundo un señor que dice que quiere pagar pocos impuestos, que dice que la globalización es buena, que dice que el problema del Tercer Mundo no es la maldad del Primer Mundo y que quiere que los comercios abran los domingos? ¿Cómo puede ser buena una persona que se atreve a proclamarse liberal?

La respuesta la da el propio Sala i Martín. «Soy liberal precisamente porque me interesa eliminar la pobreza del Tercer Mundo.» O citando al eminente economista americano Paul Krugman, quien afirma que «el espíritu mercantil y el afán de lucro han hecho más para un gran número de gente pobre que toda la ayuda humanitaria y todos los créditos blandos concedidos por todos los gobiernos y todas las ONG del mundo a la vez».

Sala i Martín cree que el trabajo del economista es un trabajo serio que, como el de cualquier otro profesional (le gusta comparar a los economistas con los médicos), no se debe medir por las intenciones sino por los resultados. «La pregunta realmente importante no es quién es más bueno o más solidario, sino cuáles son las políticas económicas que acabarán consiguiendo que los países pobres dejen de serlo», dice.

Permítanme expresarlo a mi manera, o a la manera de nuestras abuelas: de buenas intenciones, el infierno está abarrotado.

En las páginas que siguen, el profesor Sala i Martín nos explica que la libertad económica es el gran motor del progreso humano. Y lo hace no desde las intenciones o la ideología, sino desde los datos, desde la historia. Datos que son, al fin y al cabo, los que nos deberían permitir decidir hacia dónde nos movemos. Si queremos más Estado o más mercado, si queremos más globalización o más proteccionismo...

Y es en ese terreno, el de los datos y las experiencias históricas contrastables, donde deberíamos ser capaces, todos, de hablar de economía.

Este libro que tienen en sus manos es una buena ayuda. Permite entender los mecanismos básicos de funcionamiento de la economía real (la del mercado), permite ver cuál es el papel del Estado en la economía y permite discutir de casi todo: de impuestos y de globalización, de horarios comerciales y de progreso tecnológico, pero también de vacunas, de prostitución o de fútbol.

Aprovechen ustedes el libro. Discutan (discutamos) de manera sensata: con datos fiables y argumentos contrastados, en la mejor tradición liberal. De eso se trata.

JOAN OLIVER

PREFACIO

Nunca falla. Catorce segundos después de descubrir que soy economista, la gente me pregunta qué acciones debe comprar para hacerse rica, cuándo cesará el bajón de la bolsa, en qué porcentaje bajarán los tipos de interés o cuántos meses tardará el euro en recuperarse.

Éste debe de ser, supongo, el precio que uno tiene que pagar por el hecho de ser economista. Imagino que los médicos han de estar hartos de que los desconocidos les pregunten cómo curar el dolor de espalda o si la inflamación de codo es maligna. Aun así, el desconocimiento que la gente tiene de la profesión de economista hace que las cosas sean un poco más engorrosas para nosotros. Al fin y al cabo, todo el mundo sabe perfectamente que el trabajo de los médicos es curar a los enfermos, mientras que la gente no acaba de saber exactamente qué es lo que hacemos los economistas. O peor aún, tiene una idea equivocada de lo que hacemos, puesto que se piensa que nos dedicamos a ganar dinero a base de explotar nuestra capacidad de pronosticar el futuro. Por esto los desconocidos nos piden que hagamos profecías sobre la bolsa, sobre los tipos de interés o sobre el euro. Y digo que estas demandas son un poco más engorrosas para nosotros que para los médicos porque, en realidad, ¡los economistas no tenemos ni idea de hacer predicciones y menos cuando se trata de predicciones sobre el futuro!

El problema radica en el hecho de que hay dos tipos de economistas: los que no saben hacer profecías y los que *no* saben que no saben hacer profecías. Los de la segunda categoría son los que se aventuran a hablar del porvenir como si de él tuvieran la más mínima idea. A menudo me maravilla observar la capacidad que tienen de escribir en el periódico o de salir por la televisión pronosticando el comportamiento de la bolsa de Tokio, el paro en Europa o las acciones de Terra-Lycos, o dando consejos sobre el tipo de inversiones que hay que hacer durante el próximo trimestre. ¡Y lo más divertido es que la gente los escucha! En realidad, y eso que quede entre ustedes y yo, no tienen más capacidad de augurar el mañana que la de esos charlatanes que vaticinan que el número ganador de la lotería de Navidad terminará en 7. Y, claro está, como normalmente no suelen acertar, acaban desprestigiando a nuestra profesión (¡y, de paso, hacen que los hombres del tiempo parezcan unos expertos en comparación!).

Yo, lo confieso, pertenezco al otro grupo de economistas: los que no saben hacer profecías, por lo menos profecías que terminen cumpliéndose (en realidad, es muy fácil decir: «La bolsa subirá el 14% durante el próximo trimestre»; otra cosa es que ello acabe siendo cierto). La verdad es que me encantaría saber predecir el futuro, porque esta incapacidad manifiesta me lleva a menudo a situaciones muy comprometidas. Imagínense ustedes la cara que debo poner cuando estoy en una fiesta y alguien me pregunta si es el momento de comprar acciones de Telefónica. Si digo que no tengo ni idea, la gente se piensa que soy un inútil y me dejan solo toda la noche (cosa que, a veces y según la fiesta, representa una gran ventaja, no nos engañemos). Si, por el contrario, me lo invento y digo que creo que Telefónica va a subir, me arriesgo a que me crean, a que, en vez de subir, Telefónica baje y que los pobres señores terminen arruinándose. ¿Y si me los vuelvo a encontrar en otra fiesta al cabo de seis meses, con la cara demacrada y sin blanca, todo por mi culpa? Se darán ustedes cuenta de que esta desagradable situación no es de fácil solución. Algunas veces he intentado salir del atolladero recomendando la compra de acciones de Bodegas Bilbaínas: «Si las acciones suben», le digo al interlocutor que busca consejo financiero gratis, «ganará usted mucho dinero, y, si no, tendrá vino para hacer una buena fiesta». Este truco me permite salir del compromiso, pero debo reconocer que no es más que una forma de esconder mi ignorancia sobre lo que pasará el día de mañana. De hecho, pensándolo bien, ni tan siquiera sé si Bodegas Bilbaínas cotiza en bolsa.

Llegados a este punto, algunos lectores ya habrán cerrado el libro y lo habrán tirado a la basura, desencantados por la incompetencia y la ignorancia de los economistas. Y los que todavía lo estén leyendo se preguntarán: ¿por qué motivo no saben los economistas hacer predicciones? Aquí es donde algunos de mis compañeros de profesión empezarían a divagar diciendo que el mundo es muy complejo, que hay factores psicológicos que afectan a la economía y que son muy difíciles de medir, que el futuro ya no es lo que era o que no disponemos de los instrumentos necesarios para hacer profecías. La verdad es que esta respuesta evasiva no sería del todo incorrecta: para predecir el futuro se necesitan bolas de cristal, cartas del tarot, horóscopos, guías astrales, poderes psíquicos extrasensoriales y toda una serie de instrumentos que, si bien están al alcance de brujos, magos y toda una constelación de iluminados capaces de conectar con el más allá, no están para nada al alcance de los economistas normales.

Pero, a pesar de ser cierta, ésta no es la verdadera razón que explica nuestra incapacidad de adivinar el futuro. ¡La auténtica explicación es que nuestro trabajo no consiste en absoluto en hacer profecías y, por lo tanto, es normal que no sepamos hacerlas! El trabajo de los médicos no es adivinar si una determinada persona pillará la gripe dentro de tres meses y, por consiguiente, nadie les critica su incapacidad de hacer este tipo de predicciones. Su trabajo es diagnosticar la enfermedad cuando el paciente ya se encuentra mal y proporcionarle los medicamentos que hagan que la gripe sea lo menos dolorosa y lo más corta posible. Del mismo modo, el trabajo de los economistas no consiste en adivinar cuándo llegará la próxima crisis económica, sino diagnosticarla cuando llegue y proporcionar las políticas que la hagan lo menos dolorosa y lo más corta posible. Nuestra profesión, pues, y a diferencia de lo que la gente cree, se parece más a la de los médicos que a la de los meteorólogos, en el sentido de que nuestra misión no es tanto predecir el futuro como curar las economías que están enfermas y mantener sanas las que funcionan bien. Y ello es cierto tanto por lo que se refiere a las economías familiares y empresariales (que, en nuestro argot, llamamos *microeconomías*) como por lo que hace referencia a países (o *macroeconomías*).

Como en el caso de los médicos, hay economistas que se dedican a la investigación científica y otros que se dedican a la práctica. Los investigadores intentan descubrir cuáles son las cosas que funcionan y las cosas que no, qué causa las crisis y la pobreza y cuáles son los mecanismos que permiten salir de situaciones extremas. Un factor que diferencia la investigación médica de la económica es que nosotros no disponemos ni de ratones ni de conejillos de Indias, ni de pacientes voluntarios que quieran someterse a un tratamiento preliminar. Es decir, no podemos hacer experimentos. No podemos coger un país como Bolivia y organizar en él una gran crisis económica para ver qué pasa (aunque, dicho sea de paso, a veces da la impresión de que los gobiernos se comportan como si estuvieran haciendo experimentos con sus países). Debemos, pues, limitarnos a observar las experiencias que proporciona la vida, a observar la evidencia que nos da la historia y a combinar esta evidencia con el razonamiento lógico para descubrir los orígenes de las enfermedades económicas y las posibles soluciones. De ahí que exponer opiniones o proponer teorías no sirva de mucho si después resulta que se contradicen con la evidencia histórica. Déjenme poner un ejemplo ilustrativo. El economista alemán del siglo XIX, Karl Marx, creía que la economía capitalista caería por su propio peso, que se acercaba a la autodestrucción, porque «la tasa de beneficio que lleva a los empresarios a crear empresas, riqueza y puestos de trabajo es cada vez menor». Si bien sus teorías fueron ampliamente aceptadas durante más de un siglo, si los marxistas se hubieran detenido a observar los datos, se hubiesen dado cuenta de que la tasa de beneficio no es cada vez menor y hubiesen llegado a la conclusión de que la creencia de Marx era errónea y que, quizá, el sistema económico que caería por su propio peso no era el capitalismo sino el marxista de planificación central. La evidencia histórica, pues, nos ayuda a ver qué razonamientos son válidos y cuáles no. De ahí que este libro intente hacer referencias históricas con el objetivo de ilustrar la validez de los argumentos expuestos.

Todo esto en cuanto a los investigadores científicos. Los economistas prácticos, por su parte (que, de hecho, son la mayoría), también son un poco como los médicos, puesto que deben tomar decisiones o aconsejar a quien las toma con el objeto de conseguir una buena salud económica. En el ámbito de la empresa, por ejemplo, se debe decidir el financiamiento, la inversión, la contratación, las ventas, la comercialización, los salarios, la publicidad y toda una serie de aspectos que acabarán determinando los beneficios finales y la viabilidad de la empresa. Por lo que respecta al Estado, se deben tomar decisiones sobre impuestos, tipos de interés, regulaciones, privatizaciones, gasto público, liberalizaciones, subvenciones, política monetaria, subsidios, transferencias y toda una gama de factores que terminarán marcando el grado de riqueza, bienestar y progreso de toda la sociedad. Sea como sea, antes de poder decidir inteligentemente, hay que entender cuáles serán las consecuencias de cada decisión, y quienes mejor aprovisionados están para ello son los economistas.

El libro que tienen ustedes en sus manos es un intento de acercar la economía a todos aquellos que sienten interés por el mundo que les rodea pero a quienes les da miedo abrir los libros especializados. Todos sabemos que las secciones de economía de los periódicos intimidan un poco porque utilizan una lógica y unas palabrejas bastante extrañas que sólo entienden los especialistas. De hecho, a menudo ni tan siquiera ellos las entienden. Uno de los objetivos de este libro es mostrar que, en realidad, esto de la economía no es nada complicado y que la lógica que empleamos los economistas es extraordinariamente sencilla y de enorme sentido común.

Está claro que lo que para algunos es lógico y de sentido común, para otros es ideología. Albert Einstein decía que el sentido común no es más que la suma de prejuicios acumulados a la edad de dieciocho años. Sin ánimo de quitarle mérito al más sabio de los sabios, la verdad es que en mi caso eso no puede ser cierto porque, entre otras cosas, a los dieciocho años acababa de empezar la carrera y no podía tener prejuicios sobre nada que tuviera que ver con la economía. Por eso, mi pensamiento actual ha sido influido por una larga lista de profesores con puntos de vista muy dispares, que me han permitido ver el mundo desde una multitud de perspectivas diferentes, que van desde el marxismo hasta el liberalismo pasando por el ecologismo y el keynesianismo. Al final del día, después de escucharlos a todos, después de analizar la evidencia, después de hacer mi propia investigación y de fundamentar mis propias ideas, se puede afirmar que soy un economista de talante más bien liberal. Y el título del libro demuestra que no me escondo de ello, a pesar de la mala prensa que la palabra *liberal* tiene en nuestra tierra.

La mala prensa debe proceder del hecho de que los críticos son muy rápidos a la hora de acusar al pensamiento liberal de defender los intereses de los ricos. Ahora bien, la realidad no tiene nada que ver con estas afirmaciones gratuitas y desafortunadas. Yo, por ejemplo, no defiendo en lo más mínimo los intereses de los ricos sino más bien al contrario. Cuando no estoy trabajando como investigador y profesor en la universidad, aconsejo a algunos gobiernos africanos o a instituciones que ayudan a los países del continente negro, que, como bien sabemos, son los más pobres del mundo. Y soy *liberal* precisamente porque me interesa eliminar la pobreza del Tercer Mundo. Además de creer firmemente que la libertad de los individuos es el valor sobre el que deben fundamentarse la sociedad y la economía (la palabra *liberal* tiene el mismo origen etimológico que la palabra *libertad*), estoy profundamente convencido de que la libertad de elección individual dentro de la economía de mercado es un gran mecanismo, quizá el mejor mecanismo que jamás haya inventado el hombre, para crear riqueza y bienestar. Y la historia nos lo demuestra. Tal como dice el eminente economista americano Paul Krugman, «el espíritu mercantil y el afán de lucro han hecho más para un gran número de gente pobre que toda la ayuda humanitaria y todos los créditos blandos concedidos por todos los gobiernos y todas las ONG del mundo a la vez».

No sé si lo dice la Biblia o si se trata de un antiguo proverbio chino, pero el hecho es que todos hemos oído centenares de veces que a los desventurados no se les ayuda regalándoles pescado, sino enseñándoles a pescar. Yo también estoy convencido de que la mejor manera de ser compasivo y solidario con los países pobres es enseñándoles a ganarse la vida con el trabajo, la producción y el comercio, ayudándolos a organizar sus economías para que puedan andar por sí mismos, sin necesitar nuestras limosnas. Y eso sólo se puede conseguir a través de la economía de *libre* mercado, donde consumidores, trabajadores y productores interaccionan en plena *libertad* para desarrollar su iniciativa privada. Una vez dicho esto, la economía de mercado *no* significa el reino del caos y de la anarquía, por mucho que digan los detractores antiliberales. Los mercados no pueden funcionar bien si no hay un gobierno eficiente que cumpla con las labores que le toca llevar a cabo. Ahora bien, la economía tampoco puede funcionar con un gobierno que ahogue la iniciativa privada. Y todo ello es lo que, entre otras cosas, intento explicar en este libro. Espero que, a medida que lo vayan leyendo, ustedes se den cuenta de que también son un poco liberales y de que las connotaciones negativas que algunos críticos intentan atribuir al calificativo *liberal* son fruto de la malicia o de la mala información.

El objetivo básico del libro es acercar la economía vista desde una perspectiva más bien liberal a todos aquellos que no son especialistas en materia económica y a todos aquellos que, aun siéndolo, no están necesariamente convencidos de las bondades del liberalismo. El título que mejor describe esta obra es, pues, *Economía liberal para no economistas y no liberales*.

El libro tiene dos partes bien diferenciadas. La primera analiza el funcionamiento de los mercados y el papel que ha tenido el gobierno en la economía. La exposición se complementa con ejemplos históricos que contribuyen a entender la lógica de los argumentos expuestos. La segunda parte es un compendio de artículos previamente publicados en *La Vanguardia, Avui, El Periódico, El*

Temps, Dossier Econòmic de Catalunya y *Expansión*. Algunos de estos artículos están directamente relacionados con la temática de la primera parte. Otros son ejemplos de cómo se puede aplicar el modo de pensar de los economistas a distintos aspectos de la vida, que van desde el fútbol hasta la prostitución. La presente edición en castellano amplía la versión original en catalán. Los capítulos sobre la globalización y la globofobia se han reescrito completamente y se ha introducido un nuevo análisis sobre las desigualdades en el mundo, sobre el trabajo infantil y sobre la tasa Tobin. En la segunda parte se ha incorporado artículos escritos después de la publicación original.

Antes de empezar, me gustaría dar las gracias a Rosa Nonell y a Xavier Cambra por haberme animado a realizar este proyecto, a Xavier de Juan, Joan Oliver, Maria Martín Pujol y Elsa Vila Artadi por los comentarios y sugerencias y a mi familia por haber tolerado que desapareciera de sus vidas durante la Navidad de 2000, cuando me encerré para escribir lo que están a punto de leer.

Cabrera de Mar,
enero de 2001

PRIMERA PARTE

La grandeza de la libertad

Hace unos años, después de dar una conferencia en una universidad de Nueva York, me vino a ver una estudiante y me dijo que, después de haber leído mis artículos y libros, estaba muy interesada en hablar conmigo para poder utilizar mis metodologías en su tesis doctoral. Hasta aquí no habría nada de extraño si no fuera por el hecho de que la chica era totalmente ciega. La verdad es que no pude esconder ni mi sorpresa ni mi curiosidad, por lo que le pregunté cómo había podido leer mis trabajos si no podía ver absolutamente nada. Ella se puso a reír, se sentó delante de una máquina un tanto extraña y apretó un botón. Automáticamente se oyó una voz mecánica que leía en voz alta uno de mis artículos. Era una especie de ordenador que escaneaba los escritos y transformaba los impulsos electrónicos en palabras orales. Toda una maravilla de la ingeniería.

Aquella misma noche, al llegar a mi hotel, me puse a pensar en los científicos que habían descubierto las leyes de la física que permiten lo que yo consideré un fenómeno extraordinario. Pensé en los ingenieros innovadores que habían transformado esos principios físicos básicos en tecnología útil. Pensé en los empresarios que habían tenido la visión de producir, distribuir y vender esos aparatos por todo el mundo. Pensé en los trabajadores que habían fabricado cada uno de los miles de componentes que formaban ese complejo aparato informático. Y pensé que, con toda probabilidad, ninguno de esos individuos era lo que podríamos considerar un «benefactor de la humanidad» en el sentido de que no hacían su trabajo con el objetivo de alcanzar el bienestar de los demás. Más bien al contrario. Estoy convencido de que la única característica que todos esos individuos tenían en común era el ánimo de lucro individual, el afán de ganar dinero o fama con la invención, el diseño, la producción o la distribución de esos ordenadores para ciegos. Pero el resultado final era que, al buscar el beneficio individual, entre todos habían conseguido hacer un gran bien a todos los miles de personas invidentes que, de ese modo, podían estudiar y trabajar en condiciones de mayor igualdad con sus compañeros videntes. Al buscar el beneficio egoístamente, entre todos habían dado a esa estudiante de Nueva York lo que ningún tipo de programa gubernamental basado en la compasión, la solidaridad y la caridad hubiese podido conseguir: la capacidad de desarrollarse como persona en lugar de sobrevivir como minusválida.

Este incidente me confirmó que la iniciativa de miles de individuos particulares es mucho más poderosa y creativa que ningún gobierno benevolente, y que puede alcanzar metas que la burocracia de ningún país del mundo podría tan siquiera llegar a imaginar... en beneficio de todos. Me recordó, una vez más, el enorme poder que tienen los mercados cuando funcionan en libertad.

1

El papel de los mercados
en la economía moderna

Cada mañana, al levantarnos, encontramos pan tierno en la panadería de nuestro barrio. ¿Alguna vez se han preguntado ustedes por qué ocurre esto? ¿Por qué la propietaria de la panadería hace todo ese pan cada día? La fascinante respuesta a esta pregunta representa la esencia de la economía de libre mercado. Aunque parezca mentira, a la panadera nadie le ha dicho qué tipo de pan debe producir ni qué cantidad debe hacer diariamente. No ha seguido ninguna orden de ningún político o de ningún planificador que sepa lo que quieren comprar los ciudadanos. La señora tampoco se levanta cada día a las cuatro de la madrugada simplemente porque es una buena persona que se siente solidaria con la gente del barrio y porque quiere que sus vecinos tengan pan recién salido del horno para desayunar. Bien, en realidad, es posible que sea muy buena mujer e incluso puede que sea extremadamente solidaria. Pero esa no es la razón por la que hace pan. Cuando decidió arriesgar su dinero para montar una panadería, no lo hizo pensando altruistamente en sus vecinos, sino movida por un *afán de lucro* y el deseo de *ganarse la vida* y asegurar el futuro económico de sus hijos. Y son, precisamente, esas ganas de ganar dinero las que hacen posible que todos acabemos disfrutando de pan fresco cada día.

Seguramente la historia empezó cuando, un buen día, la señora observó que en el barrio no había ninguna panadería y pensó que aquello podría representar una *oportunidad de negocio*. Es decir, pensó que si abría una panadería quizá podría ganar suficiente dinero como para ganarse la vida. Calculó cuánto le costaría alquilar el local y comprar los hornos. Se informó sobre los precios de la harina, del agua, de la levadura, del gas, de la electricidad y de las demás materias primas que debería adquirir diariamente para hacer el pan. También calculó cuánto le costaría contratar a un par de dependientas y a un hornero. Hizo estimaciones sobre el precio al que podría vender el pan. Con toda esa información, le pareció que obtendría unos beneficios que le iban a permitir ganarse la vida y decidió hacer la inversión. Montó la panadería (y, de paso, creó nuevos puestos de trabajo) y facilitó la vida de los vecinos del barrio que han podido disponer de pan tierno cada mañana.

La esencia de la economía de mercado es que la propietaria de la panadería supo ver las *necesidades de la gente* del barrio y calculó que podía ganar dinero poniendo una tienda que satisficiera dichas necesidades. Es importante enfatizar que el objetivo de la mujer era ganar dinero y no hacer feliz a los demás. Ahora bien, para ganar dinero, la mujer tenía que producir lo que la gente del barrio quería. Es decir, para ganar dinero debía hacerles felices. Si la mujer hubiese montado una tienda de productos que nadie quisiera comprar, enseguida se hubiese arruinado y hubiese tenido que cerrar. Así pues, la libertad de montar una empresa en una economía de mercado hace que *se satisfagan las necesidades de los ciudadanos gracias al deseo egoísta que tienen los empresarios de ganar dinero*.

Una pregunta interesante es: ¿cómo se dio cuenta de que el barrio necesitaba una panadería? Es decir, ¿cómo supo que habría suficiente demanda de pan? Es posible que la señora se pasara semanas enteras haciendo encuestas entre los vecinos para preguntarles qué tipo de pan y barras iban a comprar. Pero lo más seguro es que no hiciera eso. Y, de haberlo hecho así, no le hubiese servido de mucho. En la economía de mercado, la propietaria no necesita mucha más información que la que le proporcionan los precios. Y no me estoy refiriendo únicamente al precio del pan sino también al de la harina o la levadura, a los salarios que deberá pagar a los trabajadores y al alquiler del local. En una economía de libre mercado, los precios aportan la información necesaria, ya que reflejan la escasez de cada uno de los productos en relación con la cantidad que la gente desea comprar. Por ejemplo, si en un pueblo hay mucha gente con ganas de consumir pan y no hay ninguna panadería que lo venda, estarán dispuestos a pagar mucho por una barra (por ejemplo, preferirán pagar más si con eso evitan tener que conducir hasta el pueblo vecino cada día, simplemente para comprar pan). El precio del pan será, pues, muy elevado, y ello reflejará correctamente el hecho de que, en ese pueblo, hay mucha demanda y poca oferta de pan. La posibilidad de vender pan a precios altos comportará cuantiosos beneficios y es esa posibilidad la que acabará por atraer a nuevos emprendedores que montarán panaderías. *Así pues, el siste-*

ma de precios informa que es necesario producir pan en aquel determinado pueblo y este tipo de información es aprovechada por los empresarios para decidir qué se debe producir y dónde se debe producir.

Es importante señalar que para que las empresas acaben satisfaciendo los deseos de los consumidores es necesario que éstos tengan la capacidad de escoger libremente entre diferentes alternativas. Esta *libertad de elección* por parte de los consumidores impone una disciplina (que recibe el nombre de *disciplina de mercado*) a las empresas productoras. Por ejemplo, si la propietaria de la panadería hace un pan que no gusta a los clientes o que es demasiado caro, los ciudadanos irán a comprar a la panadería de la competencia. Ello indicará a la propietaria que está haciendo las cosas mal y que, o bien rectifica, o bien deberá cerrar el negocio. Hay que insistir en que la disciplina de mercado sólo se da si el cliente dispone de *información* suficiente y si existen panaderías *alternativas* entre las que los clientes bien informados puedan elegir libremente. Es decir, si hay *competencia*. Huelga decir que si la panadería es la única productora del pueblo y los clientes sólo pueden comprar pan en ella, el propietario puede poner unos precios abusivamente altos y producir un pan de calidad abusivamente baja sin que los clientes pueden hacer nada para evitarlo. Cuando no hay alternativas, no hay disciplina y el empresario no tiene incentivos para cambiar su conducta explotadora. Esta falta de competencia se llama *situación de monopolio*. Para que una economía de mercado produzca los bienes y servicios que piden los consumidores a los precios más asequibles posible, *es necesario que no haya monopolios, sino competencia entre las distintas empresas*.

Cabe destacar que la posibilidad de elegir libremente entre diferentes alternativas hace que el *intercambio voluntario a través del mercado sea beneficioso para ambas partes*. Es decir, el hecho de que una de las partes salga ganando no significa que la otra salga perdiendo. Que la propietaria de la panadería obtenga beneficios vendiendo una barra de pan no significa que el comprador que da dinero a cambio de la barra salga perdiendo. La razón es bien simple: si compra pan de manera voluntaria, es decir, si tiene la opción de no comprar pan o de comprarlo en otra panadería y decide comprarlo ahí, es señal de que le interesa hacerlo y, por lo tanto, sale ganando con ello. Ahora bien, también hay que insistir en que para que salga ganando es necesario que el intercambio sea voluntario, informado y libre de cualquier coacción y obligación.

Vemos, pues, que la *competencia, la iniciativa privada* y el *libre funcionamiento del sistema de precios* son muy importantes para que *una economía de mercado termine produciendo lo que los ciudadanos desean y beneficiando a todas las partes que participan del intercambio voluntario y libre.* Como decía Adam Smith, el libre mercado actúa como una especie de «mano invisible» que conduce a cada empresa a producir lo que los consumidores quieren.

A pesar de este principio básico de la economía, muchos gobiernos de todo el mundo introducen regulaciones o barreras que impiden el libre funcionamiento del mercado. A menudo, esas regulaciones responden a buenas intenciones. El problema es que las buenas intenciones no siempre bastan para garantizar buenos resultados y hay que sopesar cuidadosamente sus consecuencias. Por ejemplo, imaginemos que el gobierno, muy benévolo él, decide que todos los ciudadanos tienen derecho a comprar una barra de pan cada día. El gobierno estima que al precio de mercado de un euro habrá mucha gente pobre que no va a poder comprar pan por lo que, para arreglar la situación, establece una ley que fija el precio a 25 céntimos por barra. En principio, esa legislación bienintencionada debería tener efectos positivos. Al fin y al cabo, ¿cómo se puede negar la posibilidad de comprar pan a los ciudadanos más necesitados? La pregunta importante, sin embargo, es: ¿cuáles serán las consecuencias de esta ley? Es decir, ¿se conseguirá con ella el objetivo de que todo el mundo tenga pan? Si analizamos las implicaciones, enseguida nos damos cuenta de que los propietarios de las panaderías del país pensarán que, a 25 céntimos de euro por barra, no podrán pagar el coste de la harina y la levadura, el alquiler del local y, además, pagar los salarios de los trabajadores y ganarse la vida, por lo que es posible que muchos de ellos (¡y quizá todos ellos!) decidan cerrar sus panaderías. Bajo estas circunstancias, la producción de pan caerá en picado, el preciado bien desaparecerá de la economía y se llegará a la situación exactamente contraria a la que se deseaba: el gobierno quería pan para todos y, en cambio, no hay para nadie. El problema radica en que, al haber impuesto un precio por ley y al haber eliminado de este modo el precio de mercado, la legislación del gobierno ha hecho que el precio de venta del pan no refleje las necesidades de la gente. Cuando esto ocurre, las empresas terminan por no producir lo que los clientes desean y se llega a la indeseable situación en la que no se produce pan, por más que los ciudadanos quieran consumirlo. El gobierno bienintencionado no sólo no alcanza sus objetivos sino que acaba perjudicando a todos los ciudadanos.

Una forma indirecta de interferir en los precios de mercado es a través de los *impuestos*. Todos sabemos que, para poder financiar el gasto público, el gobierno debe recaudar dinero. Con este objetivo, aplica impuestos sobre la renta, sobre el valor añadido, sobre las transacciones patrimoniales, sobre la gasolina, sobre el juego, sobre las sucesiones, sobre los beneficios, sobre las donaciones, sobre el tabaco, sobre el patrimonio, sobre la tierra, y sobre todo lo que uno pueda llegar a imaginarse. Dejando de lado el empleo más o menos deseable que el gobierno haga de ese dinero, es necesario recordar que los *impuestos distorsionan los precios de mercado* y conducen a la toma de decisiones equivocadas. Cuando la propietaria de la panadería haga sus cálculos para decidir si puede montar la panadería y tenga en cuenta que, gracias al gobierno, deberá pagar impuestos sobre las rentas que obtenga, deberá cotizar a la Seguridad Social por cada contratado, deberá imponer el impuesto sobre el valor añadido o IVA y deberá pagar todo un abanico de impuestos adicionales, se dará cuenta de que los beneficios ya no son tan grandes como antes. De hecho, es posible que lleguen a ser tan pequeños que, en vez de formar la empresa, prefiera quedarse en casa sin hacer nada (¡sobre todo si, además, hay un subsidio de paro que le da dinero si no trabaja!). Y lo que le pasa a la propietaria de la panadería pasará en todas las actividades económicas: los impuestos distorsionan los precios y reducen los incentivos a producir. Por lo tanto, cuando el gobierno establezca impuestos deberá analizar siempre los efectos que éstos puedan tener sobre la actividad económica y deberá elegir entre aquellos que *interfieran lo menos posible en la libre determinación de los precios de mercado*. Es muy importante tener este factor en cuenta cuando se pide la intervención del Estado en la economía porque el gobierno debe financiar sus actividades con impuestos, y éstos distorsionan el libre funcionamiento de los mercados.

Pero antes de analizar el papel que debe desempeñar el gobierno en la economía, cabe decir que la historia nos ha mostrado que existen sistemas alternativos al del libre mercado. Uno de los que más admiradores y adeptos tuvo durante el siglo XX fue el sistema socialista de planificación central utilizado, por ejemplo, por los países de la órbita de influencia de la Unión Soviética. Ese sistema daba al gobierno la autoridad para decidir todo lo que se producía en la economía. Para conseguirlo, el gobierno creaba un «plan», que consistía en una serie de instrucciones y órdenes que indicaban a cada uno de los individuos de la sociedad dónde debía trabajar, qué debía producir y cómo hacerlo. A diferencia del sistema de precios de mercado (que, como hemos dicho, necesita muy poca información para decidir qué y cómo debe producirse), la econo-

mía socialista requería que el planificador central supiera exactamente qué se necesitaba en cada punto del país y quién podía pro-
ducirlo, antes de poder escribir las órdenes en el plan. Y la necesidad de poseer una información que, en la práctica, no poseía, hacía
que el sistema fuera inviable y que funcionara con enorme dificultad. Otro gran problema de la economía de planificación es que la
remuneración que recibían los productores no tenía nada que ver
con la satisfacción de los consumidores. Ya hemos dicho que la
economía de mercado tiene la importante característica de que si
los productores hacen bienes que no son del agrado de los consumidores, se arruinan y desaparecen. Esa necesidad de sobrevivir
les lleva a producir lo que los clientes quieren comprar. Eso contrasta con el sistema de planificación, ya que los productores producían lo que decía el plan y su salario no dependía de si lo que habían hecho se vendía o era del agrado de los consumidores, por lo
que no había incentivos a satisfacer las necesidades de los ciudadanos. En 1979 visité Varsovia, la capital de la Polonia comunista.
Una de las cosas que más me chocó de aquel viaje fueron unos sostenes, unos espantosos sostenes que vi en una tienda de ropa. El
espanto no radicaba en la falta de belleza de la prenda sino en su
tamaño. Eran enormes. Yo no me podía imaginar que existieran
mujeres de tan descomunales dimensiones en ninguna parte del planeta pero pensé que, si alguien había producido aquellos sostenes,
es que debía haber mujeres con bustos capaces de rellenarlos. En
aquellos momentos yo todavía no era economista. Años más tarde
comprendí que mi razonamiento, basado en la lógica del mercado,
no era cierto en un país socialista donde el sistema económico era
tan malo que, a veces, acababa produciendo prendas femeninas
cuya única utilización potencial era el *rafting*.

Finalmente, bajo el sistema de planificación, las ganancias personales o la situación económica de cada ciudadano no dependía
de si el trabajo se hacía bien o mal. Eso les llevaba a producir cosas
de bajísima calidad que nadie podía ni quería utilizar. La complica-
da red de información necesaria para hacer funcionar la economía
planificada y el poco interés que ponían los productores en hacer
las cosas bien o en hacer las cosas que la sociedad necesita, hicieron que el sistema fracasara miserablemente y que se abandonara a
finales del siglo XX. Hoy en día, son pocos los que dudan que el mejor sistema económico que ha existido en la historia de la humanidad es el de libre mercado y pocos son los que todavía proponen la
planificación central.

2

¡Es que ni adrede!

La historia nos ofrece algunos episodios que demuestran la superioridad de las economías de libre mercado sobre las de planificación central. Si alguien hubiera diseñado experimentos adrede, no hubiese conseguido dar forma a ejemplos más ilustrativos.

El primer episodio es el de Alemania. Los azares de la Segunda Guerra Mundial quisieron que la parte oriental del país terminara en manos soviéticas y la parte occidental en manos aliadas. El advenimiento de la guerra fría llevó a la creación, en 1949, de dos estados independientes. El lado occidental (denominado República Federal Alemana) adoptó un sistema de libre mercado abierto al exterior. El lado oriental (que se llamó República Democrática Alemana) adoptó políticas socialistas de planificación central, de cierre económico y de aislamiento. Los resultados son bien conocidos: la República Federal experimentó un proceso casi prodigioso de recuperación y crecimiento económico, mientras que la República Democrática se fue empobreciendo miserablemente. La República Federal se convirtió en un país libre y democrático, mientras que la República Democrática derivó hacia una dictadura en la que abundaban los gulags, la censura y las persecuciones políticas, y donde lo único que había de democrático era el nombre. La República Federal se convirtió en un país que atraía a millones de emigrantes de todo el mundo mientras que la República Democrática no sólo no atraía a nadie, sino que veía cómo miles de sus ciudadanos pagaban hasta con la vida los intentos de escapar del infierno en que se había convertido el país. La República Federal se convirtió en uno de los líderes del movimiento ecologista mientras que la República Democrática se erigió como uno de los líderes de la contaminación y de la suciedad. El único aspecto en el que la República Democrática parecía ser superior era en la obtención de medallas en los juegos olímpicos. Pero incluso aquella supuesta superioridad deportiva era un espejismo, una farsa basada en la utilización ilegal de dopaje con efectos secundarios perjudiciales para los implicados quienes, con el paso de los años, terminaron siendo piltrafas humanas, ignorados por el sistema que los había utilizado como conejillos de Indias con finalidades propagandísticas y para mayor gloria del Estado.[1] Cuando el muro de Berlín cayó y el país se reunificó en 1990, la República Federal tenía una renta per cápita cuatro veces mayor que la de la República Democrática. Las diferencias entre los dos países eran tan grandes que Alemania se convirtió en uno de los ejemplos históricos más claros que nos ilustran qué puede ocurrir cuando un país se cierra a las influencias del mercado.

Un ejemplo parecido lo encontramos en Corea. Antigua colonia japonesa liberada al final de la Segunda Guerra Mundial, la península de Corea se dividió en dos países independientes en 1945. La zona norte, que se llamó República Popular Democrática de Corea (aunque popularmente se conoce con el nombre de Corea del Norte), fue dominada por un gobierno comunista de planificación central, que aisló al país de las presuntas influencias *malignas* del capitalismo. La zona sur, que se denominó simplemente República de Corea (aunque se conoce popularmente con el nombre de Corea del Sur), introdujo la economía de mercado. En 1950, Corea del Norte atacó e intentó invadir repetidamente a sus vecinos del sur con la ayuda inestimable de China. Las agresiones terminaron por hacer estallar un conflicto militar entre los dos ex hermanos. Una vez terminada la guerra en 1953, los dos países estaban destrozados y con unos niveles de riqueza comparables a los de los países más pobres de África. A partir de aquí, Corea del Sur experimentó uno de los éxitos económicos más espectaculares del siglo XX. El «milagro» se consiguió gracias a la economía de mercado y a la integración del país en la economía mundial: tras un importante esfuerzo para dotar a la población de educación y formación profesional, Corea del Sur adoptó el modelo japonés, que se llama de *promoción de exportaciones*. El gobierno colaboró estrechamente con las em-

---

1. El caso más esperpéntico fue el de la lanzadora de pesas Heidi Krieger, a quien inyectaban una dosis de 25 miligramos de testosterona cada día. El afán de ganar medallas hizo que las autoridades no se detuvieran a estudiar los efectos secundarios que tantas hormonas masculinas podían tener sobre la pobre Heidi. A la chica le empezó a crecer algo más que pelo. Actualmente, y tras oficializar el cambio de sexo, Heidi luce un flamante bigote y se la conoce con el nombre de Andreas Krieger.

presas privadas para abrir la economía a las inversiones y a la tecnología con el objeto de especializarse en la producción para la exportación. Prácticamente todo lo que producían había sido inventado previamente en Estados Unidos, pero eso importaba poco. Lo importante era que las empresas coreanas conseguían crear ocupación y riqueza a base de producir y exportar a los mercados mundiales. Empezaron haciendo productos textiles sencillos y poco a poco fueron intentando producir objetos tecnológicamente más complejos: radios, relojes, casetes, tocadiscos, televisores, ordenadores, automóviles, hasta llegar a la ingeniería genética. El modelo de promoción de exportaciones, que ya había funcionado en Japón, y que funcionó maravillosamente bien en Corea, aumentó el bienestar económico de los coreanos a un ritmo jamás visto en la historia. Las tasas de crecimiento del 10% anual durante casi cuatro décadas la convirtieron en una de las naciones más ricas del mundo en menos de una generación. La libertad política se hizo esperar, pero finalmente también llegó con la aprobación de la nueva constitución democrática en 1988. Mientras tanto, los vecinos del norte, cerrados, aislados y socialistas, se iban empobreciendo hasta convertirse en uno de los países más miserables del planeta, con un nivel de mortalidad infantil comparable al de los países africanos. El día 15 de septiembre del año 2000, las dos Coreas participaron conjuntamente en el desfile inaugural de los Juegos Olímpicos de Sidney. La renta per cápita de Corea del Sur era catorce veces superior a la de Corea del Norte. El veredicto estaba claro: la economía de mercado había demostrado, una vez más, su enorme superioridad ante el desastroso sistema socialista de planificación central.

Los beneficios de la economía de mercado también han podido verse en países como Hong Kong, Singapur y Taiwán, que comparten habitualmente con Corea del Sur el calificativo de *dragones asiáticos*. Estos países siguieron más o menos el mismo proceso de industrialización, crecimiento y progreso basándose en la promoción de las exportaciones que he descrito para Corea.

Algunos observadores opinan que los dragones asiáticos son un ejemplo de la necesidad de que el gobierno dirija el proceso de desarrollo y proteja y dé subsidios a determinados sectores económicos. La razón es que, siguiendo el dirigista «modelo japonés», los gobiernos de algunos de estos países elegían cuáles eran las industrias que debían desarrollarse prioritariamente. Luego, los ministerios de industria y economía reducían los impuestos a estas industrias y obligaban a los bancos a darles un financiamiento

preferencial barato. Todo esto podría llevarnos a concluir que el éxito de estos países se debe en gran medida a la intervención del Estado
que impidió el libre funcionamiento de los mercados. Los analistas que llegan a esta conclusión olvidan a menudo que ha habido muchos sectores que el gobierno intentó desarrollar en los que se han
dilapidado miles de millones de dólares y en los que nunca se obtuvo nada positivo. El economista Marcus Nolan del Institute for In-
ternational Economics, por ejemplo, demuestra que la mayor parte
de los subsidios del gobierno coreano fueron a parar a la agricultura
y no, como a menudo se dice erróneamente, a los sectores industriales responsables del crecimiento económico del país como el automovilístico o el de la electrónica. Otros ejemplos los proporcionan
la industria del acero, la construcción naval y la aviación en Japón,
que recibieron enormes ayudas públicas, pero no contribuyeron demasiado al progreso económico del país nipón. Es más, uno de los
éxitos más sonados de Japón es, sin duda, el de la industria automovilística, industria inicialmente catalogada como no prioritaria por
el Ministerio de Industria. Dada la ventaja que tenían los norteamericanos en este sector, el ministerio pensó que sería mejor dedicarse
a otros asuntos. Afortunadamente para Japón, los empresarios de
Toyota, Honda y Mitsubishi no hicieron caso al ministro y siguieron
mejorando la calidad de sus coches. La continuación de la historia
de la industria automovilística japonesa es bien conocida.

El hecho de que algunos de estos países asiáticos hayan conseguido crecer con un cierto dirigismo por parte del gobierno mientras que otros necesitaran poca intervención estatal, junto con el
hecho de que algunos sectores importantes que el gobierno decidió
desarrollar fracasaran miserablemente nos debe llevar a la conclusión de que el dirigismo estatal no fue ni mucho menos la clave
que los condujo a la prosperidad. Por el contrario, la introducción
de los mercados y la abertura al exterior sí representan un factor
común a todos estos países asiáticos.

Los pasos de Japón y de los cuatro pequeños «dragones» fueron
seguidos por los países llamados «tigres» del sudeste asiático (Malaisia, Tailandia e Indonesia), quienes también abrieron sus economías a los mercados y siguieron políticas de promoción de exportaciones. Los resultados también han sido espectaculares, a pesar de
la crisis económica que padecieron en 1998, crisis que discutiremos
en el capítulo 16.

Finalmente, tenemos dos importantes y emblemáticos ejemplos más. Se trata de las dos economías más pobladas del mundo:

China y la India. Mientras estos dos países mantuvieron políticas socialistas de planificación central y se mantuvieron cerradas al exterior, la población (que suma casi un tercio de la población mundial) vivió en la miseria más absoluta. El «gran salto hacia adelante» maoísta resultó ser un gigante paso hacia atrás. En 1978, el sucesor de Mao, Den Xiao Ping, introdujo un programa de reformas que abrían (tímidamente, eso sí) la economía a las influencias de los mercados. Paulatinamente, China empezó a privatizar las explotaciones agrícolas y a abrir la economía al exterior, fomentando a la vez las políticas de promoción de exportaciones que tan bien funcionaban en los milagrosos países del este de Asia. Paulatinamente, los productos *made in China* empezaron a aparecer en nuestros centros comerciales y el progreso no tardó mucho en llegar. Gracias a unas tasas de crecimiento de entre el 7 y el 10% anual, la renta per cápita se cuadruplicó en menos de veinte años. En 1999 se convirtió en la segunda potencia mundial en términos de producción y renta total. Durante ese año, los trabajadores chinos ganaron 80.000 millones de dólares gracias a sus exportaciones a Estados Unidos. Con las exportaciones, que siguen ascendiendo cada año, aumentan los salarios, las rentas y el bienestar de los trabajadores locales.

La India empezó a seguir ese mismo camino una década más tarde. Se eliminaron las numerosas trabas burocráticas que generaban corrupción y limitaban la libre competencia, a pesar de que, a menudo, respondían a intentos bienintencionados por parte de los gobiernos socialistas de proteger las industrias y a los trabajadores locales. Las tasas de crecimiento positivas no se han hecho esperar y en la última década han alcanzado niveles del 7% anual. Además del crecimiento económico, la introducción de mercados en China y la India ha permitido erradicar la pobreza a unos ritmos jamás vistos en la historia de la humanidad: centenares de millones de personas han dejado oficialmente de ser *pobres* y más de dos mil millones se están beneficiando del éxito notable que tienen los dos países más grandes del mundo. Lógicamente, aún queda mucho por hacer, ya que los procesos de liberalización chino e indio son lentos y todavía parciales: a pesar de las prodigiosas tasas de crecimiento de los últimos años, la renta per cápita china sigue siendo de 800 euros anuales. Ahora bien, el cambio de dirección experimentado por estos dos países al introducir mercados nos debe hacer ver el futuro con optimismo.

3

Bill Gates y la duquesa de Alba

Sea lo que sea lo que el futuro nos depare, la historia pasada y la experiencia actual nos muestran que la riqueza que se ha creado gracias a la economía de libre mercado es poco menos que espectacular. Fijémonos, por ejemplo, en esas personas a las que llamamos «clase media» de un país europeo típico. No es necesario que se trate de uno de los países más ricos del mundo, sino de uno normal, de un país como el nuestro. La familia media o típica de hoy en día puede hacer cosas que, en el siglo XVIII, sólo hacían los reyes franceses (antes de que les cortaran la cabeza, claro está). En aquellos tiempos, sólo los príncipes, la realeza y la nobleza podían comer tres veces al día, viajar en carruajes, escuchar sinfonías, visitar el extranjero, lavarse con jabón y perfumarse, cocinar con especias, poseer más de un vestido y una muda, disfrutar de las pinturas de los clásicos, leer libros o tener una dieta saludable y variada. La familia media de esos tiempos vivía en régimen de subsistencia, trabajando de sol a sol, haciendo a menudo una única comida al día, sin poder disfrutar del ocio ni de las vacaciones, sin acceso a la cultura o a la ciencia y con el miedo a morir, junto con la mitad de la población, si el clima no era favorable.[1]

Hoy en día las cosas son completamente distintas. La familia media —que, por cierto, es una familia trabajadora—, come tres veces al día, viaja en coche o en moto, dispone de un equipo de música, visita el extranjero durante sus vacaciones, tiene más de una veintena de especias en la despensa y el armario lleno de ropa, perfumes, jabones, champús y cosméticos, puede visitar los museos

1. Para hacernos una idea, podríamos decir que la inmensa mayoría de la población vivía más o menos como viven los ciudadanos más pobres de los países más pobres del África actual.

donde se exponen las pinturas más importantes de la historia, tiene un centenar de libros en su casa y frecuenta los restaurantes italianos, japoneses, chinos, mexicanos, franceses y todo lo que se le pase por la cabeza. En otras palabras, la familia media puede hacer aquello que antes sólo hacían los reyes, los príncipes y los duques. Es más, se podría decir incluso que la familia media actual disfruta de unos niveles de bienestar superiores a los de los príncipes del siglo XVIII, ya que puede hacer y tener cosas que los reyes Luises ni tan siquiera hubiesen podido soñar: agua corriente en casa, lavabos que se llevan los restos con sólo tirar de la cadena, luz al pulsar el interruptor, frigoríficos para guardar los alimentos, teléfonos para comunicarse al instante con cualquier punto del planeta, aspirinas para eliminar el dolor de cabeza, viajes en avión que permiten ir de un continente a otro en pocas horas, acceso a la ciencia, la cultura y las tecnologías de todas las sociedades del mundo, dientes sin caries, instrumentos ópticos para ver mejor, la posibilidad de tener hijos sin que sea muy probable que se mueran al poco tiempo de nacer, televisores, ordenadores y juegos de vídeo, maquinillas de afeitar que no irritan la piel o incluso pastillas Viagra que perpetúan la alegría cuando la naturaleza ha dicho basta.

Un sistema económico que, en cuestión de doscientos años, ha conseguido que la familia media viva en unas condiciones que los reyes de antaño habrían calificado de lujosas y que ahora son de lo más normal tiene que ser, sin lugar a dudas, un sistema prodigioso. Pues eso es, precisamente, lo que ha conseguido el sistema económico de libre mercado.

Algunos lectores querrán argumentar que todo eso se ha conseguido gracias a los avances tecnológicos y no gracias a las economías de mercado. Y tendrán una parte de razón. Ahora bien, la pregunta es por qué estos avances tecnológicos se han llevado a cabo en un marco de economía de mercado. La respuesta es que, como en el ejemplo de la máquina de leer textos para los invidentes a la que aludíamos al comienzo del libro, la mayor parte de las mejoras tecnológicas las han hecho empresas que lo que pretenden es ganar dinero con la venta de los productos inventados. Y es este afán de lucro el que las lleva a invertir las grandes sumas de dinero en investigación y desarrollo responsables del progreso técnico. La economía de mercado, pues, proporciona el marco económico que permite generar la innovación. En el capítulo titulado «La economía de las ideas» volveremos a hablar de la relación entre el mercado y el progreso técnico.

Una vez dicho todo esto, cabe recordar que no todos los ciudadanos de un país son la familia media. Si bien la inmensa mayoría de las familias trabajadoras de la actualidad también vive mejor que los reyes de hace dos siglos, lo cierto es que algunas viven mejor que otras. Es decir, hay *diferencias o desigualdades de renta y de riqueza*. Estas diferencias son la consecuencia de la actividad económica normal. Algunos de los agentes económicos acaban ganando mucho, otros acaban ganando poco y finalmente otros acaban perdiendo dinero. Por ejemplo, el empresario con éxito acaba siendo bastante rico, mientras que el empresario fracasado acaba no ganando nada o incluso perdiendo; el empleado cualificado puede trabajar a cambio de un salario elevado y el trabajador no cualificado tiene una remuneración baja; el ciudadano que trabaja muchas horas obtiene más ingresos que el que trabaja pocas. Así pues, la actividad económica normal crea *diferencias o desigualdades* de renta. Estas desigualdades son objeto de crítica feroz por parte de los enemigos del sistema de libre mercado, quienes las califican de injustas y las utilizan como evidencia de su mal funcionamiento. De ahí que haya que analizar las desigualdades de renta y riqueza generadas por los mercados.

Lo primero que debemos señalar es que hay dos tipos de desigualdades. *La primera no sólo es buena sino socialmente justa*: si una persona gana poco dinero porque se pasa el día haciendo el vago viendo la televisión y porque nunca se ha esforzado en estudiar ni en cualificarse, es normal que gane menos que otra persona que ha hecho un esfuerzo por estudiar y que trabaja todo el día. Si un empresario innovador se ha inventado un producto que todo el mundo desea comprar, es normal que el sistema le premie con más riqueza que al empresario que produce cosas que nadie quiere utilizar. De hecho, ya hemos apuntado que es precisamente la posibilidad de ganar dinero lo que lleva a los empresarios a producir bienes y servicios que dan felicidad a la gente y que ello es lo que hace funcionar la economía. Si la posibilidad de hacerse rico no existiera, la gente no trabajaría, no invertiría, no se educaría y no innovaría, y todos saldríamos perdiendo. Así pues, en la medida en que las desigualdades de renta vengan por esta vía, son desigualdades deseables y deben ser bienvenidas.

El segundo tipo de desigualdad es malo y socialmente injusto. Por ejemplo, hay personas que ganan poco, no porque no quieran trabajar más sino porque la pobreza de sus padres les impidió asistir al colegio y ahora tienen muy poca formación (y, por lo tanto, cobran unos salarios muy bajos) o porque han padecido una enfermedad o han sufrido un accidente que les impide trabajar en condiciones normales. Esta situación es socialmente injusta y es deseable que la sociedad cree mecanismos que ayuden a estas personas desprotegidas a disfrutar de la oportunidad de ganarse la vida dignamente. En el próximo capítulo analizaremos la necesidad de que el gobierno se encargue de eliminar este segundo tipo de desigualdades sin eliminar el primero llevando a cabo políticas que persigan la *igualdad de oportunidades* (en contraposición a la *igualdad de resultados*).

Antes de discutir el papel del gobierno, sin embargo, me parece pertinente recordar que las desigualdades de renta *no* son patrimonio exclusivo de la economía de mercado. Los otros sistemas económicos que se han conocido a lo largo de la historia también han generado diferencias económicas importantes. De hecho, es posible que las diferencias entre la nobleza y los campesinos en las economías feudales de la época medieval o entre los miembros de la *nomenklatura* y los trabajadores de a pie en las sociedades comunistas del siglo XX fueran igual de grandes o incluso mayores. Y digo que es posible porque no disponemos de los datos que nos permitirían realizar los cálculos pertinentes: los datos medievales se han perdido en la historia y los gobiernos comunistas se preocuparon mucho por no hacer públicas las desigualdades que generaba su sistema dado que ellos se vanagloriaban de haber construido una sociedad igualitaria.

Lo que sí sabemos es que las diferencias que generaban los otros sistemas seguramente eran más injustas, y lo eran por dos razones. La primera es que en el sistema feudal las desigualdades se transmitían automáticamente de generación en generación. El hijo de la duquesa se convertía en duque y, con ese título, heredaba la posibilidad de ganar dinero. El hijo del siervo nacía siervo y moría siervo. Puesto que el linaje no se perdía y la renta estaba determinada por la posición social, las diferencias de renta se perpetuaban. En ese mundo era muy difícil, por no decir imposible, que un siervo llegara a ser rico.

Esto no ocurre en la economía de mercado moderna. Es cierto que el hijo de una familia rica normalmente suele tener más oportunidades que el hijo de una familia sencilla, pero la verdad es que, en la economía de mercado, los hijos de una familia pobre pueden llegar a ser ricos y los hijos de una familia adinerada pueden llegar a arruinarse con suma facilidad. Los economistas llevamos a cabo estudios empíricos complicados para medir la movilidad entre generaciones, estudios que, lógicamente, no voy a reproducir aquí. Ahora bien, la observación casual nos muestra que en nuestra sociedad existen infinidad de ciudadanos humildes que se han enriquecido astronómicamente. Los casos más conocidos son los de los deportistas de orígenes modestos que ganan fortunas archimillonarias. La razón por la que las economías de mercado permiten que los pobres se hagan ricos es que los mercados no premian el linaje sino el talento (sea éste heredado o adquirido a través de la educación) y la capacidad de producir bienes que los mercados valoran. Entre los bienes que se valoran está, naturalmente, el trabajo bien hecho. Puesto que los pobres pueden tener tanto o más talento que los ricos, es muy común ver cómo los hijos de familias sencillas se enriquecen o cómo se empobrecen los hijos de los ricos. Lógicamente, los padres adinerados gozan de una mejor disposición para dar una buena educación a sus hijos. Pero esta transmisión de la riqueza no es tan perfecta ni tan automática como la que podía darse en una economía feudal, en la que se premiaba el estatus o el linaje, ya que tanto el estatus como el linaje se heredan perfectamente. Por el contrario, en la economía de mercado, aunque el conde, la duquesa o el rey quieran que su hijo juegue de delantero centro en el Barça, ello no ocurrirá si el acomodado joven no tiene la suficiente cualificación. Y puesto que el hijo de un rico no tiene por qué tener más talento que el hijo de un pobre (por más que asista a colegios privados), la economía de mercado terminará dando la posición de delantero centro del Barça a quien esté más preparado y acabará permitiendo que los hijos de casa humilde progresen y mejoren. El resultado es que las diferencias de riqueza entre las familias se perpetúan menos que en otros sistemas económicos.

Una vez llegados aquí, hay que insistir en que para que esta movilidad social sea efectiva, es necesario que exista igualdad de oportunidades entre los niños para desarrollar su talento a través de la educación y la formación. Y el garante de esa igualdad debe ser el gobierno.

Pero antes de discutir el papel del gobierno en la economía, déjenme analizar un ejemplo de movilidad social en una economía de mercado. Se trata de comparar la lista de las veinte personas más ricas de Estados Unidos en la actualidad con la lista de hace casi un siglo, 1915. Me remito a Estados Unidos porque es el país de la economía de mercado por excelencia y porque la revista americana

Forbes hace un listado anual de las personas más ricas del país, de modo que la información es fácilmente accesible. Al lado de los nombres se incluye el valor estimado de la fortuna. Para poder establecer la comparación, al lado del número correspondiente a 1915, se indica el valor que la fortuna tendría hoy en día.[2] Las cifras se expresan en millones de dólares.

Personas más ricas del mundo en 1915 y en 2000 En millones de dólares				
1915			**2000**	
Nombre	Fortuna	Valor actual	Nombre	Fortuna
Rockefeller, John D.	1.200	80.000	Gates, William H. III	60.000
Frick, Henry C.	225	15.670	Ellison, Lawrence Joseph	47.000
Carnegie, Andrew	200	13.330	Allen, Paul Gardner	28.000
Baker, George F.	150	10.000	Buffett, Warren Edward	26.000
Rochefeller, William	150	10.000	Walton, S. Robson	20.000
Harkness, Edward S.	125	8.330	Dell, Michael	19.000
Armour, J. Odgen	125	8.330	Anschutz, Philip F.	16.000
Ford, Henry	100	6.000	Ballmer, Steven Anthony	15.500
Vanderbilt, William K.	100	5.000	Redstone, Summer M.	12.000
Green, Edward	100	5.000	Kluge, John Werner	11.900
Harrimann, E. H.	80	5.000	Ergen, Charles	11.200
Astor, Vincent	75	5.000	Prtizker, Thomas J.	10.700
Stillman, James	70	4.670	Murdoch, Keith Rupert	9.400
Ryan, Thomas F.	70	4.670	Turner, Robert E. (Ted)	8.300
Guggenheim, Daniel	70	4.670	Schwab, Charles R.	7.500
Schwab, Charles M.	70	4.670	Johnson, Abigail	7.400
Morgan, J. P.	70	4.670	Mars, Forrest Edward Jr.	7.000
Russell Sage, Sra.	60	4.000	Mars, Jacqueline Badger	7.000
McCormick, Cyrus Jr.	60	4.000	Mars, John Franklyn	7.000
Widener, Joseph	60	4.000	Filo, David	6.600

Lo primero que salta a la vista es que el valor actual de las fortunas de 1915 es más o menos igual que el de las del año 2000 (habría que recordar, eso sí, que las fortunas del 2000 eran un poco más bajas que las de 1999, ya que los más ricos entre los ricos perdieron mucho dinero debido a la caída estrepitosa de la bolsa durante el año 2000; por ejemplo, se calcula que Bill Gates perdió durante ese año unos 30.000 millones de dólares). Quien fuera el zar del petróleo y propietario de la Standard Oil a principios del si-

2. Las fortunas de 1915 son una adaptación de los datos de *Forbes* hecha por Bradford Delong, de la Universidad de Berkeley.

glo XX, John Rockefeller, tendría hoy un poco más de dinero que el rey del software informático y cofundador de Microsoft, Bill Gates, que es, en la actualidad, el hombre más rico de Estados Unidos y del mundo entero. Ahora bien, la diferencia sería de «sólo» 20.000 millones de dólares.

El segundo aspecto que salta a la vista es que ninguno de los apellidos de la lista de 1915 aparece en la lista de 2000.[3] Las grandes dinastías de comienzos del siglo XX (Rockefeller, Ford, Morgan, Carnegie, Vanderbilt, etc.) desaparecieron de las listas de las familias más ricas del país en menos de un siglo, reflejo de la movilidad social que discutíamos hace un momento. El tercer aspecto interesante es que la inmensa mayoría de supermillonarios del 2000 son personas que han hecho su propia fortuna sin haber heredado nada de sus padres.[4] Las historias de jóvenes universitarios como Bill Gates, Paul Allen o Michael Dell, que dejan la carrera para montar una pequeña empresa en el garaje de su casa y convertirse en multimillonarios en pocos años, es una historia que se repite miles de veces cada año en Estados Unidos y en muchas otras partes del planeta.

Si hiciéramos un listado similar de los personajes más ricos de principios y finales del siglo XVIII en cualquier país europeo (en Estados Unidos no lo podríamos hacer porque todavía no existía), veríamos que los nombres de las dos listas serían aproximadamente los mismos, lo que reflejaría no sólo que las diferencias de riqueza existían, sino que tendían a perpetuarse. Otra cosa que notaríamos es que la razón por la que los ricos eran ricos no tenía nada que ver con el hecho de que hubieran realizado algo provechoso. Y ésta es la segunda razón que me conduce a pensar que las desigualdades en una economía de mercado tienden a ser más justas. Me explico: Bill Gates, Paul Allen (de Microsoft), Larry Ellison (de Oracle), Michael Dell (de los ordenadores Dell) figuran entre las personas más acaudaladas del planeta porque su creatividad, trabajo e iniciativa han permitido que todos nosotros podamos disfrutar de los ordenadores

3. El Charles M. Schwab de 1915 era uno de los pesos pesados de la industria del acero y, que yo sepa, no tiene ninguna relación de parentesco con el Charles R. Schwab de 2000, que es un gurú financiero de Wall Street.

4. Las excepciones son Robson Walton (hijo de Sam Walton, inventor de las cadenas de supermercados y creador de la famosa cadena Wal Mart) y los tres hijos de Forrest Mars (creador del imperio de las chocolatinas y padre de los populares M&M) que murió en 1999. Ahora bien, ni Sam Walton ni Forrest Mars heredaron dinero de sus padres.

y de los programas informáticos para escribir, calcular, jugar, llevar
la contabilidad, enviar correos electrónicos, navegar por Internet y
mirar fotografías de catedrales góticas, comunicarnos por *chat*, editar fotografías y dibujos y hacer tantas otras cosas que nos permiten
trabajar, ganar dinero o simplemente pasar un buen rato.[5] Lo mismo
ocurre con Michael Jordan, Rivaldo o Tiger Woods, que nos hacen
disfrutar con su juego, su talento y sus logros deportivos. Por otro
lado, la familia de la duquesa de Alba hace muchos siglos que es rica
y seguramente empezó a serlo cuando, algún día, algún rey le dio
tierras y títulos a cambio de algún favor político o militar, como ocurrió con la mayor parte de la nobleza europea. Sin embargo, hoy por
hoy no se me ocurre nada útil que pueda producir esta señora y que
justifique su fortuna (con ello no pretendo decir que no sea una señora muy respetable, sino simplemente que no es una señora demasiado productiva). Y lo mismo me ocurre cuando pienso en los
Habsburgo, los Windsor, los Grimaldi, los Hohenzollern, los Or-
leans, los Braganza, los Borbones, los Savoya y los Romanov. De
hecho, tengo una sensación similar cuando pienso en todas las
personas que hicieron fortuna simplemente por pertenecer al partido comunista de la Unión Soviética. Desde este punto de vista,
*las desigualdades generadas por el mercado son mucho más justas
que las que provienen de la influencia política, el estatus o el linaje. No
sabemos si son mayores o menores, pero, en cualquier caso, mucho más
justas.*

Finalmente, otra cosa que salta a la vista cuando observamos el
cuadro de los millonarios es que tanto el líder de 1915 (John Rockefeller) como el del 2000 (Bill Gates) eran propietarios de empresas
que han sido perseguidas por el gobierno de los Estados Unidos,
acusadas de seguir prácticas monopolistas. Creo que Rockefeller
fue condenado de modo justo, pero también creo que Gates y los líderes de la economía de las ideas, no. Ahora bien, antes de analizar
el caso de Microsoft es importante discutir la labor que debe realizar el gobierno en una economía moderna. Veremos que una de
ellas es la de garantizar la competencia empresarial.

---

5. Una vez han creado su fortuna, muchos de estos archimillonarios se convierten en personajes «altruistas» y «generosos» que crean fundaciones y regalan dinero
con objetivos humanitarios. Y la gente los aplaude por su filantropía. La verdadera
contribución de estos señores y señoras a la humanidad no es el dinero que regalan
sino los programas y toda la constelación de productos que permiten a tantos y tantos
trabajadores de todo el mundo ganarse la vida. Una vez dicho esto, no está mal que,
además, dediquen una parte importante de sus beneficios a finalidades benévolas.

4

El papel del gobierno
en la economía moderna

En la primera parte del libro hemos mostrado que, cuando se interfiere en el sistema de precios aplicando *impuestos* u *obligando a los productores a hacer más pan*, las cosas terminan mal. Algunos analistas podrían tomar estos ejemplos y llegar a la conclusión de que lo mejor que puede hacer el gobierno es no hacer nada. De hecho, hay gente que llega a esta radical conclusión. Sinceramente, creo que están equivocados puesto que el gobierno debe desempeñar un papel, o una serie de papeles, muy importantes. Si no los realiza correctamente, la economía de mercado no puede funcionar con normalidad y eficiencia. Las obligaciones del gobierno pueden dividirse en cuatro grupos fundamentales: la defensa de los derechos de propiedad, la garantía de la competencia entre empresas, la provisión de bienes *problemáticos* y la protección de los desprotegidos para garantizar la igualdad de oportunidades.

Defensa y garantía de los derechos de propiedad

La primera tarea del gobierno es proteger a los ciudadanos frente a las agresiones foráneas o frente a los robos cometidos por los conciudadanos. Es decir, *la defensa nacional, la policía y el sistema judicial*. Si los ciudadanos de un país viven sumergidos en el miedo constante de que sus propiedades, empresas, casas o bicicletas pueden ser *robadas* en cualquier momento, la libertad de elección que permite que la economía funcione desaparece, y se llega al colapso inmediato. Así pues, la primera misión del gobierno es *garantizar los derechos de propiedad* que permitan a los ciudadanos ganarse la vida en libertad. Ello debe hacerse legislando, ejecutando las leyes e impartiendo justicia (hecho que incluye evitar que los propios miembros del gobierno sean corruptos y abusen de su posición de poder para robar el dinero de los ciudadanos y de las empresas). Sin la garantía de los derechos de propiedad, la economía no puede funcionar.

Con toda seguridad, uno de los principales factores que explica la extrema pobreza de la mayor parte de los países africanos son las continuas guerras que han asolado el continente desde su independencia y la incapacidad de los gobiernos de proteger a sus ciudadanos de las agresiones militares por parte de tropas extranjeras o etnias rivales. En la segunda parte del libro se analiza esta situación en el capítulo titulado «El retorno de Nyerere».

GARANTÍA DE LA COMPETENCIA

La segunda labor que debe llevar a cabo el gobierno es garantizar que las empresas trabajen en régimen de *competencia*. Ya hemos indicado que los *monopolios* y las conductas monopolistas que limitan la libre elección entre distintas alternativas y reducen la competencia y la disciplina de mercado no son buenos para la economía. Uno de los papeles importantes que debe desempeñar la administración es el de limitar los abusos de mercado por parte de las empresas que, al disfrutar de una situación de monopolio, imponen a sus clientes indefensos unos precios demasiado altos y una calidad excesivamente pequeña. Actualmente, muchos gobiernos imponen leyes antimonopolio y de fomento de la competencia con el objetivo de intentar doblegar a las empresas que abusan de su situación privilegiada para explotar al consumidor.

Una vez llegados a este punto, debemos insistir en la idea de que lo realmente importante es que haya *competencia* entre empresas y no que su *propiedad sea privada*. Y digo que es importante porque a menudo se confunden los conceptos de *privatización* (que es la venta de una empresa de propiedad pública a inversores privados) y de *liberalización* (que es la introducción de un marco de competencia entre las distintas empresas del sector). Un monopolio privado que abusa de los clientes es tan malo como un monopolio público... y viceversa. Y es importante recordar este hecho porque, algunos gobiernos que se autoproclaman liberales han sido muy rápidos a la hora de *privatizar* —sobre todo cuando venden la empresa pública a un amigo de la infancia del presidente del gobierno a un precio reducido—, pero menos rápidos a la hora de *liberali-*

zar y de asegurar el régimen de competencia que impone la beneficiosa disciplina del mercado: al no estar sujeta a esa disciplina, la situación de los consumidores no mejora por el simple hecho de que
el monopolio sea de propiedad privada, puesto que éstos siguen sin
poder elegir una alternativa cuando no se les ofrecen servicios de
calidad a precios competitivos. Por lo tanto, un monopolio privado
tiene tan pocos incentivos a satisfacer a los consumidores como un
monopolio público. Lo que la economía de mercado necesita es la
competencia que permite la libertad de elección por parte de los
consumidores. Necesita la *liberalización* y no la *privatización*.

Se dan situaciones en las que resulta bastante difícil evitar la
existencia de monopolios. Por ejemplo, cuando se inauguró la primera línea de tren de España en 1848, los clientes que querían ir de
Barcelona a Mataró en tren no tenían la posibilidad de elegir un
tren alternativo. La compañía ferroviaria tenía, pues, el monopolio
del transporte entre estas dos ciudades. Las dimensiones del mercado y los costes de construcción de la línea hacían totalmente inviable la creación de una empresa alternativa, por más competencia que quisiera imponer el gobierno. Este problema, conocido con
el nombre de *monopolio natural*, no tiene una clara solución económica y constituye uno de esos casos en que hay que elegir la alternativa menos mala. La primera alternativa es no hacer nada y permitir que el monopolio esté en manos privadas e imponga los
precios que más le convengan. En principio, esta situación perjudica claramente al consumidor, por lo menos a corto plazo, ya que
queda indefenso ante los abusos del monopolio sin posibilidad de
escaparse y comprar los servicios de la competencia. Ahora bien,
los defensores de esta posición (defensores que normalmente se
encuentran cerca de la Universidad de Chicago), dicen que esta ne-
fasta situación es temporal porque los elevados beneficios que obtiene el monopolista acabarán por atraer el cambio tecnológico y
éste acabará imponiendo la disciplina de mercado. En el caso del
ferrocarril, el progreso técnico acabará trayendo el automóvil y el
avión. Es decir, a la larga, aparecerán los coches y los autobuses
que permitirán ir de Barcelona a Mataró con medios alternativos y
ello supondrá el fin del monopolio natural del ferrocarril. De hecho, esto fue exactamente lo que ocurrió durante el siglo XX: cuando apareció la automoción, la compañía ferroviaria perdió su situación de privilegio y hoy en día ya no se puede hablar de monopolio
del transporte entre Barcelona y Mataró. El problema de esta solución es que, mientras no surgen las alternativas, los consumidores

se ven obligados a pagar unos precios abusivos. Y en el caso del tren de Mataró, ese período ¡duró casi un siglo!

La segunda posibilidad es dejar la empresa en manos privadas, pero *regulando los precios por ley*. Es decir, impedir que el monopolista imponga sus precios a base de que sea el gobierno quien decida el precio que considere «no abusivo». Esta solución sigue sin imponer la disciplina de mercado a la empresa dado que no hay competencia, pero por lo menos los consumidores no pagan unos precios tan elevados. El problema de esta posible solución es que no podemos estar seguros de que el gobierno tenga mucha idea de cuál es el precio que no constituye un abuso, por lo que muy a menudo este precio termina siendo manipulado de acuerdo a intereses políticos más que a intereses económicos. Por ejemplo, los gobiernos tienden a manipular los precios de los productos regulados justo antes de las elecciones para simular que la inflación no ha subido o bien permiten poner precios altos a las empresas de los amigos o a las empresas que se encuentran en sectores que pueden dar muchos votos.

La tercera posible solución al problema del monopolio natural es la *nacionalización*. Es decir, la conversión del monopolio en una empresa pública propiedad del Estado. Esta estrategia es la que decidió seguir, hace mucho tiempo, el Estado español con monopolios como RENFE o Iberia. Como en teoría el gobierno *entiende* que no es correcto explotar al consumidor con precios excesivamente elevados, la empresa pública —que es del gobierno— llevará a cabo una política de precios «correctos» y ofrecerá una calidad de servicios que satisfará a los consumidores. Ésta es la teoría. En la práctica, el monopolio de propiedad pública tampoco está sujeto a la disciplina de mercado y termina ofreciendo servicios de calidad vergonzosa (y la experiencia que cualquiera de los consumidores haya podido tener con cualquiera de las compañías españolas que acabo de citar es una prueba de ello) y acaba siendo profundamente deficitaria, con el consiguiente coste para los contribuyentes.

Así pues, vemos que existen tres posibles soluciones al problema del monopolio natural, pero que las tres presentan graves problemas. Lo que está claro es que los monopolios (sean o no naturales) limitan la libertad de elección de los consumidores e introducen problemas de mercado que requieren algún tipo de intervención pública.

BIENES PÚBLICOS, EXTERNALIDADES Y BIENES COMUNALES

La tercera labor propia del gobierno es regular o solucionar algunos de los problemas que los mercados no pueden solucionar correctamente. Ya hemos indicado que la interferencia pública en el funcionamiento libre de los mercados es perjudicial cuando el mercado produce bienes como el pan. El pan es un bien que los economistas llamamos *normal* o *clásico*, que tiene tres características importantes: la primera es que cuando un consumidor come un pedazo de pan, nadie más puede comérselo. La segunda es que el propietario de la panadería puede impedir que el cliente obtenga pan si antes no lo compra. La tercera característica de los bienes normales es que el consumo de un trozo de pan por parte de un consumidor le afecta a él y a nadie más que a él. Aunque pueda parecer extraño, el mundo está lleno de bienes que no son *clásicos*. Por ejemplo, hay productos que pueden ser utilizados simultáneamente por más de una persona. Algunos ejemplos son las carreteras, la televisión o el ejército. Es más, a diferencia de los bienes normales, es difícil impedir que la gente utilice estos bienes si antes no los compran (por ejemplo, no es posible proteger militarmente sólo a los ciudadanos que *compran* servicios de protección militar). Estos productos se denominan *bienes públicos*. El problema radica en que los mercados no funcionan muy bien cuando se trata de producir esos *bienes públicos*. Por ejemplo, si un ciudadano rico que no soy yo decide financiar el ejército, yo también podré beneficiarme de la protección militar puesto que el ejército es un bien público. Como consecuencia, yo no tengo ningún incentivo a financiar el ejército, por más ejército que yo quiera tener. Lógicamente, todos los ciudadanos tenemos incentivos a adoptar la misma actitud de intentar no pagar para que se suministre este tipo de bien, por lo que las empresas privadas no querrán proveer servicios de seguridad nacional. El mercado, pues, tiende a producir menos bienes públicos de lo que sería deseable, por mucho que la gente quiera disfrutar de ellos. La institución que está en mejor posición para «comprar» o proveer los bienes públicos es el gobierno ya que puede financiarlos a través de los impuestos que, naturalmente, son obligatorios (otra cosa es que el gobierno sea capaz de recaudar impuestos evitando la evasión fiscal, problema que discutiremos más adelante).

Además del ejército y la seguridad nacional, otros bienes públicos muy importantes son el *conocimiento*, la *tecnología* y las *ideas*.

Son públicos porque pueden ser utilizados por muchos usuarios a la vez. Por ejemplo, aunque sea cierto que el pan es un bien normal o clásico, la *fórmula* que permite hacer pan (el conocimiento de su receta) puede ser empleada simultáneamente por millones de panaderos de todo el mundo. Ello convierte el conocimiento en un *bien público* que el libre mercado puede tener problemas a la hora de producir. Debo insistir en que me estoy refiriendo a la creación de nuevas recetas o fórmulas y no a la simple producción de barras de pan, puesto que *el bien público es el conocimiento* (la receta) y no el producto (el pan), que surge como fruto de la aplicación de este conocimiento.

El hecho de que el conocimiento y la tecnología sean bienes públicos hace que la libre competencia empresarial tienda a no generar conocimientos y progreso tecnológico al ritmo que sería óptimo. Ahora bien, eso no significa que sea el gobierno quien deba producir o financiar la generación de conocimiento a través de la investigación o de las empresas públicas. El gobierno debe crear un entorno legal que garantice los derechos de propiedad intelectual, entorno necesario para que las empresas privadas inventen cosas que les permitan ganar dinero con su venta. Por ejemplo, hay que crear un *sistema de patentes* que permita a los inventores ser propietarios de las ideas que inventan. Dada la importancia que la tecnología tiene en la economía moderna, le dedicaremos el capítulo 6 entero.[1] El punto importante que quiero destacar aquí, de momento, es que el hecho de que se necesite la intervención del gobierno a la hora de suministrar bienes públicos no significa que éstos deban ser suministrados por empresas públicas.

Existe otro tipo de bienes que, al ser consumidos, afectan a terceras personas. Esto viola el principio del intercambio voluntario, porque esta tercera persona está *obligada* a consumir esos bienes (o males) sin que lo haya elegido libremente. Un claro ejemplo son los *productos contaminantes*: cuando un fumador ejerce su derecho a quemar tabaco en público, el ciudadano que está a su lado se traga el humo; cuando una empresa tira residuos contaminantes al agua del río o los suelta en el aire que respiramos, está afectando a

---

1. En el artículo «La tragedia de África», reproducido en la segunda parte del libro, hay otro ejemplo de cómo el gobierno puede solucionar un problema importante (el de la elevada mortalidad por culpa de la malaria, la tuberculosis y el sida en África), incentivando a las multinacionales de la industria farmacéutica para que inviertan en investigación y desarrollo (I+D) con el objeto de descubrir las vacunas que van a permitir curar las enfermedades que paralizan los países del África tropical.

todos los ciudadanos. Este tipo de productos se denominan *bienes sujetos a externalidades* y el mercado libre tiende a producir una cantidad excesiva de los mismos. La razón es que quienes los producen sólo tienen en cuenta los beneficios que les reportan a ellos (es decir, tienen en cuenta el placer que les produce a ellos el fumar) e ignoran los costes que imponen a los demás. Es decir, ignoran el malestar que crean entre los ciudadanos que se ven obligados a respirar el humo. La intervención pública para reducir los efectos negativos de estas actividades resulta imprescindible. Lo que no está tan claro es cuál debe ser exactamente esa intervención. Huelga decir que la prohibición absoluta de estos bienes no es la solución porque, en la medida en que estos bienes son deseados por una parte de la población, es bueno que sigan produciéndose. Ahora bien, en la medida en que perjudican a otra parte de la población, su producción debe ser limitada. Es necesario, pues, hallar una solución intermedia que puede ser una *regulación* que limite la emisión de gases o residuos tóxicos (lo que permitiría la producción del bien sin la emisión del mal) o una obligación de pagar *impuestos especiales* a las personas o empresas contaminantes. Note el lector que unos impuestos elevados harán que estas actividades sean menos lucrativas o deseables y, por lo tanto, reducirán los incentivos a producirlas.

Un tercer tipo de bienes problemáticos para el libre mercado son los denominados *bienes comunales*. El origen del nombre se remonta a las tierras de pastoreo que rodeaban las ciudades medievales y que eran de propiedad comunal: todos los habitantes de la ciudad podían utilizar esas tierras para llevar a pastar el ganado. El problema que generaba esta situación era que ninguno de los individuos que hacían uso de ellos tenía en cuenta que, cuando su ganado se alimentaba allí, de algún modo estaba comiendo la hierba del ganado de sus vecinos y, como consecuencia, las tierras acababan siendo sobreexplotadas. Esta sobreexplotación dio lugar a lo que los economistas denominamos *la tragedia de los bienes comunales*. La característica económica que genera esta sobreexplotación es que, aunque el beneficio que se obtiene al utilizar la tierra es individual (la hierba que se come mi vaca no puede ser comida por ninguna otra vaca), resulta difícil o imposible evitar que la gente tenga acceso a este tipo de bienes (en este caso, y según las leyes de la época, todo el mundo tenía derecho a llevar su ganado a pacer en la tierra comunal). Esta tragedia económica no es una mera curiosidad histórica ni una reliquia medieval, sino que aún hoy en día se mantiene viva con muchos productos que conservan características similares. Un ejemplo importantísimo lo encontramos en los peces del mar, los animales salvajes o los bosques de la selva tropical: por un lado, los peces que capturo desde mi barca no pueden ser capturados por nadie más, de lo que se deduce que el beneficio de la pesca es individual. Por otro lado, es difícil impedir que la gente salga al mar a pescar libremente. El resultado es que el mundo tiende a pescar en exceso, y eso conlleva el peligro de extinción de los bancos de peces. Lo mismo ocurre con la cacería de animales o con la explotación de los árboles de la selva. Otro ejemplo importante es el de las carreteras: por un lado, el lugar que ocupa mi coche en la carretera no puede ser ocupado por ningún otro coche y, por otro, no es fácil impedir que los conductores salgan a la carretera cuando más les conviene. El resultado es el colapso o la sobreexplotación de las vías públicas a determinadas horas del día.

La conclusión es que si el mercado libre decide cuál es el grado de explotación de los bienes comunales, las empresas y los usuarios de esos bienes tenderán a abusar de esos bienes y a sobreexplotarlos. Así es como el hombre colapsa las carreteras cada fin de semana o puede terminar extinguiendo especies que van desde las ballenas hasta los elefantes, pasando por los tigres o los árboles de la selva.

La solución económica a este importante problema no es, lógicamente, la ilegalización del automóvil o la prohibición de la pesca o la caza, sino la reducción de los incentivos que las empresas y los usuarios tienen por sobreexplotar estos recursos. La misión del gobierno es alcanzar estos objetivos imponiendo cuotas de captura que limiten el número de peces que pueda pescar cada barco, estableciendo períodos en los que la pesca sea ilegal para facilitar y permitir la reproducción de los peces o poniendo impuestos que reduzcan los beneficios de dedicarse a dicha actividad. En el caso de las carreteras, se pueden aplicar peajes en las autopistas o impuestos sobre la gasolina.

Resumiendo, la sociedad debe asegurarse de que los productos *problemáticos* para el mercado se produzcan en cantidades adecuadas. Es decir, hay que impedir que se produzcan demasiados productos sujetos a *externalidades* y se sobreexploten los bienes *comunales* y hay que asegurarse de que se producen cantidades suficientes de bienes *públicos*. Ésta es la tercera misión del gobierno.

PROTECCIÓN DE LOS DESPROTEGIDOS, BIENESTAR E
IGUALDAD DE OPORTUNIDADES

La cuarta tarea que el gobierno debe llevar a cabo en una economía
de mercado moderna es la de proteger a los desprotegidos (sobre
todo a los niños y los minusválidos) y la de asegurarse de que todos
los ciudadanos del país disfrutan *de igualdad de oportunidades*. Y
que conste que digo, enfáticamente, igualdad de *oportunidades* y no
igualdad de *resultados*.

En el capítulo 3 hemos indicado que toda actividad económica
genera desigualdades de renta y que esas desigualdades son de dos
tipos. El primer tipo de desigualdad es fruto de las decisiones voluntarias individuales: unos ciudadanos deciden libremente trabajar
más y otros, menos. El segundo es el resultado de los azares imprevi-
sibles, que no son la consecuencia de ninguna decisión personal:
hay quien nace sano y hay quien nace enfermo, unos tienen padres
que se preocupan por la educación de sus hijos y otros, no.

Al primer tipo de desigualdad lo hemos catalogado como justo
e incluso deseable.[2] En realidad, si las desigualdades procedieran
de las decisiones voluntarias de la gente, sería absolutamente injusto que se intentara redistribuir la renta, aplicando por ejemplo
un impuesto a quien ha ganado mucho dinero para entregarlo a
quien no ha ganado tanto. La razón es bien simple. Todos tenemos
nuestras preferencias en cuanto al ocio y el consumo. Hay personas que prefieren trabajar menos y ganar menos dinero para poder
disponer de más tiempo libre para pasear, ir al cine o disfrutar de la
compañía de los hijos. Otras prefieren trabajar todo el día para poder ascender dentro de la jerarquía de la empresa y obtener un salario y un estatus profesional elevado. Si bien es cierto que el segundo tipo de personas terminará ganando más dinero que el primero,

2. Resulta difícil saber qué tipo de desigualdades son aceptables por la mayoría
de los ciudadanos. Por ejemplo muchos consideran injusto que algunas personas ganen millones y otras ganen bien poco, y piensan que el gobierno debería recaudar dinero de quien más gana para repartirlo entre quienes menos tienen. Ahora bien, estas
mismas personas juegan a la lotería. Si se fijan ustedes, la lotería hace precisamente lo
contrario: todos pagamos más o menos la misma cantidad de dinero y hacemos que el
azar convierta a unos pocos en multimillonarios. Si, una vez finalizado el sorteo, el gobierno cogiera el dinero de quien lo ha ganado para redistribuirlo entre la población,
seguro que todo el mundo se quejaría. La razón por la que esto me parece extraño
es que yo pienso que las desigualdades que proceden del azar son menos justas que las
que proceden del trabajo. ¡Justo al contrario de lo que parece pensar la mayoría de la
gente!

también es cierto que el primero terminará disfrutando de más tiempo libre que el segundo... e incluso es posible que ¡acabe siendo más feliz! De algún modo, la desigualdad en la renta monetaria se compensa con la desigualdad inversa en la felicidad que se deriva de disponer de tiempo libre. Si el gobierno decide aplicar un impuesto a quien ha preferido libremente trabajar más y entregar el dinero a quien ha preferido irse a pasear, terminaremos en una situación injusta en la que este último disfruta de más ocio y, además, ¡cobra el mismo dinero! El problema radica en que, en este ejemplo, el gobierno sólo ha considerado la desigualdad de las *rentas monetarias*. Las «*rentas no pecuniarias*» o no monetarias que se deriven del ocio no se han redistribuido, y ello penaliza claramente a quien prefiere trabajar porque ha pagado dinero pero no ha recibido tiempo libre a cambio. Éste es un error conceptual muy común entre los críticos de la economía de mercado que se empeñan en hablar de redistribución de rentas monetarias ignorando sistemáticamente la redistribución del ocio.

Pues bien, la cuarta tarea del gobierno debería ser la eliminación del segundo tipo de desigualdades —las desigualdades injustas— sin eliminar el primero —las desigualdades justas—. Para conseguirlo, el gobierno debe *garantizar la igualdad de oportunidades* sin imponer *la igualdad de resultados*.

Un ejemplo puede ayudar a aclarar este tema. Imaginémonos que los ciudadanos participan en una carrera en la que los ganadores obtienen medallas. Si queremos que la carrera funcione de modo correcto y justo, debe haber un árbitro, en este caso, el gobierno, que lleve a cabo una serie de funciones. En primer lugar, el gobierno debe establecer las *reglas del juego*. En segundo lugar, debe asegurarse de que los competidores no hacen *trampas* y, si encuentra a algún tramposo, lo debe castigar de acuerdo con las leyes vigentes en el momento de empezar la carrera. En tercer lugar, debe asegurarse de que todos los participantes empiezan desde una situación de *igualdad de oportunidades*. Ello implica, por un lado, que todo el mundo tenga la oportunidad de *entrenarse* (o de educarse) y, por otro, que todo el mundo empiece desde la misma línea de salida y al mismo tiempo.

Una de las cosas que no debe hacer el gobierno es participar en la carrera: al ser él mismo el organizador y el juez, la participación del gobierno representa una injusticia para el resto de los ciudadanos. En el terreno económico, ello significa que, como principio, no es ni bueno ni justo que el gobierno tenga empresas públicas que compiten con las privadas en condiciones de privilegio. Otra cosa que tiene que hacer el gobierno es obligar a que todos los participantes lleguen a la línea de meta a la vez. Es decir, no hay que asegurar la *igualdad de resultados* —donde todo el mundo llega al mismo tiempo—, sino la *igualdad de oportunidades* —todo el mundo empieza al mismo tiempo—. La igualdad de resultados puede parecer algo deseable puesto que, al fin y al cabo, a todos nos gustaría obtener medallas. Pero si los participantes saben que, ocurra lo que ocurra, todos terminarán ganándolas, entonces no tendrán incentivos a entrenarse ni a correr demasiado. Al fin y al cabo, un esfuerzo mayor que el de los competidores no garantiza un mejor resultado si es sabido que todos van a terminar empatados. De manera similar, y volviendo de nuevo a hablar de economía, si el gobierno garantiza que los ingresos obtenidos por todos los ciudadanos serán los mismos pase lo que pase (igualdad de resultados), entonces nadie tendrá incentivos a estudiar, invertir o trabajar. Y sin educación, inversión ni trabajo la economía deja de funcionar.

Un posible problema aparece cuando el gobierno se ve incapaz de garantizar la igualdad de oportunidades. Ello puede ocurrir, pongamos por caso, en aquellas situaciones en las que algunas personas son genéticamente superiores. Y no hablo simplemente del hecho de que hay personas que nacen minusválidas. Me refiero a que no todos nacemos con las mismas capacidades. Por ejemplo, por más oportunidades que se me brinden a mí para llegar a ser un jugador de fútbol, jamás podré alcanzar el nivel futbolístico de Rivaldo o de Gaizka Mendieta. Simplemente, a ellos, la naturaleza les ha dado un cuerpo y una capacidad que a mí me ha negado y, por lo tanto, yo jamás conseguiré ni su salario ni su prestigio deportivo: no hemos empezado en situación de igualdad de oportunidades. El problema radica en que hay pocas cosas que pueda hacer el gobierno para corregir esas diferencias de capacidad, ya que vienen dadas por factores biológicos que, afortunadamente, se escapan al control de la administración pública. Cuando la igualdad estricta de oportunidades es imposible de alcanzar, es justificable una *redistribución parcial de los resultados finales*. Es decir, se pueden imponer unos impuestos relativamente más altos a aquellos que más ganan y dar subsidios a los menos afortunados y desprotegidos. Este sistema fiscal que toma más dinero de los ricos para dárselo a los pobres se conoce con el nombre de *sistema fiscal progresivo*. Es importante resaltar que la redistribución debe ser parcial, puesto que una igualación excesiva de los resultados finales conlleva, como hemos visto, una reducción de los incentivos para estudiar, invertir y trabajar. Y eso es malo.

La necesidad de proteger a los desprotegidos y de garantizar la igualdad de oportunidades no debe ser menospreciada. Lógicamente, es importante por razones de justicia, equidad y humanitarismo, pero también por razones de eficiencia económica. Uno de los factores más trascendentales para conseguir que un país emprenda la vía del progreso y el desarrollo económico es procurar que la inmensa mayoría de la población sienta que ese progreso también les va a beneficiar. Y aquí la historia vuelve a ser una maestra valiosa.

Hemos comentado que no era cierto que todos los países asiáticos que habían progresado durante los últimos cuarenta años tuvieran en común el hecho de que el gobierno dirigiera la industrialización eligiendo industrias prioritarias. Lo que sí tenían en común es el enorme esfuerzo que el gobierno hizo para reducir la pobreza. Quizá el caso más emblemático es el de la Indonesia de Suharto. Utilizando la medida de la pobreza estipulada por el Banco Mundial (aquella que define como pobre a todo aquel que vive con menos de un dólar al día), el número de pobres en Indonesia pasó de 82 millones en 1970 a 21 millones en 1997. Las tasas de crecimiento anuales del 5% beneficiaron a los ricos... sobre todo a los sobrinos de Suharto, pero también beneficiaron, y mucho, a los más desamparados. El aumento del bienestar de los pobres generó una cohesión social que permitió al país, a todo el país, mantenerse en la vía del desarrollo y el progreso.[3] Digo que Indonesia es un buen ejemplo porque, a raíz de la crisis financiera de 1997 (crisis que analizaremos en el capítulo 16), el gobierno redujo los subsidios que beneficiaban a los más pobres: los subsidios de los alimentos y el queroseno. Eso fue percibido por los más menesterosos como que el gobierno los dejaba fuera del sistema de progreso... y empezaron una revolución violenta que forzó la caída de Suharto y la guerra de Timor Oriental. El país que más padeció los efectos de la crisis financiera fue Indonesia. La razón: no protegió a los desprotegidos, precisamente cuando más falta hacía.

---

3. Éste es un factor que hay que tener en cuenta a la hora de crear instituciones que permitan el desarrollo en África. Lamentablemente, es uno de los factores que se tiende a olvidar más.

5

Ni en la cartera, ni en la bragueta

A pesar de que, hoy en día, la práctica totalidad de los economistas estamos de acuerdo en que el mejor sistema económico es el de libre mercado, no existe acuerdo sobre el grado de implicación que el gobierno debe tener en la economía. Es decir, existen discrepancias sobre el grado de redistribución, sobre el número de empresas públicas, sobre la magnitud de la seguridad social, sobre la cantidad de leyes y regulaciones que limitan el funcionamiento de los mercados o sobre el dinero que el gobierno decide recaudar a través de los impuestos.

Por un lado, el desacuerdo no se debe tanto al diagnóstico de la enfermedad sino al tipo de cura que se propone. Por ejemplo, existe unanimidad a la hora de afirmar que el gobierno debe garantizar la igualdad de oportunidades. Ahora bien, algunos creen que eso se consigue con escuelas públicas gratuitas y otros piensan que es mejor dar dinero a los niños pobres para que puedan pagarse escuelas privadas. Hay unanimidad a la hora de afirmar que el sistema fiscal debe ser progresivo, es decir, que los más ricos paguen relativamente más. A raíz de ello, algunos proponen que los ricos paguen el 90% de la renta y los pobres el 10% y otros proponen que los ricos paguen el 30% y los pobres el 20%. Hay unanimidad a la hora de decir que el gobierno debe garantizar los derechos de propiedad privada y el fruto del trabajo de los ciudadanos. La solución que proponen algunos es un ejército profesional dotado de armas sofisticadas y la que desean otros es un ejército con presupuesto reducido y con el servicio militar obligatorio. Hay unanimidad a la hora de decir que el gobierno debe limitar el abuso de los monopolios. Unos dicen que la solución está en la introducción de leyes antimonopolistas que fomentan la competencia y otros creen que se halla en la nacionalización de cualquier empresa que alcance una importante cuota de mercado.

Por otro lado, las discrepancias surgen por el hecho de que no todos están de acuerdo en el diagnóstico. Es decir, no todo el mundo cree que la acción del gobierno deba limitarse a los cuatro puntos que he indicado en el capítulo anterior. Hay quien cree que el gobierno debe ser propietario de los medios de comunicación. Hay quien cree que el gobierno debe financiar las vacaciones de los jubilados. Hay quien cree que el gobierno debe construir hospitales de titularidad pública. Hay quien cree que el gobierno debe tener compañías eléctricas, líneas aéreas, ferrocarriles y líneas telefónicas. Hay quien cree que el gobierno debería tener el derecho a obligar a los ciudadanos a realizar una serie de cosas por la fuerza, como pasarse un año trabajando en régimen de semiesclavitud en lo que se llama *servicio militar*, hablar una determinada lengua o estudiar unas determinadas asignaturas en la escuela. Hay quien cree que el gobierno debería tener el derecho a expropiar tierras *en beneficio de la sociedad* cada vez que lo considere oportuno. Hay quien cree que el gobierno debería tener el derecho a decidir que una persona es demasiado rica y quitarle el dinero con impuestos abusivos. Hay quien cree que el gobierno debería tener el derecho a decidir las creencias religiosas o limitar ciertos comportamientos o preferencias sexuales de los ciudadanos. Hay quien cree que es el gobierno, y no las personas, el que debería tener derecho a determinar la identidad de un pueblo. Hay quien cree que el gobierno debe dar subsidios a los productores de avellanas, leche, aceite, aceitunas o boniatos.

En este punto creo que hay bastante esquizofrenia intelectual. Por un lado, la gente que se autoproclama conservadora o de *derechas*[1] tiende a argumentar que el gobierno debe intervenir poco en la economía, mientras que los autoproclamados *progresistas* o *de izquierdas* tienden a querer una gran intervención pública en la economía. Y digo esquizofrenia intelectual porque si preguntamos cuál debe ser el papel del gobierno en los aspectos no económicos de la vida, los papeles se invierten: la gente de *derechas* quiere, aunque a veces no lo confiesen abiertamente, que el gobierno les ayude a imponer sus creencias religiosas o políticas a través de decretos públicos, quiere impedir la legalidad de determinadas conductas o quiere restringir los derechos de los individuos —especialmente

---

1. Utilizo la cursiva para las expresiones derechas e izquierdas porque creo que se trata de una terminología totalmente desfasada. Recurro a ella, aunque con reticencia, porque todavía se asocia a ciertas formas de pensar, si bien la distinción cada vez es más difusa.

las mujeres— a decidir sobre su propio cuerpo, mientras que las *iz-quierdas* dicen que el gobierno no debe entrometerse en esos aspectos de la vida. Es decir, las derechas no quieren que el gobierno se nos meta en la cartera pero sí en la bragueta, mientras que las izquierdas quieren exactamente lo contrario.

Ante esta esquizofrenia, yo proclamo que no soy ni de izquierdas ni de derechas, sino todo lo contrario. Soy de la opinión que el gobierno tiene unas obligaciones y que el desempeño de éstas es fundamental. Ahora bien, más allá de esas obligaciones, el gobierno debe limitar su acción y dejar que la gente actúe con libertad tanto en el ámbito económico como en los distintos ámbitos sociales. ¡Ni en la cartera, ni en la bragueta!

Hay distintas razones que me llevan a creer que el gobierno debe tener un ámbito de actuación limitado. La primera es que la libertad individual es el valor fundamental del hombre y que la intervención pública tiende a reducir o limitar esa libertad. Al atribuir al gobierno el mantenimiento de la ley, el orden público y la defensa nacional, los ciudadanos de un país le dan a sus gobernantes la fuerza del ejército y la policía. En un mundo de libro de texto, donde los líderes políticos son buenos y sólo buscan el bienestar de los ciudadanos, la cosa va bien. Pero en el mundo real de personas imperfectas, siempre existe la tentación de utilizar dicha fuerza en beneficio propio. Y cuanto mayor es el poder, mayor es la tentación. Así, aparecen la corrupción, los abusos de poder, las dictaduras, los gulags, las persecuciones y la falta de libertades. El pensador liberal del siglo XVIII, lord Acton, padre de la frase lapidaria «el poder corrompe, y el poder absoluto corrompe absolutamente», nos advertía hace más de dos siglos que una de las mayores amenazas a la libertad era el poder político. ¡Y eso que él no llegó a ver las carnicerías que llevaron a cabo los poderosos gobiernos fascistas y comunistas del siglo XX! Así pues, hay que limitar severamente el ámbito de actuación del gobierno y hay que introducir mecanismos de control que protejan a los ciudadanos de los excesos de poder de quien está en una mejor posición para abusar: el gobierno. Montesquieu lo expresó magistralmente en el siglo XVIII cuando advertía: «Cualquier persona que tiene poder tiende a abusar de él y a llegar hasta donde encuentra limitaciones. Con el objeto de garantizar las libertades, hay que frenar el poder». Las instituciones democráticas son una buena manera de empezar, pero no son suficientes. Al fin y al cabo, hay cargos públicos que se saltan las reglas y violan las instituciones... incluso las democráticas. Las leyes de la democracia deben estar complementadas con la limitación de los poderes y las actividades de las que se encarga el sector público, porque cuantos más ámbitos controle la administración pública, más posibilidades hay de abusar del poder.

La segunda razón que me lleva a pensar que el ámbito de actuación del gobierno debe ser más bien reducido es que, a menudo, los gobiernos de la vida real tienden a hacer mal incluso aquello que es de su estricta competencia. Por ejemplo, una de las funciones primordiales del gobierno es recaudar impuestos para financiar todas sus actividades. No hay que ser demasiado agudo para darse cuenta de que, en esto, el gobierno fracasa miserablemente puesto que la *evasión fiscal* alcanza niveles escandalosos y obscenamente injustos. Y esto no sólo pasa en países tercermundistas poco sofisticados. Pasa en países presuntamente modernos y democráticos como es el caso de... ¡España! Puesto que los ricos que no cobran salarios tienen más posibilidades de evadir impuestos que los trabajadores asalariados, la incompetencia del gobierno a la hora de recaudar genera unas desigualdades económicas arbitrarias y unas injusticias sociales que deberían hacerles caer la cara de vergüenza a los políticos (¡muchos de los cuales dicen, además, que estas desigualdades injustas son culpa de los mercados!). Y si el gobierno es incapaz de llevar a cabo una de las tareas que le corresponde, como es el caso de recaudar impuestos, ¿cómo vamos a poder confiarle tareas que se escapan a su competencia natural como es la administración de los hospitales o de las escuelas?

Otra de las funciones primordiales del gobierno es garantizar la competencia entre las empresas con el objeto de eliminar las posiciones abusivas de monopolio. No hay que ser demasiado sagaz para darse cuenta de que los abusos de precios y la patética calidad de los servicios que ofrecen Iberia o RENFE —que son o han sido hasta hace poco empresas públicas en situación de monopolio garantizado por la administración pública y que no sólo han explotado a los consumidores, sino que han ejercido fuertes presiones políticas para limitar la competencia y poder seguir abusando de ellos impunemente— son una muestra de la incapacidad de los gobiernos para evitar la explotación de los ciudadanos por parte de los monopolios. Y si son incapaces de llevar a cabo una tarea que les corresponde, ¿cómo podemos confiarles tareas que se escapan a su competencia natural como es la imposición de planes de estudios y decretos de humanidades que determinarán qué deben estudiar nuestros jóvenes?

El gobierno es quien tiene la misión de hacer leyes que garanticen la libertad de los ciudadanos y de hacerlas cumplir. Un simple repaso a la historia reciente de España nos muestra que la corrupción del gobernador del Banco de España, los descarados robos del jefe de la Guardia Civil o los asesinatos y secuestros instigados desde el Ministerio del Interior no nos permiten ser optimistas sobre la capacidad de muchos de los miembros del gobierno, no ya de hacer cumplir las leyes, sino de que las cumplan ellos mismos. Y si son incapaces de llevar a cabo la tarea que le corresponde, como el cumplir y hacer cumplir las leyes, ¿cómo vamos a confiarles tareas que se escapan a su competencia natural, como la administración del dinero de la seguridad social, dinero que tiene que permitirnos vivir con seguridad cuando llegue el día de nuestra jubilación?

A nuestros estudiantes les decimos que deben aprobar el primer curso antes de pasar al segundo. Del mismo modo, antes de confiarles ciertas labores que no les son propias, los gobiernos deben demostrar que son capaces de llevar a cabo las que les corresponden. Y en este sentido, me parece que, de momento, los gobiernos de todo el mundo se llevan un gran, un enorme suspenso.

La tercera razón que me conduce a pensar que hay que limitar la acción del gobierno en la economía es que tiende a gastar demasiado y mal por su propia naturaleza, que hace que administre un dinero que *no es suyo*. Me explico. Cuando una persona entra en una tienda y gasta su propio dinero para comprar cosas para sí misma o para su familia, tiende a adquirir los productos que más le interesan, dentro del presupuesto de que dispone. Por contra, cuando una persona entra en la misma tienda pero tiene la posibilidad de cargar los gastos a una cuenta ajena (por ejemplo, a la cuenta de la empresa), entonces tiende a ser menos escrupulosa con los gastos superfluos, si bien continuará adquiriendo productos de su interés. «Si invita usted, tomaré solomillo», decía el aprovechado. El problema grave aparece cuando la persona entra en la tienda, tiene la posibilidad de cargar los gastos a una cuenta ajena y debe adquirir regalos para personas que no conoce. En dicho caso, no sólo tiende a gastar más de la cuenta sino que, además, adquiere cosas que no interesan demasiado a quien las recibe.

Digo que esto es un problema porque eso es un poco lo que ocurre con el gobierno: gasta un dinero que no es suyo sino de los contribuyentes y debe comprar cosas para ciudadanos que no conoce lo suficiente. El resultado final termina siendo una montaña de gasto superfluo en cosas que no gustan demasiado a los ciudadanos: hospitales con largas listas de espera, escuelas de mala calidad o exposiciones o fórums universales cuyo objetivo parece ser el alimentar el ego de los políticos que los promocionan. Seguramente, todo el mundo saldría ganando si se regalara el dinero en metálico a los ciudadanos del país para que se lo gastaran como quisieran. Es decir, sería mejor que nos pusiéramos de acuerdo en el grado de redistribución de la riqueza que los ciudadanos preferimos. Una vez hecha ésta, lo mejor sería que cada uno adquiriera los bienes que más le convienen sin forzar a la gente a consumir lo que el gobierno le dicta. Al fin y al cabo, los propios ciudadanos saben mejor que nadie qué prefieren consumir.

Una cuarta razón que me lleva a concluir que el ámbito de actuación del gobierno tiende a ser demasiado grande es que, cuando se crean instituciones públicas, normalmente *sólo se juzgan los beneficios*. Misteriosamente, los costes desaparecen de la discusión teórica o política. Y cuando hablo de costes no me refiero a los costes directos de las inversiones en escuelas u hospitales, ni a los costes de los salarios de los profesores o de los médicos. Estos costes sí suelen contabilizarse... normalmente. Me refiero a costes más sutiles, escondidos o difíciles de cuantificar, como los *incentivos* y las *distorsiones* que las acciones públicas generan. A causa de su difícil cuantificación, estos costes son sistemáticamente ignorados, a pesar de su evidente importancia.

El problema es que, a diferencia de lo que muchos creen, cuando el gobierno proporciona servicios «gratuitos» (sanidad «gratis», educación «gratis», etc.), en realidad no son gratuitos. En realidad, esos servicios se pagan con impuestos. El problema es que los impuestos tienen efectos negativos sobre la economía. El ejemplo del gobierno que impone un precio del pan muy bajo y la consiguiente desaparición de todo el pan de la economía vuelve a ser un recordatorio relevante de los peligros que conlleva el no analizar la reacción popular a las intervenciones públicas. Las acciones de la administración afectan a los incentivos de consumidores y productores y deben ser tenidos en cuenta por quien toma decisiones políticas. El problema es que raramente se tienen en cuenta. En cierto modo, los incentivos me recuerdan la película *La guerra de los mundos*, de Orson Welles: los invasores intergalácticos aparentemente invencibles habían pensado cómo superar todas las armas de que disponían los habitantes de la Tierra. Ni tan siquiera las bombas nucleares más potentes podían hacer algo contra la superioridad tecnológica de los invasores. El único problema que los extraterrestres no habían previsto era algo pequeñito, que desde su planeta no pudieron observar: los microbios. Y fueron los microbios quienes terminaron por destruir la vida de los invasores y por salvar a la Tierra de la derrota ante una armada que parecía insuperable.

Los *incentivos* son, en cierto modo, los virus que ni Marx ni ninguno de los evangelistas de la planificación económica centralizada supieron ver en el momento de diseñar el sistema comunista de organización económica. Y fueron precisamente dichos incentivos los que terminaron por matarles.[2] Tal como hemos indicado anteriormente, los ciudadanos que viven inmersos en sistemas de este tipo se preguntan: «Si vamos a terminar ganando todos lo mismo, ¿por qué debo yo esforzarme más de la cuenta?». «Si el salario que voy a cobrar como ayudante de obra será similar al que ganaré si ejerzo de doctor, ¿por qué demonios tengo que estudiar?» «Si el gobierno se queda una gran parte del fruto de mis inversiones (ya sean inversiones en educación y capital humano u otras), ¿por qué demonios tengo que invertir?» Y si la gente no invierte, ni estudia, ni trabaja, la economía no puede funcionar.

El sistema soviético llevó el problema de los incentivos hasta extremos casi surrealistas, pero lo cierto es que ocurre lo mismo cuando el Estado es excesivamente generoso aunque, eso sí, de un modo menos exagerado. Las acciones de los gobiernos bienintencionados y los elevados impuestos que se necesitan para financiar todos aquellos servicios públicos «presuntamente» gratuitos tienden a desincentivar la economía productiva. La lección fundamental es que, cuando el gobierno hace leyes que intentan ayudar a las personas sin tener en cuenta el modo en que dichas leyes afectarán a los incentivos de productores y trabajadores, el efecto final puede ser exactamente el opuesto al deseado.

Las distorsiones perversas no sólo ocurren con los impuestos sino que también aparecen con los subsidios. Por ejemplo, los subsidios del paro reducen los incentivos a trabajar, los subsidios a las medicinas alientan a los jubilados a comprar demasiados fármacos y los subsidios a la producción de lino animan a los familiares del ministro a aparentar que están produciendo lino.

Al analizar las consecuencias negativas de las decisiones públicas siempre hay que tener en cuenta que la mayor parte de los indi-

---

2. Mucho antes de la caída del muro de Berlín, los economistas liberales ya habían predicho el fracaso de dicho sistema a causa, precisamente, de las graves distorsiones que el sistema provocaba en los incentivos de los agentes económicos.

viduos que pueblan nuestro mundo no son ni tan *solidarios* ni tan *humanitarios* como los legisladores benévolos que diseñan los programas de protección pública y que, si se les ofrece dinero a cambio de hacer como que están enfermos, muchos lo harán.

Cuando se diseñan instituciones públicas considerando los beneficios e ignorando gran parte de los costes, se tiende a diseñar más de la cuenta. Y eso es lo que ha ocurrido en una gran parte de la Europa del *Estado del bienestar*: la intervención del Estado en la economía ha ido más allá de lo estrictamente razonable y deseable. Con ello no pretendo decir que el Estado del bienestar no funcione en ciertos países. Es evidente que en Noruega, Suecia y en menor medida en Finlandia, las cosas funcionan bastante bien... si bien es cierto que durante las últimas décadas, el brazo del Estado del bienestar se ha ido encogiendo poco a poco incluso en esos países. Lo que no está claro es que el sistema que les funciona bien a ellos deba funcionar en cualquier otra parte. Las diferencias de experiencias históricas o las diferencias religiosas y culturales de los pueblos implican que las reacciones de los ciudadanos frente a un subsidio o un impuesto también serán variadas. En este sentido, cuando se intenta implementar un generoso Estado del bienestar del tipo escandinavo en el país de la picaresca y de las gangas, donde uno de los héroes nacionales es un lazarillo que se pasaba la vida timando, se suele terminar con una cuarta parte del país cobrando el subsidio de paro y la mitad de los temporeros trabajando los días justos (¡y ni uno más!) para poder cobrar el subsidio de aquello que se llama *Plan de Empleo Rural*. Cuando se diseñan instituciones públicas, no hay que copiar obsesivamente las instituciones de los vecinos, por mucho que a ellos les hayan funcionado. Nuestros vecinos pueden tener culturas y pasados muy distintos, y lo que a ellos les ha funcionado puede no funcionarnos a nosotros. Lo que debemos hacer es buscar las instituciones que más se ajusten a nuestro carácter y a nuestra cultura. Y, por suerte o por desgracia, la gente no es escandinava en todas partes.

Finalmente, otro argumento que me lleva a pensar que el gobierno ha crecido demasiado es que, cuando se crea una institución pública, nunca se piensa en la forma de cerrarla una vez hayan desaparecido las necesidades que han llevado a su creación. En el mundo dinámico en el que vivimos es perfectamente posible que lo que era necesario y justificable a finales del siglo XIX ya no lo sea a principios de este siglo XXI. Pero en la vida real lo que ocurre es que la institución pública adquiere vida propia y tiende a perpetuar su existencia, puesto que nació sin fecha de caducidad. Una vez creada la institución, también se crean grupos de presión que se encargan de *demostrar* que hay *nuevas necesidades sociales que sólo la institución en cuestión puede llegar a solucionar*. Un claro ejemplo de ello es la creación de esta institución que denominamos OTAN (Organización del Tratado del Atlántico Norte). La OTAN se creó para proteger militarmente a los estados occidentales del peligro que representaba la amenaza soviética. Desde entonces, hemos asistido a la caída del muro de Berlín y a la desintegración del bloque comunista, hecho que, en teoría, convertía la OTAN en algo innecesario. Ahora bien, ¿ha desaparecido la OTAN? ¡No! ¡En absoluto! Más bien al contrario: la poderosa asociación militar decidió autotransformarse y se asignó el papel de policía mundial que debía ayudar en conflictos bélicos como el de los Balcanes o Agfanistán. Como siempre, la institución había adquirido vida propia y fue imposible eliminarla aunque las razones que habían justificado su creación hubieran desaparecido. Lo mismo ocurre con todo tipo de subsidio, legislación o institución pública: una vez creados, resulta muy difícil eliminarlos, incluso cuando la necesidad que justificó la creación en su momento hace tiempo que ha desaparecido.

En resumen, prácticamente todos los economistas modernos coincidimos en que el sistema económico que mejor funciona y quizá el único sistema factible hoy en día es el de libre mercado. Todos estamos de acuerdo también en que el papel del Estado en la economía de mercado es importante. Ahora bien, una vez dicho esto, aparecen las discrepancias a la hora de decidir exactamente cuál debe ser este papel. Por las razones que acabo de exponer, yo soy partidario de limitar el ámbito de actuación del sector público a las áreas que le corresponden que, insisto, son muy importantes, y sólo a las que le corresponden.

6

La economía de las ideas

En el capítulo 4 hemos visto que entre los bienes públicos más importantes de la economía están el *conocimiento*, la *tecnología* y las *ideas*. La vacuna de la viruela, la técnica que permite que el airbag salga disparado a gran velocidad, el sistema de telefonía móvil, el programa Word de Microsoft o la fórmula de la aspirina son bienes públicos porque, una vez descubiertos o inventados, pueden ser utilizados simultáneamente por millones de personas sin necesidad de volver a inventarse cada vez que se usan. Esto contrasta con los productos normales o clásicos como el pan, que deben elaborarse nuevamente cada vez que alguien desea consumir una barra.

El hecho de que los bienes tecnológicos, los conocimientos y las ideas sólo deban producirse una vez implica, lógicamente, que el coste de producción sólo se debe pagar una vez. Éste es el coste de *investigación y desarrollo* (o I+D). De hecho, el coste de producir una pastilla de aspirina es realmente ínfimo si lo comparamos con el dispendio de llegar a la *fórmula* del ácido acetilsalicílico.[1] El cos-

---

1. La aspirina representa uno de esos casos curiosos de la historia de la tecnología. Hacia 1880, un químico alemán llamado Felix Hoffman descubrió un producto que atenuaba el dolor, producto que patentó y ofreció a la empresa alemana Bayer para que lo produjera. El jefe del instituto farmacológico de la Bayer, un tal Heinrich Dreser, escribió una carta rechazándolo con una frase que posteriormente se hizo famosa: «Este producto es totalmente inútil y el señor Hoffman es el típico vendedor de humo berlinés». En lugar del nuevo producto de Hoffman, la empresa decidió producir una cosa alternativa que se llamaba diacetilmorfina. Se decía que dicho producto alternativo daba a quien lo tomaba una sensación de euforia, invencibilidad y heroicidad, por lo que le pusieron el nombre de heroína. No se tardó mucho en descubrir que la heroína tenía unos inesperados efectos secundarios, por no hablar de una peligrosa adicción, y finalmente fue retirada del mercado. La Bayer fue corriendo a buscar al señor Hoffman para ver si su fórmula seguía disponible, y así nació la Aspirina. Hoy en día, la humanidad engulle 40.000 millones de aspirinas al año. Todo un éxito.

te de grabar un disco con el sistema operativo de Windows 2000 es ínfimo si lo comparamos con el de programar los millones de códigos que conforman el popular sistema informático. Si, una vez hecha la invención, todas las empresas del mundo pueden utilizar o copiar la fórmula, la competencia entre ellas conllevará la reducción de los precios de venta, con lo que la empresa que llevó a cabo la innovación original no podrá recuperar el enorme coste de I+D. El problema es que si las empresas saben que no podrán recuperar el coste de investigación, nadie va a innovar y el progreso tecnológico desaparecerá. Bien, eso no es del todo cierto. Siempre existirá el mítico *sabio loco* que inventa porque disfruta haciéndolo o porque algún mecenas rico (o el gobierno) le paga por hacerlo. A lo largo de la historia, siempre ha habido inventores de ese tipo. Pero la verdad es que el ritmo de creación de ideas cuando todos los inventores eran «sabios locos» era muy inferior al ritmo actual, cuando las empresas con afán de lucro asumen la mayor parte de las inversiones en investigación. El gran cambio se produjo en el siglo XVIII. ¿Por qué?

El historiador de la economía y premio Nobel de 1993, Douglas North, mantiene la tesis de que la revolución industrial se inició en Inglaterra y en la década de 1760, precisamente porque fue allí y en aquel momento preciso cuando se crearon las instituciones que iban a permitir garantizar los derechos de *propiedad intelectual*.[2] Los derechos de *propiedad intelectual* son los que tiene el propietario de una idea o de una invención a que nadie se los copie. De hecho, son los derechos que tratan las ideas y las invenciones como si fueran bienes normales: el propietario de una barra de pan es quien la ha producido o comprado. Una vez un ciudadano es el propietario de la barra, puede hacer con ella lo que quiera. Y si alguien se la quiere robar, el ladrón será perseguido y penalizado. Pues bien, los derechos de propiedad intelectual garantizan al pro-

---

En realidad, en la historia de la tecnología hay muchos otros ejemplos de importantes productos que fueron rechazados inicialmente. Entre ellos destacan la radio, el cine sonoro, el ordenador personal, el coche o el teléfono. El caso más espectacular es el de la máquina fotocopiadora, que fue rechazada por veinte empresas distintas, antes de ser adoptada por la Xerox. La frase escrita por una de las empresas que la rechazó: «¿Quién demonios va a querer copiar un documento en un papel en blanco?» ha pasado a la divertida historia de los grandes errores empresariales.

2. Otro hecho que contribuyó al progreso científico y tecnológico fue la progresiva pérdida de poder político de la Iglesia católica, que tenía la mala costumbre de calificar de herético todo aquello que significaba progreso científico.

pietario de los bienes intelectuales[3] la posesión de los mismos. Y si alguien le quiere robar esos bienes para reproducirlos o venderlos sin permiso, el ladrón será perseguido y penalizado. Antes del 1760, es decir, antes de que se garantizaran esos derechos, las empresas no tenían suficientes incentivos para innovar y progresar, por lo que las innovaciones eran escasas. Cuando resultaba fácil copiar las ideas de los demás, sólo inventaban los que lo hacían sin afán de lucro: los sabios locos. Al fin y al cabo, ¿a santo de qué va a pagar los elevadísimos costes de I+D una empresa si, una vez hecho el invento, cualquiera va a poder copiarle la idea y no va a poder recuperar el dinero de la inversión? A partir del momento en que se introducen instrumentos legales que garantizan los derechos de los inventores como las *patentes*, se garantiza a éstos la posibilidad de ganar dinero. Un sistema de patentes atribuye a quien innova el derecho a ser el único explotador del invento. Al ser el único que puede explotar y vender el invento, su creador se convierte, de hecho, en un *monopolista*. Cuando se introduce el sistema de patentes, las empresas comienzan a invertir sistemáticamente en investigación, y la economía comienza a crecer y a progresar. De este modo, argumenta Douglas North, llega la revolución industrial.

Cabe decir que, una vez llegados aquí, los economistas tropezamos con un problema importante. Por un lado, sabemos que los monopolios son malos porque tienden a imponer unos precios excesivamente altos, debido a la falta de disciplina de mercado. Una vez realizado el invento (por ejemplo, una vez descubierta la vacuna que curará la malaria), sería bueno para los consumidores que el producto derivado de la innovación fuera vendido al precio más bajo posible. De lo contrario los pobres ciudadanos de África no van a poder comprar la vacuna de la malaria. Naturalmente, el abaratamiento del producto se consigue permitiendo que todas las empresas puedan competir en la producción de la vacuna. Como hemos visto en el capítulo 1, la competencia empresarial impone una disciplina de mercado que hace bajar los precios. Dicho de otro modo, la competencia es buena para los consumidores... una vez inventada la vacuna. El problema radica en que, si los inventores saben que, una vez realizado el invento, las autoridades van a fomentar la competencia entre empresas para forzar la caída de los

---

3. Entre los bienes intelectuales se incluyen las ideas, las fórmulas o las innovaciones y también las obras de arte o a la literatura.

precios de la vacuna, entonces dejarán de invertir en investigación... y la vacuna no llegará a inventarse jamás: ¡lo peor que podría llegar a suceder![4] Dicho de otro modo, *lo que es bueno después* de la invención (permitir la competencia de precios) *no es bueno antes* de la misma (permitir que el inventor pueda explotar su invento en situación de monopolio). Establecer un sistema legal que garantice los precios más bajos posibles *una vez se ha realizado el invento* no es la mejor manera de incentivar a que se invierta en I+D *antes de que se haya realizado el invento*. Y al revés: un sistema que dé los máximos incentivos a invertir *antes de que se haya realizado el invento* (como puede ser el sistema de patentes), acaba dejando que las empresas pongan unos precios monopolistas demasiado altos, lo que perjudica a los consumidores *una vez se ha realizado el invento*.

Nos encontramos ante un grave dilema: ¿deberíamos hacer lo que es mejor «antes» —es decir, prometer a los inventores que podrán poner precios elevados y ganar mucho dinero si se dedican a inventar— o lo que es mejor «después» de que se ha realizado el invento —proteger al consumidor obligando a las empresas a bajar los precios a través de la competencia?[5]

En la mayor parte de los países modernos se ha adoptado una solución de compromiso, una solución intermedia en la que se conceden *patentes temporales*: durante unos cuantos años, veinte por ejemplo, sólo puede vender y producir un nuevo producto farmacéutico quien posea su patente. Durante ese tiempo, este monopolista podrá hacerse un nombre, crearse una reputación y una marca y podrá imponer el precio que le permita recuperar los costes de I+D y obtener beneficios. Una vez expirado el plazo, la fórmula pasa a ser de dominio público y todo el mundo puede utilizarla y producir los denominados medicamentos *genéricos*. A partir de ese momento, la competencia hará que los precios bajen en beneficio del consumi-

---

4. En el artículo «La tragedia de África: Viagra o malaria», que encontraréis en la segunda parte del libro, se explica cómo pueden emplearse y cómo han sido empleados todos estos conceptos para intentar hallar la solución a uno de los problemas más importantes a los que se enfrenta la humanidad de hoy: las enfermedades tropicales.

5. En realidad, éste es un problema similar al que tenemos en el caso de los secuestros: antes de que se produzca el secuestro, es correcto que el gobierno declare que jamás negociará con los secuestradores. Una vez se ha producido el secuestro, es correcto que el gobierno negocie. Al fin y al cabo, el dinero que puedan exigir los secuestradores seguro que vale menos que una vida humana. El problema radica en el hecho de que, cuando hay negociación, se incentivan secuestros potenciales en el futuro. Un enorme problema.

dor. Note el lector que de este modo se consigue dar incentivos a las empresas para que inviertan en innovación —puesto que, si inventan algún producto útil, podrán ganar mucho dinero, aunque sólo sea durante algún tiempo— y, al cabo de unos años, el consumidor se acaba beneficiando con precios de mercado competitivos.

Los sabios del siglo XVIII ya eran conscientes del conflicto que existe entre la necesidad de conceder monopolios a los inventores mediante patentes y la necesidad de fomentar la competencia de precios para beneficiar a los consumidores. Por ejemplo, el presidente de Estados Unidos y redactor de la Declaración de Independencia de Estados Unidos, Thomas Jefferson, escribía en 1813:

> Si la naturaleza ha hecho algo poco susceptible de tener derechos de propiedad exclusivos, es el fruto del pensamiento, lo que denominamos *las ideas*. Un individuo puede hacer uso exclusivo de una idea siempre y cuando no la comunique a nadie más; pero en el mismo momento en que la divulga, se desprende de la posibilidad de hacer de ella un uso exclusivo y todo el mundo pasa a ser propietario de la idea. Es más, otra característica peculiar de las ideas es que el hecho de que una persona la conozca no impide que otras la conozcan también: aquel que recibe una idea mía puede emplearla sin reducir mi capacidad de utilizarla igualmente.

Es decir, Jefferson entendía perfectamente que las ideas no eran un bien normal o clásico, sino que eran un bien público: cuando una persona utiliza una idea no está impidiendo que la usen otras personas al mismo tiempo. Jefferson continúa diciendo:

> La sociedad debe dar el derecho exclusivo a obtener beneficios al individuo que genera las invenciones que, por su misma naturaleza, no pueden estar sujetas a propiedad; y ello debe llevarse a cabo con el objetivo de incentivar la creación de ideas que terminarán generando felicidad.

Con esta frase, Jefferson demuestra que comprendía la necesidad de atribuir unos derechos de monopolio («derechos exclusivos», decía él) a los inventores, con el objetivo de incentivarlos a inventar. Es normal que lo pensara, puesto que, al fin y al cabo, antes de ser presidente había trabajado en la oficina de patentes. Una vez dicho esto, reflexionó sobre el problema que este hecho puede comportar:

El problema es que, a veces, esto no puede llevarse a cabo de acuerdo con la conveniencia y el deseo de la sociedad en general y sin producir daño a nadie. De acuerdo con lo dicho, es un hecho conocido que Inglaterra era, hasta que nosotros (Estados Unidos) la copiamos, el único país donde la ley general otorgaba la propiedad legal exclusiva de las ideas. Hay otros países que otorgan estos derechos de propiedad sólo en circunstancias especiales porque consideran que, en general, estos monopolios generan más problemas y vergüenzas que beneficios para la sociedad. Y cabría decir que estos países que rehúsan dar el derecho monopolístico a los inventores disponen de tantos inventos y productos útiles como Inglaterra.

Es decir, Jefferson percibía la tensión existente entre la necesidad de conceder derechos monopolísticos de propiedad intelectual y la necesidad de fomentar la competencia de precios. Jefferson se enfrentaba, pues, al problema para el que hemos dicho que no existe una solución perfecta. En la última frase vemos que, al final, se decantó por la competencia y en contra de la concesión de monopolios a través de patentes. Y su justificación era la experiencia histórica: «Los países que rechazan otorgar el derecho monopolístico a los inventores disfrutan de tantos inventos y productos útiles como Inglaterra». Lógicamente, Jefferson escribía justo cuando empezaba a iniciarse la revolución industrial y, por lo tanto, carecía de la visión, de la perspectiva de casi dos siglos que tenemos los economistas de la actualidad. Gracias a historiadores como Douglas North, hoy sabemos que los países donde no se han garantizado los derechos de propiedad intelectual han progresado menos que los otros. Por lo tanto, a pesar de que el análisis teórico de Jefferson era correcto, parece que la conclusión a la que llegó no lo era.

En 1942, el economista austriaco y profesor de Harvard Joseph Schumpeter escribió uno de los mejores análisis de la economía de mercado que jamás se haya escrito, el libro *Capitalismo, socialismo y democracia.* Schumpeter entendió a la perfección el proceso de creación de nuevas tecnologías y dijo que, si se quería incentivar el progreso técnico, lo que había que hacer era crear instituciones que protegieran a los innovadores de la competencia de precios, pero que les *incentivaran a practicar la competencia de innovaciones.* Es decir, lo que se necesita es un marco que impida a la empresa innovadora perder los beneficios derivados de una invención ante la aparición de otra empresa que copie la idea y la venda a precios inferiores. Ahora bien, si hay otra empresa que le roba el mercado con la invención de un producto mejor, entonces ¡adelante! Este proceso de *destruir* los beneficios de la competencia a base de *crear conocimientos* superiores pasó a ser conocido con el nombre de *creación destructiva*. Ahora bien, hay que tener en cuenta que eso significa que el inventor (o el propietario de la patente, en caso de que el inventor se la haya vendido) debe tener el derecho a ser el único explotador del invento. Es decir, debe obtener el *monopolio* de su invento. Vemos, pues, que en la economía de las ideas, un cierto grado de monopolio no sólo no está mal, sino que es necesario para que haya progreso tecnológico. Ahora bien, estos derechos de monopolio deben ir acompañados de la disciplina que conlleva la competencia tecnológica e innovadora.[6] Esto es, se debe crear un marco en el que haya competencia de ideas y no competencia de precios.

Un ejemplo interesante lo tenemos en la experiencia del que fue el gigante informático IBM. Durante los años sesenta y setenta, IBM era el símbolo del poder capitalista norteamericano junto con la coca-cola. IBM no sólo dominaba el mercado de los grandes ordenadores sino que también era el líder en todo tipo de material de oficina. Parecía una empresa realmente invencible.

En enero de 1968, el fiscal general de Estados Unidos, un tal Ramsey Clark, decidió que IBM tenía una cuota de mercado demasiado elevada y la llevó a los tribunales de la defensa de la competencia. Doce años, quinientos abogados, 66 millones de documentos y cuarenta millones de dólares más tarde, se decidió que IBM no había violado las leyes de la competencia. El gobierno no pudo vencer al gigante de la informática. A pesar de ello, hoy en día IBM ya no es el líder mundial del sector. Y la razón es que los jóvenes emprendedores de Microsoft, Apple, Intel u Oracle se le han comido el mercado. ¿Cómo? Pues a base de innovar y de hacer unos productos superiores. Lo que no pudo llevar a cabo el gobierno a lo largo de los años setenta, lo consiguieron los jóvenes emprendedo-

---

6. El lector con conocimientos de teoría económica avanzada podrá encontrar un tratamiento riguroso de todos estos conceptos y de su aplicación al crecimiento y desarrollo económico en mi libro de texto *Apuntes de crecimiento económico* (2ª edición publicada por Antoni Bosch Editor, Barcelona, 2000). Una versión todavía más avanzada (y en inglés) puede encontrarse en *Economic Growth*, de Robert Barro y Xavier Sala i Martín, editado por MIT Press, Cambridge, Massachusetts, 1998. El lector no versado en teoría económica hará mejor evitando estos estudios porque su formulación matemática puede resultar absolutamente impenetrable para el lector no preparado.

res durante los ochenta. La competencia tecnológica del pequeño eliminó el monopolio del gigante. David venció a Goliat, no con la fuerza sino con el ingenio.

Resumiendo, del estudio de la economía de las ideas hay que extraer dos lecciones importantes. La primera es que las ideas son distintas a los bienes clásicos normales y deben tener un trato especial. La segunda es que el gobierno ha de desempeñar un papel importante en la economía de las ideas. Ahora bien, el papel del gobierno no consiste en llevar a cabo formas de investigación ni en financiarlas con los recursos públicos. Lo que debe hacer es crear el marco institucional y legal que garantice los derechos de propiedad intelectual que incentiven las empresas privadas a invertir en I+D.[7]

La intervención de la administración norteamericana contra la empresa Microsoft utilizando las leyes de fomento de la competencia del siglo XIX (las mismas que utilizaron para condenar a John Rockefeller por abusos monopolísticos en el mercado del petróleo en 1911) es un ejemplo de cómo no debe actuar un gobierno en la economía de las ideas. En realidad, es un ejemplo de cómo los legisladores políticos y los jueces pueden tomar decisiones equivocadas. Parece como si el rápido cambio tecnológico que hemos vivido a lo largo de los últimos veinte años hubiera cogido desprevenidos a políticos y abogados. En el capítulo que sigue, analizamos detalladamente el caso Microsoft.

---

7. Un problema adicional es el de la investigación de conocimientos que no son provechosos a las empresas, como puede ser la matemática básica o la egiptología. En esos casos sí se justifica un cierto grado de financiamiento público de la investigación.

7

El caso Microsoft

En 1975, un joven de veinte años llamado William H. Gates III inventó el DOS, un programa que había de ser el *cerebro* o *sistema operativo* que hiciera funcionar los ordenadores. Gates se dio cuenta de la importancia de ser el primero en hacer un sistema operativo para ordenadores personales y de la necesidad de producir el programa urgentemente, por lo que decidió abandonar la carrera que estaba cursando en la Universidad de Harvard y, junto con unos compañeros, fundó una pequeña empresa a la que llamó *Microsoft*. El sistema operativo fue un éxito inmediato y enseguida fue adoptado por gran parte de los usuarios de todo el mundo. Acababa de nacer el mito de Bill Gates.

Rápidamente, Microsoft se convirtió en un gigante informático. El sistema operativo DOS fue modernizado con las sucesivas versiones de Windows: Windows 3.0, Windows 95, Windows 98, Windows ME y ahora Windows XP. Además, la empresa decidió ampliar el negocio más allá de los sistemas operativos, y empezó a hacer todo tipo de programas informáticos que fueron desde hojas de cálculo a editores de textos, pasando por programas para dibujar y editar fotografías, juegos, radios, vídeos, presentaciones y una infinidad de cosas más.

A mediados de la década de los noventa, el 95% de los ordenadores del mundo funcionaban con el sistema Windows y esa elevadísima cuota de mercado llevó a muchos a pensar que Microsoft empezaba a ser un monopolio parecido al de la Standard Oil de Rockefeller, cien años atrás.

Entonces hizo su aparición el fenómeno de Internet. En 1993, el National Center for Supercomputing Applications (NCSA) de la Universidad de Illinois ideó un programa para navegar por Internet llamado *Mosaic*. De hecho, el programa fue creado por uno de sus jóvenes informáticos, Marc Andressen quien, en abril de 1994, abandonó el NCSA y fundó su propia empresa, a la que llamó Netscape, con el objeto de producir el navegador de Internet llamado *Navigator*. En aquellos momentos, *Mosaic* tenía prácticamente todo el mercado de navegadores, por lo que, para captar clientes, Andressen decidió regalarles su navegador. La idea era que, una vez éstos se hubiesen acostumbrado a utilizarlo, Netscape podría subir su precio y recuperar el dinero regalado inicialmente. Y la verdad es que acertó en ambas cosas: en menos de un año ya tenía más del 75% del mercado... y decidió subir el precio a unos 70 dólares la unidad.

A pesar de que Microsoft disfrutaba de una posición dominante en el mundo del software informático, la introducción de Internet pilló a Bill Gates un tanto desprevenido. Sin embargo, enseguida se dio cuenta de que el futuro pasaba por la Red y, en 1995, Microsoft decidió crear su propio navegador llamado *Internet Explorer*. Dado el dominio apabullante que en esos momentos tenía Netscape dentro del mercado de los navegadores de Internet, Gates decidió entrar en el mercado regalando el Explorer. Los chicos de Netscape lo llevaron a los tribunales (olvidando que ése había sido el modo como habían conseguido ellos mismos eliminar la competencia de Mosaic unos años antes), pero no había nada de ilegal en el hecho de regalar navegadores de Internet. Todo lo contrario. ¡Los consumidores no podían salir más beneficiados con ese regalo de programas! Ni tan siquiera se podía argumentar que esa lucha de precios reducía los avances tecnológicos, puesto que éstos seguían apareciendo a un ritmo prodigioso: la batalla tecnológica por apropiarse del futuro mercado de Internet conllevaba reducciones de precios al tiempo que los programas informáticos mejoraban a una velocidad espeluznante.

Entonces fue cuando Microsoft cometió un error estratégico importante: decidió utilizar su poder casi absoluto en el mundo de los sistemas operativos —recuerden que el 95% de los ordenadores de todo el mundo utilizaban Windows— para obligar a los productores de ordenadores a que todos los nuevos ordenadores salieran al mercado con Internet Explorer ya instalado y sin el Netscape Navigator. De este modo, se eliminaba la competencia y, al menos en teoría, Microsoft podía terminar imponiendo precios monopolistas en la venta de Internet Explorer. La verdad es que los fabricantes de ordenadores tenían pocas opciones dado que estaban prácticamente obligados a instalar el Windows en sus ordenadores al ser éste el sistema operativo que exigían el 95% de los usuarios. Tuvieron, pues, que ceder ante las presiones de Microsoft y dejaron de incorporar Netscape Navigator a los nuevos ordenadores. No hace falta decir que Netscape tardó poco en volver a los tribunales acusando a Bill Gates de abusos monopolísticos, y esta vez tenía toda la razón: Microsoft había abusado de su posición dominante para perjudicar a la competencia, y eso era ilegal.

El caso se hizo enormemente popular y el gobierno no tardó en presentarse como parte demandante en representación de los consumidores que «presuntamente» habían sido perjudicados por la conducta delictiva de la empresa de Bill Gates. El gobierno contrató a David Boies, uno de los mejores abogados de Estados Unidos.[1] El juez Thomas Jackson, un juez que, curiosamente, no escribe sus sentencias en ordenador sino que sigue la antigua tradición de escribirlas con pluma —peculiar conducta tratándose del juez encargado de impartir justicia en casos referentes a nuevas tecnologías— consideró que Microsoft era culpable de ser «un monopolio depredador que abusó de su poder para perjudicar a los consumidores con precios monopolísticos y de frenar el progreso tecnológico». El castigo: obligar a Microsoft a dividirse en dos empresas distintas para que compitieran en beneficio de los consumidores. Lo extraño de la sentencia es que uno de los hechos que, en teoría, demostraba la culpabilidad de Gates era su elevadísima cuota del mercado de sistemas operativos. Ya hemos observado que una cuota de mercado del 95% no es necesariamente mala en la economía de las ideas, sobre todo si el precio al que se venden estos sistemas operativos es inferior al que ofrecería la competencia.[2]

---

1. Casualmente, Boies es el abogado que contrató Al Gore a raíz de su disputa con George W. Bush por presuntas irregularidades en el proceso electoral de Florida durante las elecciones presidenciales norteamericanas del 2000. De todos es sabido que Boies perdió el caso Bush vs. Gore pero, de momento, ha ganado el caso Microsoft (digo «de momento» porque el caso está en el Tribunal de Apelaciones y es posible que la decisión del juez Jackson acabe siendo rechazada). Curiosamente, Boies también es el abogado defensor de Napster en el juicio que discutimos en el artículo «Intercambios musicales» de la segunda parte del libro.

2. El precio que cobra Microsoft a las compañías productoras de ordenadores con el objeto de que éstos salgan al mercado equipados con los sistemas operativos Windows es aproximadamente de 30 euros. No se trata de un precio que pueda considerarse abusivo, ya que fácilmente podrían cobrar 180 euros, sin riesgo a perder casi ningún cliente (como referencia, el sistema alternativo Linux cuesta, una vez incorporados los programas añadidos o *add-ons* que instalan sobre un programa básico gratuito, unos 150 euros, y no es, ni mucho menos, compatible con tantas aplicaciones como el Windows).

Otra aspecto «exótico» de la sentencia de Jackson era la forma en que obligaba a Microsoft a dividirse en dos: una empresa debía producir el sistema operativo Windows y la otra debía producir el resto de programas. Digo que eso es exótico porque, recordémoslo, el sistema operativo es como el *cerebro* que permite funcionar al ordenador. Sobre este cerebro básico se instalan los programas que nos permiten escribir, dibujar y hacer cálculos, hacer la declaración del impuesto sobre la renta o navegar por Internet. Es decir, el sistema operativo es el programa necesario para que funcionen los demás programas. Dicho de otro modo, el sistema operativo y el resto de programas son *complementarios*. Lo curioso de la sentencia es que, el hecho de que el sistema operativo sea complementario con el resto de los programas hace que la división propuesta por Jackson no acabe consiguiendo su objetivo de generar más competencia y reducir precios.

EL CASO DEL ZAPATERO SIN ESCRÚPULOS

Para entender por qué, es útil pensar en un ejemplo esclarecedor. Imaginémonos que todos los zapatos de un país son producidos por una única empresa llamada Zapatos Totales, S.A. Puesto que la cuota de mercado de esta empresa es del 100%, el gobierno del país lleva el caso a los tribunales, acusando a Zapatos Totales de monopolista. Tras un largo litigio, el tribunal considera probado que los precios de Zapatos Totales son demasiado elevados y que la variedad y la calidad de su oferta es inferior a la que debería haber en una economía competitiva. Se considera probado, pues, que la conducta de Zapatos Totales perjudica al consumidor. La solución que propone el juez es la división del gigante del calzado en dos empresas más pequeñas: la primera sólo producirá zapatos para el pie izquierdo (y pasará a llamarse Zapatos Izquierda, S.A.) y la segunda sólo producirá zapatos para el pie derecho (y pasará a llamarse Zapatos Derecha, S.A.).

Si el objetivo era introducir competencia para beneficiar al consumidor, la resolución del tribunal hubiese tenido que ser la creación de dos empresas que fabricaran «pares de zapatos» y que compitieran entre ellas ofreciendo mejores precios y una mayor variedad de modelos: al tener dos alternativas entre las que elegir, los clientes podrían «escaparse» de la empresa que les maltrata e irse a la otra. La posibilidad de ir a la competencia impondría una disciplina de mercado que acabaría, en efecto, reduciendo los precios y aumentando la variedad y la calidad de los zapatos producidos. ¡Y los grandes beneficiados serían los consumidores!

Pero fíjense ustedes que el juez no ha decidido dividir al gigante en dos empresas que produzcan «pares de zapatos» sino que ha obligado a crear una empresa de zapatos para el pie izquierdo y otra de zapatos para el derecho. La peculiar naturaleza del calzado es tal que todo el mundo debe llevar un zapato en cada pie. Es triste, quizá trágico, pero es así. Y esto implica que los zapatos del pie derecho y los del pie izquierdo son *complementarios*. El hecho de que los zapatos sean complementarios hace que la solución del tribunal no fomente en absoluto la competencia. Lo único que consigue es crear dos monopolios. El nuevo monopolio de zapatos derechos no tiene ningún incentivo a reducir precios cuando la empresa de zapatos izquierdos lo hace. ¡Al fin y al cabo, sabe que todo el mundo necesitará comprar zapatos para el pie derecho, sea cual sea el precio del zapato izquierdo! Dicho de otro modo, la división de la compañía en dos empresas que fabrican productos *complementarios* que no compiten entre sí, ¡ni fomenta la competencia ni acaba beneficiando al consumidor!

Aunque el negocio de los zapatos parezca un tanto alejado del de la informática moderna, el ejemplo refleja exactamente el problema de la solución propuesta por el juez Jackson en el caso Microsoft: el sistema operativo Windows y los programas de aplicaciones entre los que se encuentra el Explorer son tan complementarios como los zapatos derecho e izquierdo. La sentencia de Jackson, pues, no hará más que crear dos grandes monopolios (o casi monopolios) en dos ámbitos distintos, sin que ello fomente ningún tipo de competencia: Windows continuará teniendo el monopolio de los sistemas operativos y la nueva empresa de aplicaciones tendrá el monopolio en el mercado de las aplicaciones. Puesto que la gente necesita comprar ambas cosas, la sentencia del tribunal ni fomenta la competencia ni beneficia al consumidor. ¡Lo mismo que en el caso de los zapatos!

Resumiendo, la decisión adoptada por el tribunal norteamericano acabará perjudicando claramente a la empresa de Bill Gates sin que ello represente ningún tipo de beneficio para los consumidores. Se trata, pues, de una mala, una muy mala solución. En el momento de escribir este capítulo, el caso de Microsoft se encuentra en el Tribunal de Apelaciones y todavía no se sabe cómo van a terminar las cosas. Como consumidor de productos informáticos, espero que este tribunal termine dando un giro de ciento ochenta grados a la absurda sentencia del juez que escribe con pluma.

8

Globalización y globofobia

Cuando dentro de unos años los historiadores miren hacia atrás y se pregunten cuál fue el producto más emblemático del año 2000, seguro que llegarán a la conclusión de que fue el teléfono móvil. Millones de personas del mundo entero han pasado a depender de un aparato que hace poco ni tan siquiera existía. El teléfono móvil simboliza aquello que muchos denominan la *globalización*. Representa unas nuevas tecnologías que incluyen el ordenador, la red de Internet y la ingeniería genética. El teléfono móvil representa la comunicación constante, prácticamente instantánea y muy barata entre cualquier punto del planeta y permite saber lo que sucede en cualquier parte del globo de manera casi inmediata. El teléfono móvil representa la producción transnacional: la empresa que los produce puede tener capital finlandés, utilizar tecnología norteamericana, producir cada una de las partes que constituyen el aparato en una docena de ciudades donde se contratan a trabajadores que hablan una docena de idiomas distintos, montar los aparatos en Helsinki y vender el producto final por todos los países del mundo. La mundialización de los procesos productivos conlleva que el planeta entero se esté convirtiendo en un único mercado global donde los capitales, las tecnologías, la información, los trabajadores y los productos saltan de un país a otro aparentemente sin posibilidad de ser detenidos.

Y todo esto es lo que representa la globalización, que podría definirse como la situación en que existe el *libre movimiento internacional de cinco factores: el capital, el trabajo, las tecnologías, el comercio y la información.*

A pesar de lo que muchos creen, el mundo actual no está, ni mucho menos, totalmente globalizado. Los conflictos migratorios que vivimos en nuestra tierra nos demuestran que continúan existiendo impedimentos para la emigración internacional. Los países ricos han erigido barreras que la dificultan. Desde este punto de vista, se podría argumentar que el mundo estaba mucho más globalizado hace cien años, cuando millones de europeos emigraban sin obstáculos legales hacia el continente americano en busca de una vida mejor. La globalización tecnológica y de la información tampoco ha llegado a todo el mundo, porque existen millones de africanos que jamás han visto un teléfono o un ordenador y ni siquiera se pueden llegar a imaginar en qué consiste eso que llamamos Internet. La globalización comercial tampoco existe ya que sigue habiendo grandes impedimentos legales para que los países pobres exporten sus productos agrícolas y textiles a Europa, Japón o Estados Unidos. Este proteccionismo de los países ricos no es tan sólo una señal de que la globalización todavía no ha llegado al Tercer Mundo, sino que posiblemente sea el responsable de muchos de los males que actualmente padecen algunos de los países africanos. Tampoco se puede decir que la globalización de capitales sea un hecho, cuando hay muchos países pobres que impiden legalmente las inversiones extranjeras o prohíben que personas no nacionales sean propietarias de empresas en el país.

Si la globalización es la situación en la que ni las distancias físicas ni las fronteras impiden el movimiento de mercancías, capitales, personas, capital e información, ¡el mundo actual no es, ni de lejos, un mundo totalmente globalizado!

Lo que sí es cierto es que estamos viviendo un *proceso* que nos lleva hacia una mayor globalización. Ahora bien, este proceso de integración mundial y de progresiva reducción de las *distancias* no es nuevo. Hace ya siglos que empezó. Los viajes con carabelas unieron los cinco continentes a pesar de que el movimientos de personas y mercancías de un continente a otro era extraordinariamente costoso y difícil.[1] Pero las *distancias* entre países empezaban a reducirse dramáticamente. El descubrimiento del telégrafo permitió que la información (aunque no las personas) viajara instantáneamente. El teléfono refinó, mejoró y abarató esa comunicación hasta llegar a un punto en que una llamada telefónica sólo cuesta

---

1. De hecho, la emigración es tan antigua como la humanidad. Recordemos que, antes de inventarse la agricultura hace unos 10.000 años, el hombre era nómada, lo que quiere decir que estaba acostumbrado a emigrar de un sitio a otro del mundo. La velocidad a la que viajaba, sin embargo, era mucho menor. El hombre tardó miles de años en ir de Asia a Sudamérica pasando por las heladas aguas del estrecho de Bering.

unos pocos céntimos de euro por minuto. A pesar de que el progreso tecnológico iba confiriendo una creciente rapidez a los barcos, fue el avión el factor que supuso el siguiente gran paso hacia adelante en el transporte de personas y mercancías. El viaje que Cristóbal Colón tardó semanas en hacer, hoy en día puede realizarse en cuestión de horas.

Los satélites, los ordenadores, Internet, la fibra óptica y la telefonía móvil son el último paso de un proceso globalizador que hace siglos que está en marcha.

Si el mundo no está globalizado y el proceso de globalización no es nada nuevo, ¿por qué se le dedica tanta atención? Una posible explicación es que el término *globalización* también ha sido empleado recientemente para describir el fenómeno de expansión de los mercados por todo el mundo. Aunque este proceso tampoco es nuevo, sí que se ha generalizado y acelerado a partir del hundimiento del imperio soviético y del sistema de planificación central. En realidad, los observadores críticos no dan tanta importancia a la reducción del coste de las comunicaciones y el transporte como al hecho de que eso ha permitido la unificación de los mercados mundiales. Y claro, para la gente que odia los mercados, eso es intolerable.

Pero digan lo que digan los críticos, el hecho de que las comunicaciones internacionales e intercontinentales mejoren y que los mercados se extiendan por todo el mundo son fenómenos positivos porque permiten ampliar la libertad de comercio y de elección, que son la base sobre la que se fundamenta el progreso económico. Como hemos visto en el capítulo 1, el libre funcionamiento de los mercados es el mejor modo, quizá el único modo, de organizar la economía eficazmente para garantizar la prosperidad de los ciudadanos. Este principio es cierto para todos los países del mundo, ya sean ricos o pobres. Pero aún hay más. Al reducir los costes del transporte y de las comunicaciones, la globalización aumenta el flujo de información que los consumidores tenemos a nuestro alcance y fomenta la competencia y la disciplina de mercado entre las empresas. Por lo tanto, la globalización permite trasplantar a escala mundial aquello que es bueno a escala nacional: el libre funcionamiento de la economía de mercado y la consiguiente prosperidad económica que esa libertad genera. Al combinar la globalización con los mercados los países del Tercer Mundo pueden utilizar las ideas, las tecnologías y las innovaciones que han desarrollado los países avanzados, pueden pedir préstamos cuando necesitan realizar infraestructuras económicas y sociales (como hospitales o escuelas), pueden captar la inversión extranjera sin necesidad de sacrificar el consumo a través del ahorro nacional, pueden especializarse en la fabricación de los artículos en los que más eficientes y productivos son para que los intercambien por aquellos que más difícil les resulte elaborar. Todo este proceso de apertura e integración genera riqueza, progreso y bienestar a los ciudadanos. La misma que hemos creado nosotros, que ahora somos ciudadanos de países ricos, pero que descendemos de personas que no lo eran.

Pocas ideas económicas despiertan menos controversia entre los economistas que la que afirma que el comercio internacional es positivo para todos y debe ser incentivado. Veamos por qué. Imaginemos que abrimos las fronteras de nuestro país al libre comercio de avellanas. Nuestros consumidores, pues, pueden elegir libremente el tipo de avellana que desean comprar. Imaginemos que se decantan por las avellanas producidas en algún país del Tercer Mundo quizá porque son de mejor calidad o quizá porque son más baratas (eso lo deciden los consumidores que toman su decisión comparando precio y calidad). Claramente, los consumidores se benefician de esa elección porque, en la medida que la han tomado libremente, si salieran perdiendo no habrían escogido avellanas extranjeras. El país del Tercer Mundo también sale ganando porque ahora puede vender en un mercado mucho más rico y mucho mayor. Eso generará ocupación y riqueza en ese país. Parte de esa riqueza será empleada para comprar productos de los países ricos o de otros países del Tercer Mundo, por lo que éstos también saldrán ganando. Los que quizá saldrán perdiendo con el comercio internacional serán los que hasta ahora producían avellanas en el país rico, productores que verán cómo las importaciones les quitan una parte de su mercado. La pérdida del mercado obliga a estos productores a reciclarse: o bien aprenden a producir avellanas mejores o más baratas, o bien deben cambiar de trabajo y convertirse en empleados del Banc Sabadell.

Este ejemplo parece indicar que no queda suficientemente claro que la apertura del mercado de las avellanas al comercio internacional sea buena sin ningún tipo de ambigüedad. Al fin y al cabo, si bien es cierto que muchos saldrán ganando, también lo es que los productores locales saldrán perdiendo. La pregunta importante es: ¿se pueden comparar la magnitud de las ganancias y de las pérdidas? La respuesta es que sí: los economistas han demostrado infinidad de veces que las ganancias siempre son superiores a las pérdidas, por lo que la apertura siempre termina siendo positiva. Una vez dicho esto, hay que insistir en que la apertura de los mercados puede comportar sacrificios importantes para los productores locales. Es razonable, pues, que se les compense por las pérdidas y es justo que esa indemnización la pague quien sale ganando. Una manera de hacerlo sería a través de una ayuda que les permitiera encontrar trabajos alternativos en los sectores de la economía que resultaran fortalecidos a raíz de la apertura al exterior.

Cabe decir que a menudo estas compensaciones no se llevan a cabo y entonces es cuando los productores locales se enfadan y terminan presionando políticamente mediante las manifestaciones, los cortes de carreteras, el apedreamiento de bancos y otras instituciones financieras, la destrucción violenta de escaparates, los boicots de reuniones internacionales o la quema de aquellos camiones extranjeros que transportan los productos que les estorban. Todas estas actividades destructivas tienen el objetivo de forzar al gobierno a no abrir los mercados a las importaciones extranjeras, por muy positivas que puedan ser. A menudo, demasiado a menudo, esta presión política y social termina consiguiendo la aprobación de políticas proteccionistas que obligan a los consumidores a pagar un precio demasiado elevado e impide que los países del Tercer Mundo puedan producir y vender en los mercados de los países ricos y, de este modo, salir de la miseria en la que viven.

GLOBOFOBIA

A pesar de que tanto la globalización como la economía de mercado son positivas, a lo largo de los últimos años se ha ido formando un movimiento que se opone a ambas. Ese movimiento ha aprovechado cualquier reunión internacional de la Organización Mundial del Comercio,[2] del Fondo Monetario Internacional, del Banco Mundial, del Foro Económico Mundial de Davos e incluso de la Unión Europea para manifestar su oposición y su odio a la globalización. Los orígenes de esos grupos son muy diversos y a menudo responden a intereses contrapuestos. Están formados por intelectuales, campesinos, ecologistas, estudiantes, pastores de ca-

2. La primera gran manifestación de los grupos antiglobalización fue contra la reunión de la OMC en Seattle en 1999.

bras, sindicalistas, xenófobos proteccionistas de la extrema derecha norteamericana, okupas, feministas, artistas solidarios, organizaciones no gubernamentales y presuntos defensores de los países pobres. Dado que el movimiento no tiene un nombre determinado y que la única característica que une a sus heterogéneos integrantes es el odio hacia la globalización, a partir de ahora me referiré a él con el nombre que mejor describe su objetivo común: la *globofobia*.

Los *globófobos* nos explican que la globalización es negativa porque genera desigualdades económicas entre unos ricos que cada día son más ricos y unos pobres que cada día son más pobres, porque fomenta las dictaduras políticas en perjuicio de las democracias, porque usurpa el poder a los gobiernos y lo brinda a las multinacionales, porque beneficia a las empresas en perjuicio de los trabajadores, porque contribuye a la explotación infantil, porque destruye el medio ambiente y porque es responsable de un sinfín de desgracias más.

Parece como si todos los males de la humanidad, desde el hambre del Tercer Mundo hasta la falta de educación, pasando por la extinción de las ballenas y el efecto invernadero, fueran causados por esa globalización que se nos impone no se sabe exactamente desde dónde, pero que hay que detener como sea. No queda demasiado claro qué es lo que proponen como alternativa. Su mensaje tiende a ser una mera crítica destructiva (y casi siempre violenta) al proceso de globalización, sin ser demasiado precisos a la hora de hacer propuestas constructivas serias. Ahora bien, debemos suponer que quieren que los gobiernos limiten la acción de los mercados y reduzcan el grado de apertura de los países a las influencias presuntamente malignas del capital, las tecnologías y las inversiones de las empresas multinacionales de los países ricos.

En circunstancias normales, los argumentos de los grupos violentos deberían ser ignorados hasta que no consigan expresar sus argumentos de un modo civilizado (y, en este sentido, cabe decir que hay algunos grupos que expresan sus preocupaciones pacíficamente, aunque siempre suelen estar eclipsados por los violentos). Ahora bien, dada la popularidad de la que gozan entre el público, me parece que es bueno pararse un momento y pensar un poco sobre las críticas que se hacen desde la globofobia.

Antes de hacerlo, sin embargo, me gustaría mencionar un aspecto importante. Muy importante. El debate sobre la globalización acostumbra plantearse en términos de *solidaridad*. Se nos pretende hacer creer que quien está a favor de los mercados y de la globalización es una persona mala e insolidaria, sin criterios y «al servicio del gran capital». Por el contrario se dice que se es solidario y buena persona si se es partidario de las limosnas, de la condonación de la deuda internacional y de las políticas públicas proteccionistas, planificadoras y antiglobalizadoras. Ni que decir tiene que este tipo de argumentaciones esperpénticas son erróneas y contraproducentes. Acusar sistemáticamente de malo a quien discrepa puede ser una buena estrategia populista, pero no es una buena estrategia intelectual. Ponerse a discutir sobre quién es más humanitario o más buen samaritano es perder el tiempo. Todos los que dedicamos nuestra a vida a ayudar a los países pobres somos igual de buenos o malos. Ni mejores, ni peores. Y dado que todos somos igual de buenos y que nuestro objetivo común es que los pobres dejen de serlo, la pregunta realmente importante no es quién es más solidario, sino cuáles son las políticas internacionales que terminarán consiguiendo ese objetivo. En ese sentido, creo firmemente que si las propuestas de los grupos *globófobos* se llevaran a cabo, el mundo sería menos libre y menos democrático, los trabajadores serían más pobres, la desigualdad entre países no llegaría a reducirse jamás, los niños de los países pobres nunca llegarían a ir al colegio y seguirían trabajando a cambio de todavía menos dinero, y el medio ambiente se degradaría todavía más deprisa. Exactamente lo contrario de lo que pretenden.

En el capítulo 2 hemos visto cómo la apertura de los mercados a las fuerzas de la globalización permitió y está permitiendo a países como Japón, Corea, Singapur, Hong Kong, Tailandia, Indonesia, Malaisia o incluso China alcanzar niveles de riqueza y bienestar impensables hace cuarenta años. También hemos visto en el capítulo 3 que el progreso de estos países ha conllevado reducciones significativas de la pobreza entre los más desprotegidos, progreso sustancial para los obreros y reducciones importantes en las desigualdades de renta entre las personas. No parece, pues, que la globalización beneficie solamente a los empresarios y a los ricos sino que parece haber comportado importantes ganancias para los trabajadores y para los más desamparados.

Es cierto que siguen existiendo centenares de millones de pobres en el mundo y no todos los ciudadanos del planeta pueden disfrutar de nuestro nivel de bienestar. La pregunta importante, sin embargo, es si la responsable de esas desgracias es la globalización. Si entendemos la globalización como el «libre movimiento internacional de cinco factores: el capital, el trabajo, las tecnologías, el comercio y la información», enseguida nos damos cuenta de que es bastante difícil que ésta sea la causante de la pobreza del mundo. Entre otras cosas, porque la globalización todavía no ha llegado al Tercer Mundo: ni los ciudadanos africanos pueden emigrar en libertad, ni pueden exportar sus bienes agrícolas a Europa, ni el capital de los países ricos fluye para invertir en África, ni las nuevas tecnologías son fácilmente accesibles desde el continente negro, ni la información circula libremente por el continente. Es decir: ninguna de las condiciones que definen la globalización se da en África. Y si la globalización no ha llegado a los países pobres, ¿cómo puede ser responsable de su pobreza? ¿No será que, si hay un problema, es que la globalización todavía no ha llegado a las zonas más pobres del planeta? Yo creo que sí. Y, por lo tanto, estoy convencido de que, en vez de detenerla, lo que debemos hacer es luchar por llevarla a África y a las zonas pobres de Asia y América Latina.

A pesar de todo esto, los globófobos no paran de publicar panfletos en los que se acusa a la globalización de, entre otras cosas, reducir las libertades democráticas e incitar a las dictaduras, de explotar a los niños del mundo, de crear gravísimos problemas medioambientales y de generar crecientes desigualdades entre ricos y pobres. ¿La solución a todos esos problemas? Pues parece que sólo hay una: la tasa Tobin. La veracidad de todas estas acusaciones y la viabilidad y descabilidad de la implantación de la tasa Tobin se discutirán en los capítulos que vienen a continuación.

9

Libertades democráticas y económicas en un mundo globalizado

Una característica importante de la economía de mercado es que tiende a asociarse con la libertad política y la democracia. De hecho, si analizamos la historia de la humanidad, veremos que no existe *ni un solo ejemplo de un país libre y democrático cuyo sistema económico NO fuera de mercado.*

El economista norteamericano y premio Nobel de economía Milton Friedman afirma que la libertad política y la democracia son requisitos previos para que funcione la libertad económica de mercado: sin libertad política, dice, no se pueden garantizar las libertades económicas. Friedman afirma a menudo que no es casualidad que la Declaración de Independencia de Estados Unidos y el libro de Adam Smith *La riqueza de las naciones* se publicaran casi simultáneamente. La Declaración de Independencia, escrita por Thomas Jefferson, es uno de los fundamentos de la democracia norteamericana, democracia en la que posteriormente se han inspirado la mayoría de los países en el momento de consolidar sus propias instituciones. La frase «es evidente que todos los hombres han sido creados de un mismo modo y que el creador les ha dotado de unos derechos inalienables, entre los que encontramos el derecho a la vida, a la libertad y a la consecución de la felicidad» habla por sí sola de la importancia y de los orígenes de la libertad individual.

El libro del filósofo y economista escocés Adam Smith titulado *La riqueza de las naciones* está considerado el primer gran estudio del funcionamiento de la economía de mercado. Smith argumenta que, para que el mercado funcione eficientemente, es necesario que los individuos estén bien informados y tengan libertad de elección.

Jefferson habla de la libertad política. Smith habla de la libertad económica. Y ambos lo hacen el mismo año: 1776. Friedman opina que ello no obedece a una casualidad, puesto que no se puede concebir una libertad sin la otra.

La experiencia histórica nos muestra que es cierto que las libertades políticas y económicas están relacionadas. Ahora bien, esa relación no parece ser tan automática como piensa Milton Friedman. Si bien es cierto que *nunca han existido países libres y democráticos que no hayan tenido una economía de mercado*, la verdad es que *ha habido muchos países con economías de mercado que no tenían libertades políticas y democráticas*. Es más, algunos de esos países no democráticos han sido capaces de generar gran prosperidad económica. El ejemplo más claro es el actual Singapur, uno de los pequeños dragones asiáticos que, tal como hemos indicado antes, representa uno de los éxitos económicos más sensacionales de la segunda mitad del siglo XX. ¿Su sistema político?: una férrea dictadura dirigida por Lee Kuan Yew. Singapur es un país donde muchos periodistas han ido a parar a la cárcel por escribir artículos contrarios al régimen, donde el gobierno intenta imponer barreras de acceso a Internet (o *firewalls*) con el objetivo de que los ciudadanos no puedan obtener demasiada información y donde la gente de la calle puede ser castigada simplemente por... ¡masticar chicle![1] Corea es otro de estos casos, puesto que no alcanzó la democracia hasta 1988, cuando ya llevaban treinta años progresando gracias a la economía de libre mercado. El Chile de Pinochet es otro ejemplo de economía de mercado relativamente exitosa dentro de un marco político dictatorial. Parece, pues, que la libertad económica y de mercado es una condición necesaria para la libertad política, pero que no es una condición suficiente.

Lo que sí parece ser cierto es que, a medida que los países se desarrollan, las demandas de libertad por parte de la población son cada vez mayores. Es decir, a medida que los países se hacen ricos, las probabilidades de llegar a ser democráticos aumentan. En este sentido, la introducción de mercados contribuye a eliminar las dictaduras. No lo hacen directa sino indirectamente a través de la creación de riqueza: los mercados son el mecanismo principal de enriquecimiento de la población y la riqueza termina forzando la introducción de las libertades políticas.

Una de las características comunes de todos los dictadores es su afán de esconder la información y de impedir que se esparzan

---

1. Un buen día, el señor Lee decidió que estaba harto de mandar quitar los chicles pegados en las aceras y decidió prohibir su consumo y perseguir a los masticadores.

determinados tipos de conocimiento entre sus súbditos. Es decir, su necesidad de introducir la censura. En la medida en que eso sea cierto, el proceso de globalización —que abarata la circulación de la información que reciben y que emiten los disidentes, cosa que dificulta enormemente la censura— sólo puede ser positivo (¡no negativo!) para la democratización de todos los países del mundo. Cuanto más globalizado esté el planeta, más difícil les resultará a los dictadores mantenerse en el poder en un mundo que no tolera la falta de libertad, la represión y los abusos de los derechos humanos. En ese sentido, la revista americana *Foreign Policy* publica una estimación del grado de globalización para cada uno de los países del planeta. Esa estimación se hace incorporando factores como la integración de la población a la red de Internet, el grado de apertura a las importaciones y exportaciones, el grado de inversiones y la presencia de capital exterior o el grado de conexión con el exterior a través de las llamadas telefónicas. Huelga decir que los países más *globalizados* del planeta (que no son otros que Estados Unidos, Canadá, Japón, los países escandinavos y los de la Unión Europea) también son los más democráticos. Con una conocida excepción: ¡Singapur! El pequeño país oriental está muy globalizado y es poco democrático. Es curioso observar que los países más *globalizados* también son los países donde hay menos corrupción y menos desigualdades económicas. Naturalmente, también son los más ricos. La idea de que la globalización es negativa para la democracia (o para la economía) no parece tener ninguna validez empírica.

A pesar de ello, existe la opinión generalizada entre los antisistema que la globalización conllevará precisamente lo contrario: menos democracia y menos libertad política. El argumento que se utiliza es que los gobiernos perderán soberanía a favor de las empresas multinacionales. Al poder éstas elegir dónde desarrollan su actividad económica, pueden decidir qué país va a recaudar los impuestos que pagan. Los gobiernos, ávidos de dinero, cederán automáticamente ante las grandes empresas, que amenazarán con irse a otro país y exigir así concesiones y favores de todo tipo. Las decisiones políticas, dicen, se tomarán a espaldas de los electores y en beneficio del gran capital. Las instituciones democráticas se debilitarán. La globalización se comerá la democracia.

Si fuera cierto que el proceso de globalización tiende a reducir el poder de gobiernos para fiscalizar a las multinacionales, es posible que la cosa no fuera tan negativa como la pintan. Al fin y al cabo, recordémoslo, no todos los gobiernos del mundo son buenos y democráticos. Y cuanto menor sea el poder de los gobiernos dictatoriales, tanto mejor. Es más, aun siendo democráticos, hay demasiados gobiernos en el mundo que tienden a gastar y a malgastar en exceso. En la medida en que la competencia entre países para atraer el negocio —y, por lo tanto, la recaudación fiscal— obligue a los gobiernos a reducir gastos innecesarios, la globalización tendrá consecuencias positivas. La competencia y la disciplina económica son positivas para todos... incluidos los gobiernos.

Todo eso si fuera cierto que el proceso globalizador tiende a ir asociado con una menor capacidad impositiva del sector público. ¡Pero incluso eso es falso! O al menos la evidencia histórica no demuestra que sea verdad. Durante el siglo XX, los impuestos recaudados por los gobiernos de los países ricos han pasado de representar el 8% de la renta a principios de siglo a más del 50%, la mitad de la renta a finales del 2000. Todo esto mientras el mundo iba globalizándose. Si fuera cierto que más globalización implica mayor competencia entre los gobiernos para reducir impuestos, los impuestos habrían disminuido, sobre todo en los países más globalizados de Europa y Norteamérica. La verdad, sin embargo, es que, en vez de bajar, se han multiplicado por seis. Las empresas que operan en Europa hubiesen podido abandonar el «continente del Estado del bienestar» con sus impuestos excesivos... pero no lo hicieron. Eso demuestra que no toman decisiones pensando únicamente en ahorrarse impuestos. También buscan mano de obra cualificada y un entorno empresarial favorable, cosa que a veces es difícil de hallar en los países que intentan *robar* actividad empresarial ofreciendo simplemente menos impuestos. Y si las decisiones empresariales no se toman únicamente pensando en el ahorro de impuestos, el argumento de los globófobos se cae como un castillo de naipes.

10

Explotación infantil

Otro de los presuntos grandes males de los que la globalización es presuntamente responsable es el de la explotación infantil. La discusión sobre las causas y las consecuencias de la explotación de menores confunde a menudo lo que es el comercio sexual de niños y niñas con lo que es el trabajo infantil. Creo que es importante separar los dos conceptos aunque, como veremos, a menudo están relacionados.

PROSTITUCIÓN Y EXPLOTACIÓN SEXUAL DE MENORES

Las frecuentes detenciones de pedófilos con fotos explícitas de menores para distribución por Internet nos recuerdan que la explotación *sexual* de niños es un grave problema, sobre todo en el Tercer Mundo. La amenaza del sida no parece haber hecho mella en el turismo sexual de paraísos como Tailandia, la India y Cuba. De hecho, la creencia errónea de que las niñas no son portadoras del sida[1] o de que el sexo con vírgenes es un antídoto para las enfermedades venéreas puede haber disparado la prostitución infantil en todo el mundo. La Unicef, esa gran multinacional de la beneficiencia, calcula que un millón y medio de niños y niñas viven del sexo en todo el planeta. A pesar de que los datos de la Unicef deben ser tomados con extrema precaución (la conocida tendencia a exagerar los datos se vio patéticamente confirmada con el episodio del barco *Etireno* cuando, después de denunciar pública y mediática-

---

1. La creencia es errónea porque, en realidad, las menores tienen un sistema inmunológico menos desarrollado, por lo que las niñas que tienen entre siete y diez clientes al día son más propensas a ser portadoras del virus HIV que las adultas.

mente la existencia de centenares de niños esclavos en su interior cuando éste navegaba por las costas de África, se descubrió que todo había sido una fantasía de algún funcionario de la Unicef), parece claro que la explotación sexual de menores es un problema importante.

Como ya viene siendo costumbre, numerosos creadores de opinión asociados con el movimiento globófobo no dudan en culpar a la globalización. Si analizamos las causas, veremos que, esta vez, quizá tengan parte de razón: la red de Internet, símbolo por excelencia de la globalización y mecanismo que permite difundir pornografía preservando el anonimato, incentiva claramente la toma de fotografías explícitas. También es cierto que el turismo sexual de hombres de negocios japoneses y coreanos en Tailandia o la India o de juerguistas españoles en Cuba es más fácil en un mundo globalizado donde la información circula eficazmente y donde el transporte es cada vez más barato. ¡Pero eso no quiere decir que sin globalización no habría explotación sexual de menores!

Una razón es que, en muchas partes del mundo, la prostitución infantil es una tradición ancestral que se ha practicado desde mucho antes de que el mundo se empezara a globalizar. Por ejemplo, desde los antiguos templos de Delfi hasta los modernos templos hindúes, en la India se ha abusado sexualmente de menores. Las niñas *davadasi* de las regiones de Maharasthtra, Andhra Pradesh y Karnataka son un ejemplo iluminador. Las familias pobres y sin casta ofrecen sus hijas a un presunto dios. La ofrenda empieza con la venta de su virginidad al mejor postor. Normalmente, el comprador no es el típico extranjero que viaja gracias a la globalización ni el mítico ejecutivo de una multinacional obsesionado por el sexo, sino un indio local de casta superior. Una vez «iniciada», la niña pasa a ser *davadasi*, una especie de prostituta del templo. La familia recibe una parte de los ingresos y, de paso, se ahorra el pago de la dote. Un tentador negocio para los más necesitados. Se calcula que entre el 20 y el 50% de las 400.000 prostitutas de la India empezaron siendo *davadasi*.

Al otro lado del planeta, en Ghana, los ju-ju creen que los dioses castigan no sólo a los pecadores sino también a sus familiares. La sanción se puede evitar ofreciendo una niña virgen de la familia del culpable a los sumos sacerdotes para que se convierta en «esclava de los dioses» o *trokosi*. La niña debe satisfacer todas las necesidades sexuales y los caprichos de los religiosos durante unos tres años. Pasado ese tiempo, el pecado se perdona, la familia queda absuelta y la niña es vendida para ejercer de prostituta. A pesar de estar prohibido por el moderno Estado de Ghana, existen miles de *trokosis* en la actualidad y el gobierno no hace nada para impedirlo porque los ju-ju tienen cierto poder político. Ejemplos como las *davadasis* y las *trokosis* se pueden encontrar por todo el planeta y a lo largo de la historia. Echar las culpas a la globalización de esas barbáricas costumbres es simplemente grotesco.

En cuanto al turismo sexual, es cierto que el abaratamiento del transporte aéreo incentiva el turismo mundial, incluyendo el sexual. Pero hay que recordar que la inmensa mayoría de los clientes de la prostitución infantil son hombres autóctonos y no turistas extranjeros. La ley prohíbe estas prácticas, pero las autoridades no emprenden ninguna acción para erradicarlas e incluso hacen la vista gorda a cambio de favores sexuales. Más que culpar a las multinacionales explotadoras y a la globalización, habría que pedir cuentas a los gobiernos incompetentes.

Sean cuales sean las costumbres locales, lo que está claro es que la prostitución infantil casi siempre está ligada a la pobreza: miles de padres de todo el mundo seguirán prostituyendo a sus hijas mientras sigan hundidos en la miseria y miles de niños y niñas huérfanos se dedicarán a la prostitución si no tienen una mejor manera de ganarse la vida. Y, nos guste o no, la alternativa más viable, de hecho, la única alternativa viable a corto plazo, es el trabajo infantil.

TRABAJO INFANTIL

Uno de los lemas que más mueven y conmueven no sólo a los miembros del movimiento antiglobalización sino a todos los ciudadanos occidentales con un poco de decencia, es el de la contratación de trabajadores infantiles por parte de las multinacionales. Los globófobos presionan para que se prohíban las exportaciones de los países donde hay mano de obra infantil y para que se boicoteen las empresas que contratan a niños. Incluso crean tiendas donde solamente se ofrecen bienes no producidos con mano de obra infantil. ¡Y venden la idea como si se tratara de un gran logro!

Es cierto que en el mundo hay muchos niños que trabajan a cambio de salarios muy bajos. Desde un punto de vista occidental, eso no está muy bien visto. A todos nos gustaría que, en vez de trabajar, los niños de América Central o del sudeste asiático pudieran ir al colegio. La pregunta es: ¿cómo se consigue ese objetivo? En particular, ¿qué les ocurriría a esos niños si se prohibiera a las empresas multinacionales contratarlos o si boicoteáramos los productos de las compañías que emplean mano de obra infantil? ¿Alguien cree realmente que los niños irían al colegio y jugarían felices con sus compañeros a la hora del recreo como si de niños europeos se tratara? Yo, sinceramente, creo que no. Y no lo creo porque, si analizamos los casos en que se ha boicoteado a las empresas que contratan a menores sin preocuparse por ofrecer alternativas atractivas, las cosas acaban peor para los propios interesados: los niños. Un ejemplo famoso ocurrió en 1993, cuando el programa *Dateline* de la cadena de televisión norteamericana NBC emitió un programa que denunciaba la utilización de trabajo infantil en las plantas textiles que la empresa americana Wal Mart tenía en Bangladesh. Miles de antiglobalizadores se manifestaron pidiendo el boicot a dicha empresa. La multinacional cedió ante la presión y dejó de «explotar» a millares de menores. ¿Qué pasó con esos niños? Un estudio realizado en 1995 llegó a una triste conclusión: los que no habían ido a trabajar en empresas locales a cambio de salarios inferiores, acabaron en prostíbulos indios o tailandeses. Pocos fueron los que asistieron al colegio. La razón está clara: cuando uno es pobre no puede permitirse el lujo de ir a la escuela y se busca la vida como sea. Y, normalmente, la vida que ofrecen las multinacionales «explotadoras», por mala que sea, es mucho mejor que la de las empresas locales o la prostitución. Dicho de otro modo, si no se toman medidas adicionales, la simple prohibición del trabajo infantil y el boicot sistemático a las empresas que contratan niños, no sólo perjudica a las familias más pobres del planeta sino que a menudo incentiva la prostitución de menores.

Una propuesta fácil que hacen habitualmente los globófobos es la de obligar a las multinacionales a subir el salario de los padres para que, de esta manera, no necesiten de los ingresos de sus hijos para salir adelante. A pesar de ser atractiva, esta presunta solución olvida que en el mundo hay millones de niños huérfanos. Solamente en África, continente azotado por una epidemia de sida que mata a padres y madres jóvenes, existen doce millones de niños huérfanos. Si la «solución» es el aumento salarial de los padres y el boicot a las empresas que contratan trabajo infantil, ¿quién va a cuidar de esos doce millones de niños? Recuerden ustedes que estamos hablando de países pobres sin un sistema de seguridad social que pueda hacerse cargo de tantos y tantos niños sin padres.

De alguna manera, es como si se les hubiera prohibido a nuestros abuelos que trabajaran para sobrevivir cuando eran pequeños. ¿Qué cara hubieran puesto y cómo hubieran reaccionado nuestros antepasados si unos *lobbies* de extranjeros ricos les hubieran prohibido trabajar porque a ellos no les gustaba que los niños trabajaran?

Otra posible solución al problema del trabajo infantil es la introducción de la escolarización obligatoria. Huelga decir que la mayor parte de los países del mundo tienen leyes que obligan a los niños a ir al colegio. El problema es que el absentismo escolar es enorme. Y la razón por la que los niños y las niñas no asisten al colegio es que sus padres (si es que tienen) no se lo pueden permitir. Por más leyes que dicten los gobiernos de los países pobres, por más barreras que impongan los gobiernos de los países ricos y por más boicots que organicen los bienintencionados ciudadanos de todo el mundo, si los padres no quieren que sus hijos asistan al colegio, los niños no asistirán. La solución, por lo tanto, debe pasar por «hacer que sea rentable» la asistencia al colegio. Países como México o Brasil tienen programas públicos que pagan un salario a los niños, y sobre todo a las niñas, que son las que primero dejan los estudios, por ir a la escuela y sacar buenas notas. En el artículo titulado «La educación de los marginados» que aparece en la segunda parte del libro se analiza este programa de incentivos que empezó en México y que se está llevando a cabo con éxito en algunos otros países del mundo. El boicot sistemático de productos manufacturados por niños es perjudicial para los propios niños si no se implementan programas complementarios. Los «salarios escolares», pues, pueden ser una solución a corto plazo. A la larga, sin embargo, la única salida es el crecimiento económico. En ese sentido, la globalización no sólo no es responsable de la explotación sexual o laboral de menores, sino que forma parte de la solución.

En este sentido, encontramos un ejemplo muy valioso en Vietnam. En 1993, cuando era un país que practicaba políticas económicas socialistas de planificación cerradas al exterior (es decir, cuando practicaba la «antiglobalización»), en Vietnam había casi ocho millones de niños trabajadores: uno de cada tres menores de quince años. El país comunista se embarcó en un proceso de reformas liberalizadoras y apertura a la globalización que, poco a poco, han tenido importantes repercusiones económicas. Una de las más visibles ha sido la reducción del trabajo infantil en más de dos millones y medio de menores en cinco años. Una rebaja de casi el 30%. En un reciente estudio[2] publicado por el National Bureau of Economic Research de Cambridge (Massachusetts), los profesores Eric Edmonds y Nina Pavcnik de la Universidad de Dartmouth han demostrado que la casi totalidad de la reducción se puede atribuir al aumento de los precios del arroz que resultaron de las liberalizaciones y de la apertura del Vietnam al comercio internacional: al poder vender el arroz a precios más elevados, las familias campesinas pobres pasaron a ser un poco más ricas. Y lo primero que hicieron con el dinero fue sacar a los menores de sus puestos de trabajo y llevarlos a la escuela. Lo interesante es que las más beneficiadas fueron las niñas, lo cual es doblemente beneficioso porque la mayor escolarización femenina siempre conlleva mejoras en la educación de los futuros hijos y reducciones considerables en la mortalidad infantil, la natalidad y el crecimiento de la población.

La reciente historia de Vietnam pone de relieve dos aspectos muy importantes. Primero, contrariamente a lo que dicen los globófobos, el trabajo infantil no está asociado con la liberalización, los mercados y la globalización. Al fin y al cabo, cuando Vietnam era un país socialista cerrado, uno de cada tres niños trabajaba. Segundo, la liberalización, los mercados y la globalización generan riqueza para las familias humildes y, con ello, se reducen los incentivos a hacer que los niños abandonen las escuelas para ponerse a trabajar. Una vez más, eso es justamente lo contrario de lo que nos dicen los defensores de la antiglobalización.

2. Eric Edmonds y Nina Pavcnik en «Does Globalization Increase Child Labor?: Evidence from Vietnam», *NBER working paper* 8760, febrero de 2002.

11

Problemas medioambientales

En el capítulo 4 titulado «El papel de los gobiernos en la economía moderna» hemos visto de qué modo los mercados sin regular tienden a no funcionar bien cuando se trata de producir *bienes comunales* y bienes sujetos a *externalidades*. La gente y las empresas que emplean bienes contaminantes tienden a ignorar los efectos perniciosos que éstos tienen sobre los demás, que se ven obligados a *consumir* la contaminación aunque no quieran, por lo que tienden a excederse. Por otro lado, los usuarios de bienes comunales (como los peces del mar o las carreteras) tienden a sobreexplotar dichos recursos, hecho que, en determinadas ocasiones, puede terminar representando la extinción de algunas especies animales o vegetales.

A raíz de todo esto, algunos *globófobos* insisten en acusar a la globalización y a los mercados de generar importantes desastres ecológicos, que van desde el recalentamiento de la Tierra hasta la lluvia ácida, pasando por la destrucción de zonas forestales o la extinción de especies animales y vegetales. En las manifestaciones de protesta contra las instituciones internacionales nunca faltan los miembros de Greenpeace envueltos en gigantescos condones de color verde que, según dicen, los protegen de la globalización.

En la medida en que los mercados tienden a producir demasiados bienes sujetos a externalidades negativas —y acabamos de decir que lo hacen— y tienden a sobreexplotar los bienes comunales —y acabamos de decir que lo hacen—, los *globófobos* tienen razón. En la medida en que utilizan ese argumento para intentar detener el proceso de globalización, no. El motivo es que, como también hemos visto antes, existen diferentes formas de solucionar todos esos problemas, algunas de ellas superiores a la simple prohibición. Una de ellas es la regulación o la introducción de cuotas de utilización. Otra es la creación de impuestos con efecto disuasorio a la hora de producir o utilizar ese tipo de bienes. Ahora bien, iró-nicamente, para imponer ese tipo de regulación o de fiscalidad, se necesitan unas instituciones internacionales fuertes, ¡instituciones que son boicoteadas y apedreadas por los miembros violentos del movimiento de la globofobia cada vez que celebran alguna de sus reuniones anuales! A esas dos propuestas se podrían añadir otras más creativas. Por ejemplo, se puede crear el entorno necesario para que las empresas inviertan en investigación y desarrollo con el objetivo de crear tecnologías alternativas que no contaminen o que no congestionen tanto. La solución óptima no pasa por la prohi-bición de dichas actividades, ni por su nacionalización o socializa-ción y, mucho menos, por el cierre de las fronteras a la globali-zación.

Es más, algunos de estos procesos contaminantes o sobreex-plotadores nada tienen que ver con la economía de mercado y la globalización, sino con el hecho de que las cosas se deben produ-cir: el problema, pues, sería el mismo incluso en el caso de que la producción estuviera a cargo de empresas locales y públicas. De hecho, la lamentable situación ecológica en la que se encontraban los países de Europa del Este cuando cayó el muro de Berlín es un ejemplo de que la producción bajo un régimen de autarquía y de planificación central con empresas públicas no es mejor que la de los mercados y la globalización a la hora de evitar la contaminación y la destrucción natural. Los incendios forestales del sudeste asiáti-co no son causados por las multinacionales sino por los autóctonos que buscan tierras para la agricultura ya que no tienen alternativa de trabajo en la industria. La destrucción de la selva amazónica en Brasil empezó cuando el propio gobierno autárquico daba subsi-dios a los incendiarios para incentivar la agricultura local. Las ba-llenas no son capturadas por multinacionales que desean vender su carne por todo el mundo, sino por las flotas japonesas y norue-gas para el consumo local. En consecuencia, si Japón y Noruega se cerraran al comercio exterior, seguirían capturando el mismo nú-mero de ballenas, por lo que la antiglobalización está lejos de ser la solución al problema de la extinción de los mamíferos acuáticos. Y, finalmente, el desastre ecológico por excelencia: el accidente de Chernóbil el 26 de abril de 1986. Por más que les pese a los globó-fobos, el accidente de Chernóbil no ocurrió en una multinacional norteamericana representante del capitalismo neoliberal (salvaje) sino en una empresa pública de la *república socialista* de Ucrania, que entonces formaba parte de la URSS.

En resumen, digan lo que digan los críticos viscerales del liberalismo, está claro que las economías cerradas y sin mercados no parecen respetar más el entorno natural de lo que lo hacen las economías abiertas de mercado.

Lo que sí está claro es que las preocupaciones por el entorno ecológico aumentan cuando las personas adquieren un cierto grado de bienestar económico. El mejor ejemplo lo hallamos entre los mismos grupos ecologistas. Un rápido vistazo a los tripulantes del barco estrella de Greenpeace, el mítico *Rainbow Warrior*, nos enseña que los presuntos defensores del ecologismo son ciudadanos de países ricos, de extracción social más bien alta y con estudios. La explicación es bien simple: cuando uno es pobre, lo único que le preocupa es la obtención de comida y la salud de los hijos que tienen una elevada probabilidad de morir antes de cumplir los cinco años. Sólo cuando se alcanza cierto nivel de renta y de bienestar uno puede permitirse el lujo de preocuparse de si la playa está limpia o si los delfines caen en las redes de los atunes. Es más, para limpiar y no ensuciar el medio ambiente se necesitan recursos económicos de los que los países pobres carecen. En este sentido, la mejor manera de velar por el medio ambiente es generar riqueza en los países pobres y, tal como hemos dicho, eso no se consigue impidiendo el paso a las fuerzas de la globalización.

Finalmente, hay que decir que la solución a los problemas ecológicos que más nos preocupan en la actualidad la aportará, con toda seguridad, la tecnología y el progreso científico. La emisión de dióxido de carbono que presuntamente está causando el recalentamiento de la Tierra se detendrá en el momento en que se descubran energías alternativas baratas que permitan dejar de quemar combustibles fósiles como el carbón o el petróleo. Ahora bien, esos descubrimientos sólo se conseguirán si se invierten miles de millones de euros en investigación y desarrollo, y eso no será posible si la economía no consigue generar suficientes recursos que permitan financiar esas inversiones tecnológicas. En este sentido, la globalización contribuirá a la creación de esas tecnologías limpias que permitirán reducir la pobreza sin aumentar la degradación ecológica generalizada. Una vez más, pues, vemos que la globalización no sólo no es el problema sino que forma parte de la solución.

12

Hombre rico... hombre pobre

La crítica estelar del movimiento antiglobalización al actual estado de la economía mundial es que, según dicen, las desigualdades de riqueza en el mundo son cada vez mayores. Se repite hasta la saciedad que los veinte hombres más ricos del mundo tienen tanto como los 3.000 millones más pobres (aunque, curiosamente, no se repite con la misma insistencia que esos mismos 20 personajes pagan más impuestos que los 4.000 millones más pobres). Se insiste en que en 1960, los cinco países más ricos tenían una renta per cápita veinte veces mayor que la de los cinco más pobres y que esa diferencia había subido a 35 en 1995. Las diferencias de renta en el mundo habían, pues, subido enormemente en cuestión de 35 años. Ni que decir tiene que los causantes de tanta desgracia son la globalización y la economía liberal de mercado. Si no se para el proceso globalizador, nos advierten, las diferencias seguirán subiendo hasta el infinito.

En las acusaciones que acabo de enumerar hay cuatro puntos distintos que se deben analizar separadamente. Primero, se dice que hasta ahora las desigualdades de renta entre países han ido en aumento. Segundo, se afirma que las diferencias de renta entre personas también han crecido. Tercera, se apunta que los responsables de esas disparidades crecientes son la globalización y la economía liberal de mercado. Y cuarta, se avisa que si no se para el proceso de globalización, las desigualdades de renta seguirán creciendo.

A continuación discutiremos estos cuatro aspectos por separado. Vaya por delante la conclusión: los globófobos se equivocan en tres de las cuatro afirmaciones. Solamente aciertan en la primera.

DESIGUALDADES ENTRE PAÍSES

Con el advenimiento de la revolución industrial en Inglaterra a finales del siglo XVIII comenzó un proceso de crecimiento, desarrollo y creación de riqueza generalizada que, como hemos visto en el capítulo 2, llevó al ciudadano medio a disfrutar de unos lujos que los reyes franceses no podían ni imaginar. Durante el siglo XIX, unos cuantos países europeos y norteamericanos se apuntaron al carro del progreso. Pero no fue hasta el siglo XX cuando el desarrollo económico alcanzó a un número importante de países: desde el sudeste asiático —Corea del Sur, Hong Kong, Singapur, Malaisia, Tailandia o Taiwán— hasta los países más pobres de Europa occidental —Grecia, Portugal, Irlanda o España—. Todos ellos alcanzaron niveles de bienestar considerables. Estos éxitos económicos se han conseguido adoptando la economía de mercado —en la que, no lo olvidemos, el gobierno debe desempeñar un papel muy importante— y abriendo la economía al comercio internacional, a las inversiones de las multinacionales extranjeras, a los capitales internacionales y a la tecnología procedente de las sociedades más avanzadas. Es decir, exponiéndose a las fuerzas de la *globalización*. Puede parecer curioso que, por mucho que se busque, sea imposible hallar ningún ejemplo de país que haya conseguido progresar manteniendo la economía cerrada a las influencias exteriores.

Y, claro está, si unos países crecen, se desarrollan y se enriquecen mientras otros se quedan rezagados, las desigualdades en el mundo se incrementan. Y eso es lo que ha sucedido durante el siglo XX: sin lugar a dudas, las diferencias de renta media entre países han ido en aumento. El gráfico 1, por ejemplo, utiliza una medida de desigualdad de renta per cápita entre países[1] y demuestra que, efectivamente, esta medida aumentó sustancialmente entre 1960 y 1998. Esto corrobora la afirmación que a menudo hacen los detractores de la globalización y que hemos reproducido al principio de este capítulo: «en 1960, los cinco países más ricos tenían una renta per cápita veinte veces mayor que la de los cinco más pobres y esa diferencia había subido a 35 en 1995».

---

1. Nota técnica: La medida utilizada es la varianza del logaritmo de la renta per cápita expresada en términos comparables ajustando por las diferencias de poder adquisitivo entre países. Es decir, teniendo en cuenta que, cuando los precios son más bajos en un determinado país, el poder adquisitivo es mayor.

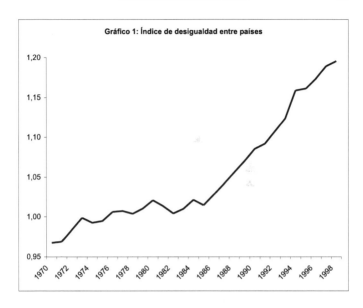

Gráfico 1: Índice de desigualdad entre países

DESIGUALDADES ENTRE PERSONAS

El problema del gráfico 1 y de la afirmación reproducida en el párrafo anterior es que habla de países y no de personas. Y digo que eso es un problema porque podría darse el caso de que los cinco países más pobres del mundo fueran muy poco poblados. Si fuera así (y, de hecho, es así), entonces lo que ocurra con la renta de estos cinco países más pobres no es tan importante como lo que ocurre con otros países más poblados. Dicho de otro modo, si la renta y la riqueza de tres o cuatro países muy poblados del planeta aumenta de manera significativa, el bienestar de una gran parte de la humanidad puede verse afectado positivamente a pesar de que haya treinta o cuarenta países pobres que no acaban de progresar. Es importante, pues, corregir la medida de desigualdad entre países que aparecen en el gráfico 1 por el número de personas al que afecta la renta per cápita de cada país. Eso es lo que se hace en el gráfico 2.[2] El dibujo que aparece una vez hecha la corrección es

2. La línea continua del gráfico 2 muestra un índice de desigualdad entre personas que tiene en cuenta tanto las diferencias en el tamaño de la población como las desigualdades entre ciudadanos dentro de un mismo país. Los cálculos de las desigualdades entre países provienen de los datos corregidos por diferencias de poder adquisitivo

muy distinto al que se nos quiere vender desde el movimiento anti-globalización (para facilitar la comparación, en el gráfico 2 aparece, en línea discontinua, la desigualdad entre países que hemos descrito en el gráfico 1). Después de aumentar entre 1960 y 1978, las desigualdades personales de renta comienzan a disminuir. ¿Cómo puede ser que las desigualdades entre personas se hayan reducido a partir de 1978 si las diferencias entre países siguieron aumentando hasta 1998? La explicación es muy simple: en 1978, el país más poblado del planeta, China, empezó un proceso de liberalización y de apertura al exterior que conllevó un progreso económico importantísimo para cientos de millones de personas. Eso hizo que las desigualdades económicas entre esos cientos de millones de personas y los ciudadanos de los países más ricos (Europa, Estados Unidos, Japón, Australia, Nueva Zelanda y algunos países latinoamericanos) se redujeran progresivamente. Ese proceso de convergencia de las rentas personales en el mundo se vio acentuado cuando diez años más tarde, el segundo país más poblado del planeta, la India, también se liberalizó y asimismo empezó a crecer. Eso benefició a otros mil millones de personas. En cuestión de una década, casi una tercera parte de la humanidad había empezado un proceso de acercamiento a los niveles de riqueza y bienestar de los países ricos, un proceso de erradicación de pobreza como no se había visto antes en la historia del mundo. Pero a pesar de que el proceso de crecimiento de China y la India beneficia a casi dos mil millones de personas, no hay que olvidar que ambos son solamente dos países entre 198. Y cuando dos países pobres se acercan a los ricos mientras que 33 de los países del África negra, algunos países del sur de Asia y de América Latina se quedan atrás, pues uno llega a la conclusión de que las diferencias entre *países* aumenta, a pesar de que las diferencias entre *personas* se reducen a partir de 1978.

---

de Summers y Heston, mientras que los índices de desigualdad entre personas dentro de un país provienen del Banco Mundial. Existen estudios que, a partir de encuestas de población, obtienen resultados un poco distintos. La razón es que esos estudios no corrigen por diferencias de paridad de compra (por lo que tienden a estimar que los países pobres son más pobres de lo que son en realidad) y no tienen en cuenta la provisión de bienes públicos (cuando a la gente se le pregunta cuánto dinero ha ganado no tiene en cuenta que la educación pública que se paga con impuestos forma, en realidad, parte de su ingreso). Para un estudio más completo, ver «The disturbing "rise" of global income inequality» de Xavier Sala i Martín (mimeografiado, Columbia University, 2002).

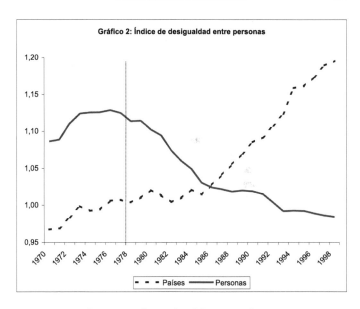

Gráfico 2: Índice de desigualdad entre personas

Resumiendo, a pesar de que las diferencias de renta entre *países* van en aumento, las desigualdades económicas entre personas empezaron a reducirse en 1978. Decir que vivimos en un mundo donde las desigualdades crecen explosivamente, afirmación en la que se basan gran parte de las quejas del movimiento antiglobalización, es simplemente una falsedad. Una falsedad, sin embargo, que no quiere decir que el mundo esté exento de problemas o que no exista mucha pobreza, especialmente en África, contra la que debemos luchar.

Y LA CULPABLE ES LA GLOBALIZACIÓN

El tercer aspecto importante de la crítica basada en las desigualdades crecientes es que, en la medida que existen, están causadas por la globalización. Ya hemos dicho que las desigualdades entre personas no van en aumento por lo que, si esta discusión tiene sentido, debemos preguntarnos si la globalización y la economía de mercado son las responsables de las crecientes desigualdades entre países. La respuesta es rotundamente negativa.

Bien, tomado de un modo literal quizá sí. Al fin y al cabo, es cierto que los mercados y la globalización han permitido que los países que los han adoptado crecieran, mientras que aquellos que no lo hacían y experimentaban con el comunismo, el feudalismo agrícola o el populismo autárquico latinoamericano se han quedado rezagados. Y eso, claramente, ha creado desigualdades entre países.

Ahora bien, sospecho que cuando nos dicen que la globalización y la economía de mercado son los *causantes* de las desigualdades mundiales, no se refieren al hecho de que permiten que los países ricos cada día lo sean más, sino también al hecho de que los pobres cada vez sean más pobres. En realidad, en la cabeza tienen la idea de un mundo *en el que los países ricos cada día se enriquecen más porque explotan a los pobres* que, como consecuencia de la explotación, son cada día más pobres. Y eso es lo que es falso: los países pobres lo son por una serie de razones que no tienen nada que ver con la globalización. Primero, algunos han tenido la mala suerte de tener líderes políticos desastrosos que les han sumergido en guerras y conflictos bélicos como los que han devastado África desde su independencia a mediados del siglo xx. Segundo, otros son pobres porque han implementado políticas socialistas de planificación que han acarreado desastres, desde Cuba hasta Tanzania, pasando por Egipto, Laos, Vietnam, Bulgaria, Etiopía, Corea del Norte y una larga lista. Finalmente, otros no se han desarrollado porque han sufrido gobiernos dictatoriales que han preferido robar la riqueza natural del país antes que construir escuelas o infraestructuras. Todo esto es cierto, y nada tiene que ver con el hecho de que Corea, España o Irlanda hayan crecido y progresado. ¡Si estos países no se hubieran desarrollado, las regiones pobres del Tercer Mundo seguirían siendo igual de pobres!

Aquí es cuando debemos volver a recordar uno de los principios fundamentales de la economía de mercado que hemos descrito en el capítulo 1: *«Cuando dos personas intercambian cosas libre y voluntariamente en una economía de mercado, las dos salen ganando con ello»*. Esta afirmación es cierta, incluso cuando las dos personas viven en países o continentes distintos. La idea marxista de que si una de las partes sale ganando, la otra tiene que salir perdiendo o está siendo explotada es una idea equivocada y falsa. De hecho, hasta cierto punto el problema de los países pobres es que ni la globalización ni la economía de mercado les han llegado aún. Y eso es muy importante porque significa que, a medida que vayan introduciendo las instituciones que les permitan operar en una economía de libre mercado y a medida que vayan abriéndose al comercio in-

ternacional y a las inversiones extranjeras y adopten las tecnologías inventadas en los países avanzados, también empezarán a crecer sin que ello vaya a representar un perjuicio para terceros países.

Y entre esas instituciones importantes, no me canso de insistir,
se encuentra el gobierno, que debe asegurar el cumplimiento de la
ley, el orden público y la justicia, que debe garantizar los derechos
de propiedad y la competencia, que debe encargarse de resolver los
colapsos del mercado (bienes públicos y comunales y externalidades), de proteger a los desprotegidos y de garantizar la igualdad de
oportunidades. Y aquí es donde debemos distinguir los que son
simplemente «mercados» de lo que es una «economía de mercados». Los mercados ya existían en la época medieval o en las ciudades griegas. Pero no eran economías de mercado. Un monopolista
también actúa en un mercado, pero ya hemos indicado que ése no
es el modo que queremos para el funcionamiento de la economía
porque restringe la libre elección de los consumidores. La economía de mercado es mucho más que un simple lugar en el que se
compran y se venden cosas. Es un conjunto de instituciones legales y políticas (que hemos explicado antes) que garantizan a los individuos poder tomar decisiones económicas en plena libertad. Dicho de otro modo, *para que exista una economía de mercado, debe
haber un gobierno y unas instituciones que lleven a cabo esas tareas
sin las que la economía no puede funcionar. Crear cuatro mercados sin
introducir las instituciones que hacen que la economía funcione apro-
piadamente no sirve para nada.*[3] Los países que han hecho esto han
fracasado, y el ejemplo más claro es la Rusia de Yeltsin, ejemplo
que discutiremos en el capítulo 14.

Antes de analizar el proceso de transición experimentado por
la Rusia postsoviética, permítanme que analice el cuarto aspecto de
la crítica apocalíptica del movimiento antiglobalización a las desigualdades mundiales: si no se frena la globalización, las desigualdades aumentarán sin cesar. Para llevar a cabo este análisis, utiliza-
ré una especie de ejemplo, de parábola que puede contribuir a
visualizar el funcionamiento del proceso de convergencia económica entre países.

---

3. Ya hemos indicado anteriormente que el grado de implicación que debe tener
un gobierno depende en cierta medida de la cultura, la historia y la tradición de cada
país. Intentar introducir políticas e instituciones nórdicas en el sur de Europa puede
ser un error. Intentar introducir instituciones europeas o asiáticas en África puede ser
otro error. En cualquier caso, lo que sí es cierto es que, sin instituciones fuertes, el
mercado no puede funcionar, ni en Europa, ni en Asia, ni en África.

LA PARÁBOLA DEL GLOBO Y LA BOLAS DE HIERRO

Imaginemos un planeta donde todos los países eran pobres y miserables, hundidos por unos regímenes económicos y unas instituciones pseudomedievales ineficientes que no les permitían progresar. Era como si fueran prisioneros de su propia historia y sus pies estuvieran ligados a unas bolas de hierro que les impedían caminar. Existía un globo aerostático que simbolizaba la riqueza. Los países que estaban dentro de él subían hacia el cielo, se desarrollaban y mejoraban su bienestar. Los otros seguían en tierra, ligados al suelo por las bolas de hierro, condenados a ser pobres. Poco a poco, gracias a la revolución industrial, los países europeos empezaron a subirse al globo y éste comenzó a tomar altitud. La distancia, la desigualdad, entre estos países y los que estaban ligados al suelo empezaba a aumentar. La mayoría de países seguía en tierra, pero todos ellos mantenían la esperanza de poder llegar a subir algún día al aerostático. Para facilitar la subida, contaban con unas cuerdas elásticas que pendían del globo, las cuerdas del mercado y de la globalización. Algunos países se agarraban a ellos pero no lograban elevarse porque las bolas de hierro seguían atadas a sus pies. Era imperioso deshacerse de esa carga que les impedía progresar. Para ello había unas llaves que abrían sus cerraduras. Dichas llaves eran una serie de instituciones, entre las que destacaba el gobierno, que permitían un funcionamiento eficiente de los mercados. Países como Japón, Alemania o Italia las encontraron, se libraron de las bolas de hierro, y en pocos momentos las cuerdas elásticas los izaron hasta el globo: la tasa de crecimiento era enorme y el proceso de convergencia hacia los países ricos, que seguían ascendiendo con el globo, era relativamente rápido. Poco a poco, otros países siguieron el mismo proceso: a los pequeños dragones se sumaron los grandes tigres del sudeste asiático y, finalmente, China, que, con sus más de 1.200 millones de ciudadanos, también empezó a zafarse de las bolas de hierro y las cuerdas elásticas tiraron de ellos con fuerza hacia el globo. Todos experimentaron espectaculares procesos de crecimiento que les permitieron recortar diferencias con los países ricos.

Mientras todo eso sucedía, los observadores económicos mesuraban las distancias, las desigualdades entre los países que estaban en el globo y los que seguían atados al suelo. La conclusión era desoladora porque la distancia era cada vez mayor. Algunos de los

analistas antiglobalización,[4] horrorizados por la creciente desigualdad, hacían predicciones catastróficas diciendo que éstas au-
mentarían sin parar. Para solucionarlo, proponían recortar las
cuerdas elásticas de los mercados y de la globalización. Ésa era una
propuesta suicida, puesto que la única esperanza que tenían los
pobres era no soltar las cuerdas que los unían al globo, las cuerdas
de la globalización. Si había un modo seguro de quedarse pegado al
suelo ése era cortar los lazos con los países ricos. Pero los críticos
argumentaban que la evidencia histórica mostraba que había muchos países que se habían agarrado a las cuerdas sin por ello haber
conseguido alcanzar el globo. Y ponían como ejemplo estelar la
Rusia de Yeltsin. Pero no se daban cuenta de que el problema no
eran las cuerdas que ligaban a los pobres con los ricos sino las bolas de hierro que los ataban al suelo de la miseria. Para que las
cuerdas del mercado y de la globalización los izasen hacia el globo
era necesario encontrar las llaves, las instituciones y los gobiernos
eficientes que permitieran librarse de las pesadas bolas. Y una vez
lo tuvieron claro, más y más países consiguieron liberarse. Poco a
poco, a lo largo del siglo XXI, los países africanos, centroamericanos
y el resto de países asiáticos y del este de Europa fueron creando las
instituciones públicas y privadas que los liberaban de las bolas de
hierro, y las cuerdas elásticas hicieron el resto, tirando de ellos hacia el globo de los ricos. A principios del siglo XXII todos los países
del mundo volvían nuevamente a ser iguales. La desigualdad se había reducido. Pero ahora no eran pobres, sino ricos. Eran igual de
ricos.

A pesar de que esto es una parábola, me parece que refleja bastante bien el proceso estadístico de la evolución de la renta mundial y la distribución entre países. Poco a poco, los países pobres
conseguirán introducir las instituciones que desencadenen las
fuerzas de mercado y, cuando lo consigan, las diferencias se reducirán nuevamente.

Una vez llegados a este punto, el lector se preguntará: ¿Y tú
cómo sabes que todos van a terminar siendo ricos? La respuesta es
que no lo sé. Simplemente lo sospecho. Ahora bien, es una sospe-
cha basada en la experiencia empírica. Me explico. Si bien es cierto
que hay muchos países que, de repente, empiezan a crecer especta-

---

4. En este caso, «antiglobalización» no quiere decir que estén en contra de que
los países se suban al «globo» del progreso... aunque la verdad es que a veces parece
que lo estén.

cularmente y a converger hacia los países ricos, la evidencia que tenemos del siglo XX también nos muestra que hay muy pocos ejemplos de países ricos que se hayan caído del globo y se hayan hundido en la miseria. Por ejemplo, desde 1960 hasta hoy en día, quizá sólo haya dos casos: Venezuela y Trinidad y Tobago (ambos son países un tanto especiales, donde las luchas entre los políticos corruptos para apropiarse de sus riquezas terminaron llevándolos a la ruina).[5] Desde un punto de vista estadístico, si cada cuarenta años hay veinte países que suben al globo por dos países que se caen de él, hay que esperar que, a la larga, todos terminaremos arriba.

Otro hecho que invita al optimismo es que los países tienen la tendencia a aprender de sus errores y de las lecciones que da la historia. Por ejemplo, dada la mala experiencia del comunismo durante el siglo XX, es de esperar que sean pocos los países que cometan el error de adoptar el sistema socialista de planificación central a lo largo del próximo siglo, cosa que reducirá el número de fracasos económicos durante las próximas décadas. Y si en los últimos cuarenta años ha habido veinte países que han conseguido crear las instituciones que les han liberado de las bolas de hierro, durante los próximos cuarenta años habrá más de veinte que lo hagan. Es de esperar, pues, que tarde o temprano todos los países acaben desarrollándose, a pesar de que en la actualidad las distancias entre los países ricos y los pobres sean cada día mayores.

---

5. Algunos observadores pondrían aquí a Argentina, pero la verdad es que Argentina es un país que siempre ha tenido un enorme potencial que nunca se ha llegado a materializar.

13

«Tasa Tobin pero sin Tobin»

Los grupos antiglobalización son variopintos y heterogéneos. Representan a colectividades dispares entre los que hay ecologistas europeos, pastores de cabras franceses (liderados por el convicto José Bové), sindicalistas del automóvil de Detroit, estudiantes y profesores españoles, intelectuales de izquierda de todo el mundo, agricultores, evocadores melancólicos del mayo del 68, productores de leche, niños bien en busca del sentido de la vida, fumadores festivos de marihuana, proteccionistas de la extrema derecha norteamericana (con el inefable Pat Buchanan al frente), okupas, defensores de la condonación de la deuda, críticos del pensamiento único cuyo único pensamiento es la crítica del pensamiento único, cantantes altruistas, entidades folclóricas variadas y autoproclamados defensores únicos de los países pobres. De hecho, son tan dispares y defienden unos intereses tan discordantes que es casi imposible que se pongan de acuerdo en alguna propuesta constructiva. Quizá por eso son más conocidos por sus críticas que por sus ideas alternativas prácticas: ¡cualquier propuesta concreta no haría más que alienar a una parte del movimiento y la necesidad de mantenerse unidos les impide hacerlas!

Digo «casi imposible» porque, de hecho, hay un grupo que no está representado en el movimiento y no es otro que el de los financieros ricos y los malignos especuladores internacionales. Eso explica que la única propuesta concreta y que parece haberse hecho desde la globofobia es la introducción de un impuesto que grave las transacciones financieras y los movimientos especulativos internacionales: la tasa Tobin.

El origen de la tasa Tobin se encuentra en 1971, cuando el profesor de la Universidad de Yale James Tobin, a quien dicha tasa debe su nombre, propuso un impuesto con el objetivo de hacer que las transacciones financieras internacionales fueran menos beneficiosas. Eso haría, según argumentó correctamente el famoso docente que habría de ganar el premio Nobel en 1982, que se redujera la especulación financiera internacional y se redujeran las perniciosas fluctuaciones monetarias que ocurren por culpa de los especuladores del mercado de divisas. La idea pronto fue rechazada por impracticable.[1]

En diciembre de 1997, Ignacio Ramonet, periodista populista del *Monde Diplomatique*, la resucitó en una editorial de su revista y, desde entonces, la tasa Tobin ha sido el estandarte del movimiento antiglobalización. Para éstos, sin embargo, el principal objetivo no es la reducción de las fluctuaciones monetarias sino la recaudación fácil de un dinero pagado por «otros» (es decir, por personajes a los que es fácil odiar y que no pertenecen al movimiento) que se pueda utilizar para ayudar a los países pobres. Estiman que se van a recaudar unos 300.000 millones de euros anuales. Las buenas intenciones de los antisistema han de ser aplaudidas, pero no deben esconder el hecho de que la tasa Tobin sigue siendo una mala idea. Y lo es por diversas razones.

Primera, en teoría, la tasa Tobin solamente debe gravar los movimientos de capitales «especulativos» de corto plazo y no los capitales «productivos» o inversiones de largo plazo. En la práctica, los gurús financieros del mundo saben transformar los unos en los otros, por lo que a todos los especuladores les resultará sencillo evadir el impuesto que, por ende, resulta altamente ineficaz. De hecho, les será tan sencillo como a las redes internacionales de terroristas que pueden trasladar dinero de un lugar a otro sin que las autoridades de ningún país se den cuenta siquiera.

Lo que nos lleva al segundo problema: al no poder distinguir entre «especulativos» y «productivos», los defensores de la tasa Tobin acabarán pidiendo impuestos para «todos» los capitales. Eso reducirá sensiblemente la inversión extranjera y eso será especialmente dañino para los países del Tercer Mundo que tienen como uno de sus principales problemas la falta crónica de inversión.

El tercer inconveniente de la tasa Tobin es que, para ser viable, debe ser adoptada por todos los países del mundo sin excepción.

1. Hay que decir que James Tobin no ganó el premio Nobel por inventarse la tasa Tobin sino por sus enormes contribuciones en el campo de la macroeconomía, la teoría monetaria y la inversión.

Para entender este punto es necesario comprender la diferencia entre las mercancías normales y el dinero. Las mercancías normales son físicas y eso quiere decir, por ejemplo, que el gobierno puede impedir que se vendan o incluso que entren en el país si antes no se abonan los impuestos correspondientes. Históricamente, el dinero también era físico: monedas de metales preciosos como el oro o la plata. Durante el siglo XX se desarrolló el papel moneda, que no era más que papelitos impresos por el banco central. A finales de siglo, sin embargo, el dinero se fue convirtiendo en virtual y pasó a no ser más que un conjunto de números almacenados en algún ordenador. Piensen ustedes en lo que pasa, por ejemplo, cuando pagan con su tarjeta de crédito: el ordenador de su banco reduce su saldo en x euros y el ordenador del vendedor aumenta su saldo en la misma cantidad. Ni una sola moneda de oro o billete de papel se mueve físicamente de lugar. De hecho, ¡todo pasa sin que ustedes sepan siquiera dónde está el ordenador que guarda su cuenta! Eso hace que los capitales se puedan mover fácilmente de un ordenador a otro, con una llamada telefónica o a través de Internet, desde cualquier parte del mundo.

Una vez dicho esto, hay que pensar en lo que pasará si los especuladores pueden comprar divisas en Sabadell pagando la tasa Tobin, o en el Atolón de la Vaca[2] sin pagarla, ¿dónde creen que se va a realizar la operación? La respuesta es, lógicamente, en el Atolón de la Vaca. Es más, mientras haya Atolones de la Vaca, es decir, mientras quede un solo paraíso fiscal en el planeta, la mayor parte de transacciones financieras internacionales van a realizarse en él, por lo que la tasa Tobin es inviable. De hecho, solamente acabarán pagándola los turistas de rentas bajas que no se ganan la vida evadiendo impuestos. En el capítulo 5 ya hemos visto que la incompetencia del gobierno a la hora de recaudar impuestos genera desigualdades de renta profundamente injustas. La incapacidad de recaudar la tasa Tobin no hará más que crear más desigualdades... y más injustas.

En cuarto lugar, supongamos por un momento que la tasa Tobin se pudiera implementar. ¿Cuál sería el tipo impositivo? La propuesta inicial era del 0,1%, pero cada vez son más las voces que proponen el 0,5%. La codicia de los recaudadores les llevará pronto a

---

2. Para no herir la sensibilidad de ningún país real acusándolo de evadir impuestos, he utilizado el nombre ficticio de Atolón de la Vaca. De hecho, el nombre no me lo he inventado yo sino que lo he sacado de *Mortadelo y Filemón*.

decir que no pasa nada si se sube al 1%, y después al 10% e incluso al 50%. Sí, ya sé que muchos de ustedes pensarán ahora que soy un exagerado, pero piensen por un momento en lo que ha sido la historia del impuesto sobre la renta. Hace un siglo ni siquiera existía. De hecho, la constitución de Estados Unidos decía que un impuesto que gravara las rentas de los ciudadanos por parte del gobierno era inconstitucional. Pero en 1862, durante la guerra civil norteamericana, se propuso la introducción del impuesto sobre la renta como algo excepcional, como un «impuesto extraordinario para financiar la guerra». Los tipos impositivos eran del 3% para los ciudadanos que ganaban menos de 10.000 dólares y del 5% para los que ganaban más. Dos años más tarde, los tipos subieron al 5 y 10% respectivamente. Una vez finalizado el conflicto armado, el gobierno abolió todas las leyes especiales que se habían aprobado para la guerra... excepto, naturalmente, el impuesto sobre la renta, que se mantuvo. Los ciudadanos llevaron al gobierno a los tribunales argumentando que la constitución prohibía explícitamente dicho impuesto. Las peleas legales duraron años y llegaron hasta el Tribunal Supremo que dio la razón al pueblo: el impuesto sobre la renta era inconstitucional. Para seguir satisfaciendo su avidez y sus ansias recaudadoras, el gobierno debía cambiar la Constitución. Y así es como se introdujo la 16ª enmienda constitucional el 25 de febrero de 1913. A partir de aquí, los tipos impositivos han subido y subido hasta alcanzar los obscenos niveles de la actualidad.

¿Cuál es la lección de todo esto? Pues que si la historia nos sirve de guía, hay que esperar que, de ser aprobada, la tasa Tobin acabe siguiendo un camino similar y se estabilice en niveles muchísimo más altos de los que ahora se proponen. Cuando esto suceda, los movimientos internacionales de capitales, tanto los especulativos como los productivos, se paralizarán. Y eso sería muy peligroso, especialmente para los países que necesitan de la inversión exterior: los subdesarrollados.

El quinto problema se refiere a cómo se utilizará el dinero. Los defensores de la tasa Tobin presuponen que las donaciones favorecen el desarrollo del Tercer Mundo. En realidad, sin embargo, las limosnas sistemáticas no contribuyen al crecimiento económico de los países pobres y los condenan a la dependencia permanente. Es más, algunos estudios económicos estiman que los donativos a países con malas políticas económicas pueden incluso ser perjudiciales. Si es así, la propuesta no ayudará, como se pretende, a los países pobres.

Finalmente, la pregunta clave: ¿quién administra el dinero? El profesor Tobin sugirió que los ingresos fueran a parar al FMI y al Banco Mundial. «Curiosamente», esa parte de su propuesta ha sido selectivamente ignorada por los globófobos, enemigos acérrimos de dichos organismos. Ellos dicen que se debería crear una nueva institución internacional «más democrática», pero dada la tendencia que tienen a boicotear violentamente todas las reuniones internacionales, incluyendo las de líderes elegidos democráticamente, no está muy claro qué institución debería hacerse cargo del dinero de la recaudación.

En resumen, la propuesta estelar del movimiento antiglobalización no parece muy razonable. Es más, parece una mala idea a la que se intenta dar credibilidad intelectual a base de reiterar que la ideó ¡todo un premio Nobel! Sólo hay un pequeño problema: James Tobin no está de acuerdo con la actual propuesta e incluso dice, irritado, que los globófobos la han manipulado hasta tal punto que los acusa de abusar de su nombre y de su reputación.

Estamos, pues, ante la «tasa Tobin pero sin Tobin», que es casi tan surrealista como los «huevos al plato pero sin plato» de Salvador Dalí, aunque con mucho menos interés artístico.

Y, ahora sí, pasemos a analizar el colapso de la economía rusa.

14

¡Pobres rusos!

En marzo de 1985, Mijaíl Gorbachov se convirtió en el secretario general de la Unión Soviética. A esas alturas, estaba claro que la economía de planificación central impuesta por el Partido Comunista de la Unión Soviética no funcionaba y Gorbachov estaba decidido a introducir un paquete de importantes reformas económicas llamadas *glasnost* (que, aparentemente, significa «apertura» en ruso). Con la *glasnost* se pretendía introducir la economía de mercado, la privatización de algunos sectores de la economía y favorecer la competencia entre empresas y consumidores en la URSS. Ese proceso de reformas culminó con la desintegración del imperio soviético. A pesar de que las reformas económicas continuaron en la Rusia de Boris Yeltsin, las cosas no parecían mejorar sino más bien al contrario. Cuando Yeltsin dimitió el 31 de diciembre de 1999, la mayor parte de la población rusa era mucho más pobre que en 1985, la inflación se encontraba alrededor del 100%, mientras que los crímenes, los robos, los asesinatos, la corrupción y la falta de orden público eran parte de la vida cotidiana. Ante este evidente desastre, los intelectuales sentimentalmente ligados al socialismo tardaron poco en poner las reformas rusas como ejemplo del mal funcionamiento de la economía de mercado.

Y la verdad es que uno no puede dejar de coincidir con ellos en que la supuesta transición rusa es un buen ejemplo. Pero no un ejemplo del mal funcionamiento de la economía de mercado, sino de lo pernicioso que puede llegar a ser el gobierno cuando hace mal las cosas y se mete donde no le llaman. En el capítulo 4 hemos explicado la necesidad de que se mantengan los derechos de propiedad, de que se fomente la competencia y de que el gobierno limite su interferencia en el libre funcionamiento de los mercados. Pues bien, en la Rusia de la década de los noventa no se daba ninguna de esas condiciones. En lugar de liberalizar la economía, los diferentes gobiernos rusos permitieron que un grupo de influyentes oligarcas y de antiguos líderes comunistas con vinculaciones políticas importantes robaran la riqueza del país. Personajes como Boris Berezovski, Mijaíl Khodorkosvsky, Roman Abramovich, Mijaíl Fridman o Vladimir Potanin tuvieron la inestimable colaboración de políticos como los primeros ministros Victor Chernomirdin o Yegor Gaidar, como el presidente del banco central Viktor Geraschtsenko o el propio entorno familiar del presidente Borís Yeltsin para convertirse en algunos de los hombres más ricos del mundo.

El problema es que los sucesivos gobiernos, los soviéticos primero y los rusos después, empezaron introduciendo reformas, pero sólo de un modo parcial. Por ejemplo, a principios de los noventa, el precio de un paquete de Marlboro en Moscú era aproximadamente de 30 rublos. Eso no sería nada raro si no fuera por el hecho de que con 30 rublos también se podía comprar una tonelada de petróleo. Repito: ¡Una tonelada! Esta aberración era fruto de la liberalización parcial del mercado petrolífero introducida por Gorbachov que, en 1998, permitió que los entonces dirigentes de las empresas petrolíferas —dirigentes que, dicho sea de paso, habían conseguido esas posiciones a través del poder político dentro del Partido Comunista—, formaran unas cooperativas que podían comprar petróleo a las empresas públicas rusas propiedad del Estado y distribuir combustible entre la población. La cuestión era que el precio al que el gobierno vendía el petróleo a las cooperativas era una centésima parte del precio del mercado internacional. Los dirigentes empezaron a comprar petróleo a 30 y a venderlo en el extranjero a 3.000. Era como si el gobierno estuviera regalando el petróleo que, por cierto, era propiedad de todos los ciudadanos, a unos cuantos ex miembros de la *Nomenklatura*. Las fortunas que se llegaron a amasar gracias a la incompetencia y a la corrupción de la administración rusa con la venta de petróleo rondaban los 24.000 millones de dólares, el 30% del PIB ruso.

Algo similar ocurrió con los subsidios alimentarios. A comienzos de los noventa estaba claro que Rusia se empobrecía y se empezaba a temer que habría escasez generalizada de alimentos durante el invierno. Las instituciones internacionales desarrollaron programas *humanitarios* para aportar dinero a Rusia y para que el país pudiera comprar alimentos. El gobierno ruso cogió ese dinero e introdujo un programa que subvencionaba el 99% del precio de las importaciones de alimentos. El problema es que no se fomentó la competencia empresarial que debía producir alimentos al menor precio posible. En realidad, no sólo no se fomentó la competencia sino que se permitió que esas importaciones fueran monopolizadas por una compañía llamada Roskhleboprodukt. Esa importadora había surgido directamente del antiguo ministerio estalinista de suministro de cereales y había sido creada por el ex ministro de Agricultura, Gennady Kulik. La Roskhleboprodukt compraba alimentos en el extranjero por valor de 100 rublos, 99 de los cuales eran subvencionados por el gobierno mediante el subsidio. Los alimentos eran vendidos a los pobres ciudadanos rusos a 150 rublos. Es decir, ¡Kulik aportaba 1 rublo de su bolsillo y cobraba 150 por cada tonelada de comida! Otro negocio redondo mediante el cual unos cuantos despabilados se aprovechaban de la incompetencia del gobierno para enriquecerse. Note el lector que, en caso de haber habido competencia real, los precios de venta habrían bajado, porque los consumidores hubiesen preferido comprar a la empresa que les suministrara alimentos a precios más bajos, y eso habría forzado a todos los importadores a rebajar precios hasta niveles razonables cercanos al coste de importación de 1 rublo. La competencia habría, pues, eliminado la posibilidad de negocio.

A modo de corolario cabe decir que en 1998 el señor Kulik, que para entonces ya no era un político comunista sino un oligarca rico, regresó al Ministerio de Agricultura para administrar las ayudas alimentarias internacionales procedentes de Occidente. La principal empresa que administraba esas ayudas era... ¿lo adivinan ustedes?: ¡Roskhleboprodukt!

Quizá el episodio más curioso de lo que algunos se empeñan en denominar la *liberalización* económica rusa es el de los créditos y subsidios que daba el Banco Central. En la época soviética, los tipos de interés estaban fijados arbitrariamente al 3%, independientemente de cuál fuera la situación económica o la tasa de inflación. No se sabe exactamente por qué, pero el hecho es que las reformas económicas no llegaron al Banco Central hasta la segunda mitad de los años noventa. Durante la primera mitad de la década, la inflación era del 2.500%. A pesar de ello, el gobernador Viktor Geraschtsenko seguía dando créditos al 3%. Imagínense ustedes el negocio: piden un crédito de un millón de rublos. Puesto que el tipo de interés es del 3%, al cabo de un año devuelven un millón treinta mil rublos. Con el millón se compran una casa. Teniendo en cuenta que la inflación es del 2.500% (es decir, como los precios aumentan cada año un 2.500%), la casa que a principios de año valía un millón, a finales de año vale 251 millones. Así, al terminar el año ustedes se venden la casa por 251 millones, devuelven el millón treinta mil que deben al banco y se quedan 249,97 millones de rublos, que más o menos es el precio de la casa al final del año. ¡En realidad, esta operación es como si el Banco Central les hubiera regalado la casa! Y, ¿cómo no?, la factura termina pagándola el inocente contribuyente.

Todos aquellos que sabían que el Banco Central hacía ese tipo de regalos se fueron de inmediato a pedirle dinero. Ahora bien, ¡el señor Geraschtsenko no se lo daba a cualquiera! ¡Qué va! Se lo daba a una minoría selecta de amigos. De hecho, sus amigos eran tan selectos y poderosos que, a pesar del daño que su persona suponía para el banco y el público, fue ratificado en su cargo en septiembre de 1998. Entre sus amigos figuraba un tal Vladimir Potanin, que empleó el dinero con finalidades mucho más diabólicas y lucrativas que la mera compra de una casa. El señor Potanin, que en 1995 era propietario de un banco, aceptó el dinero que tan generosamente le había regalado el Banco Central y concedió un crédito al gobierno de Boris Yeltsin. En esa época, el Estado todavía seguía siendo propietario de una parte importante de las empresas petrolíferas. Para protegerse de la probabilidad de que el gobierno ruso hiciera una suspensión de pagos (probabilidad bastante elevada dada la experiencia histórica, todo hay que decirlo), Potanin exigió que Yeltsin dejara las acciones de las petrolíferas como garantía. De este modo, si no devolvía los créditos, las acciones serían subastadas a precio de mercado. Tal como era de esperar, al cabo de unos años la administración no pudo pagar la deuda. Ante la situación, Potanin subastó las acciones y, *curiosamente*, la subasta no fue licitada por ninguna persona que no estuviera vinculada al ámbito financiero (por cierto, este fenómeno también es bastante común en las subastas que se llevan a cabo en territorio español). El resultado fue que Potanin logró convertirse en el propietario de algunas de las empresas petrolíferas más grandes del mundo sin pagar prácticamente nada a cambio y con el dinero que el gobernador del Banco Central le había regalado tan generosamente. Una vez más, un negocio redondo en el que unos despabilados roban el dinero a los contribuyentes gracias a la incompetencia del gobierno.

Desgraciadamente para Rusia, Potanin no fue un caso excepcional. Personajes como Berezovski, Khdorkosvsky o Abramovich amasaron fortunas inimaginables, que les permitieron además conseguir un poder político ilimitado. Fue así como consiguieron desposeer al país de una parte importante de su riqueza. Y mientras ellos compraban fincas en la Costa del Sol española, la población se empobrecía miserablemente.

La experiencia rusa nos demuestra que, a pesar de lo que muchos dicen, el proceso de transición a una economía de mercado no ha sido tal: no se introdujo ninguna libertad de precios (la mayoría de los robos no se hubiesen cometido si el gobierno no hubiera controlado artificialmente el precio del petróleo, de los alimentos o de los tipos de interés), no se garantizaron los derechos de propiedad (de hecho, los propios políticos participaron en los distintos fraudes y evasiones fiscales) y no se garantizó la competencia y la libertad de empresa (tanto los oligarcas como los políticos impidieron que hubiera competencia en la compra de alimentos y de petróleo, en la concesión de créditos o en las subastas de propiedades requisadas por falta de pago). En resumen, no se satisfizo prácticamente ninguna de las condiciones que requiere una economía de mercado y, como consecuencia, los nefastos resultados económicos no deben sorprender a nadie.

Más que un ejemplo de fracaso de mercado, ese aberrante episodio de la historia de Europa se debe poner como ejemplo del daño que pueden llegar a hacer los gobiernos descontrolados, incompetentes y corruptos. Lo más lamentable es que, a menudo, los ciudadanos indefensos poco pueden hacer para protegerse de ese tipo de abusos. Cuando el gobierno controla la economía, las leyes, los jueces y la policía, la libertad individual se ve amenazada y, repito, poco pueden hacer los individuos. Ésa es una de las razones por la que se debe limitar el poder del Estado.

La situación en Rusia es preocupante, pero parece que el presidente Vladimir Putin, que sucedió a Yeltsin a principios del 2000, ha modificado un poco el panorama político y económico. Da la sensación de que quiere luchar contra las oligarquías y la corrupción que ahogan al país y que impiden que la economía de mercado funcione como debiera. Esperemos que lo consiga.

15

De dólares y cigalas

La crisis financiera que tuvo lugar en Asia a finales de los noventa se utiliza a menudo como un ejemplo de lo mal que funciona la economía de mercado globalizada, donde los capitales pueden entrar y salir sin control alguno por parte del gobierno. La crisis de 1998 fue provocada y acentuada por la *devaluación en los tipos de cambio* de las monedas asiáticas. Por eso, antes de poder hablar de la crisis nos detendremos unos momentos para explicar qué significa que una moneda se devalúe y por qué ocurre.

Lo primero que hay que tener en cuenta cuando se habla de *tipo de cambio* o de *cotizaciones de monedas* es que el tipo de cambio o la cotización de una moneda es un *precio*. Por alguna razón, los expertos hablan del «tipo de cambio del dólar en relación con el euro» o de la «cotización del dólar». En realidad, están hablando del «precio del dólar». Y, del mismo modo que cuando hablamos del «precio del bocadillo de salchichón» o del «precio del kilo de cigalas» nos estamos refiriendo a la cantidad de euros que debemos pagar para cada bocadillo o kilo de cigalas, cuando hablamos del «precio del dólar» nos estamos refiriendo a la cantidad de euros que debemos pagar para comprar un dólar. Así de sencillo.

Cuando el dólar sube de *precio* decimos que *se aprecia* (a veces utilizamos otra expresión parecida y decimos que *se revalúa* que significa que el dólar aumenta de *valor*), mientras que cuando baja de precio decimos que *se deprecia* (o *devalúa*). Todas estas palabrejas sólo sirven para complicar una cosa que, en realidad, es muy sencilla si tenemos en cuenta que el tipo de cambio es un *precio* y nada más que un precio y que, como todos los precios del mundo, a veces sube y a veces baja.

Una vez tenemos claro que estamos hablando de un precio, es muy fácil entender por qué sube y baja la cotización de una moneda: ¡por las mismas razones que lo hacen el resto de los precios! Si yo les pregunto a ustedes por qué sube el precio de las cigalas cuando se acerca la Navidad, seguro que me responden: «porque todo el mundo quiere comprar cigalas durante la Navidad, y todo el mundo sabe que, cuando aumenta la demanda de un producto, su precio sube». Hasta aquí todo es muy fácil. Pues bien, la cosa es igual de fácil cuando hablamos de cotizaciones de monedas o de tipos de cambio: cuando la gente desea comprar dólares, su precio sube.[1] Cuando la gente quiere vender dólares, su precio disminuye. ¡Como si el dólar fuera una cigala!

La pregunta es ¿quién compra dólares a cambio de euros y por qué? Los norteamericanos que viven y trabajan en Estados Unidos no necesitan comprar dólares porque ya los tienen. Quienes los compran son, por ejemplo, los extranjeros que poseen euros y desean adquirir bienes norteamericanos que, lógicamente, deben ser pagados en dólares. Otros compradores naturales de dólares son los turistas europeos que viajan a Estados Unidos. También lo son los inversores europeos que desean poner sus ahorros en bancos americanos o en la bolsa de Nueva York. Finalmente, los inversores norteamericanos que habían invertido su dinero en Europa (y que, por lo tanto, está en euros) y ahora deciden regresar a su tierra, deberán también comprar dólares. ¿Y quiénes *venden dólares* a cambio de euros? Pues lo mismo pero al revés. Por un lado, los norteamericanos que quieren comprar productos europeos o que quieren invertir en Europa y, por otro lado, los europeos que tenían dinero invertido en América y ahora desean regresar a su tierra.

Cada día se compran y se venden miles de millones de dólares en todo el mundo. Pues bien, el dólar sube cuando hay más personas que desean comprar dólares que no venderlos y el dólar baja cuando ocurre lo contrario.

Cuando nos preguntamos por qué sube el dólar, debemos preguntarnos sencillamente por qué, de repente, hay una mayor demanda. Es decir, por qué, de repente hay más interés en comprar dólares. Una posible explicación sería que los europeos se han enamorado de algún producto americano como podría ser el patinete. Las distribuidoras deben comprar patinetes en Estados Unidos y, lógicamente, los tienen que pagar en dólares. Antes de comprarlos,

---

1. Para que sea más corto, sencillamente solemos decir que «el dólar sube» o que «el euro baja» en lugar de decir toda la frase «el precio del dólar sube» o «la cotización del euro baja».

pues, deberán pasar por el banco para comprar dólares. Ese aumento en la demanda de dólares hacer subir su precio.

Eso es cierto. Pero seguramente la principal explicación de la subida del precio del dólar se encuentra en la inversión: cuando, por alguna razón, los *inversores* piensan que ganarán más dinero invirtiendo en Estados Unidos que en Europa, deben comprar dólares para invertir en el nuevo continente y ese aumento de la demanda hace subir la cotización, el precio de la moneda norteamericana.

La pregunta es, pues: ¿Y qué les puede haber hecho pensar que van a ganar más dinero invirtiendo en un país que en otro? Aquí también hay distintas respuestas. Una es que están convencidos de que la bolsa norteamericana será más rentable que las europeas. Por ejemplo, a lo largo de la década de los noventa, parecía como si la bolsa de Nueva York no dejaran de subir y de convertir en ricos a todos los que invertían en ella. Ello atraía a los inversores de todo el mundo... incluidos los europeos. Pero para invertir en Nueva York se necesitaban dólares, por lo que la gente compró divisas norteamericanas en cantidades ingentes y, lógicamente, el dólar subió. Otra respuesta sería que los tipos de interés en Estados Unidos eran más altos que los europeos, cosa que hacía que la gente quisiera poner sus ahorros en Norteamérica. El consiguiente aumento de la demanda de dólares hace subir su cotización. Existen otras razones que pudieron haber llevado a los agentes financieros a invertir en Estados Unidos, pero aquí es donde termina la tarea de los economistas y empieza la de los psicólogos. El comportamiento de los inversores es bastante impredecible dado que son personajes bastante raros que se pasan el día intentando adivinar el futuro con la ayuda de cualquier tipo de herramienta esotérica, como si fueran augures de las finanzas. El problema es que, como hemos apuntado al principio de este libro, no hay nadie en el mundo que pueda hacer profecías económicas acertadas, por mucho que los agentes de cambio y bolsa nos intenten hacer creer lo contrario. Y que conste que esto no lo digo como una crítica contra los inversores. Lo digo para que se vea un poco la dificultad que comporta su trabajo diario. Por ejemplo, para adivinar si la bolsa de Nueva York subirá más que la de París a lo largo del próximo año, de algún modo hay que *saber* cuánto dinero van a ganar las empresas durante ese año en Estados Unidos y en Francia. Eso requiere conocimientos sobre el futuro, unos conocimientos que no tienen ni los inversores ni nadie. Pueden hacer estimaciones, pero toda estimación dependerá de factores que son imposibles de predecir. Por ejemplo, ¿conseguirán las empresas ligadas a Internet sobrevivir el bajón que padecieron durante el 2000? La respuesta depende, en gran medida, de si los consumidores nos acostumbraremos a comprar por Internet o no. ¿Lo haremos? Yo no lo sé. Lo que sí sé es que eso no lo sabe nadie. Unos expertos dirán que sí y otros opinarán que no. Pero lo cierto es que no lo saben. Por muy convencidos que estén de lo contrario, la verdad pura y dura es que no lo saben.

Este desconocimiento fundamental del futuro tiene dos implicaciones importantes. La primera es que resulta imposible saber si el precio de las acciones o de las monedas es el precio *correcto*. Para conocer el precio correcto hay que saber cuáles van a ser los beneficios futuros de las empresas y ello no puede saberse sin una buena bola de cristal. La segunda implicación es que los inversores siempre están a la expectativa de cualquier cambio económico que pueda aportar un poco de información sobre cómo irán las cosas en el futuro. Eso explica por qué una pequeña noticia sobre la tasa de paro, sobre si Greenspan cambiará los tipos de interés, sobre si la inflación es más alta o más baja o sobre las perspectivas de venta del sector informático en Japón puede hacer mover las bolsas del mundo entero y, en consecuencia, puede hacer subir o bajar las cotizaciones de las monedas de todos los países. La *volatilidad* de los mercados financieros y de los tipos de cambios es, pues, una característica intrínseca y normal que se deriva del hecho que desconocemos cómo será el futuro. Y ahora que ya sabemos qué son los tipos de cambio y por qué el valor de las monedas sube y baja, ya podemos discutir la crisis financiera de finales de los noventa.

16

Crisis financiera en el paraíso del sexo

Aunque Tailandia no puede considerarse un país pequeño (tiene 61 millones de habitantes, muchos más que Inglaterra, Francia o España), su importancia en el contexto mundial es más bien escasa. Al fin y al cabo, el producto interior tailandés es un poco más de la mitad del de España. En principio, pues, parecería que el hecho de que Tailandia devaluara su moneda, el bath, no debía afectarnos demasiado. Al menos eso creían los expertos el día 1 de julio de 1997. Sin embargo, esa creencia cambió en 24 horas, cuando el día 2 de julio el gobierno tailandés devaluó el bath y se desencadenó una crisis que se propagó por el resto del sudeste asiático y que sacudió la economía mundial. Era la crisis financiera de Asia.

En 1998, cuando la crisis vivía sus peores momentos, los expertos decían que todo ese episodio era la demostración definitiva de que el movimiento libre de capitales era perjudicial para los países en vías de desarrollo.

Durante la década anterior a julio de 1997 se había producido un gran movimiento de dinero que huía de una Europa cada vez más esclerotizada y de un Japón que padecía una larguísima crisis. Durante esos años se crearon fondos de inversión que ponían el dinero en lo que se dio en llamar *mercados emergentes*. Básicamente, con esos fondos de inversión los países ricos intentaban evitar que se les escapara de las manos la posibilidad de participar de los prodigiosos beneficios económicos que parecían estar dándose en el este y el sudeste asiático. Recordemos que los países de esa zona vivían momentos de gloria a los que hemos aludido en el capítulo 2. Así pues, miles de millones de dólares fueron hacia Malaisia, Tailandia, Indonesia, Corea, Hong Kong, Singapur y Taiwán. El crecimiento económico que estaban experimentando esos países hacía pensar que las inversiones iban a ser seguras y rentables. El problema es que una parte importante del dinero que llegaba no iba destinado a inversiones a largo plazo. En lugar de financiar empresas productivas, esos capitales fueron a parar a empresas financieras en forma de créditos, denominados mayoritariamente en dólares o en yenes. Las empresas financieras tomaban esos dólares, compraban moneda local (baths, rupias, yuans o lo que fuera) y los invertían en proyectos que se llevaban a cabo en el país.

La ley no escrita de algunos de esos países es que el aparato financiero, por tradición corrupto y poco transparente, dispone de una especie de seguro público parecido al que el Banco de España ofrece a los depositantes de los bancos españoles: se promete a los bancos que, en caso de quiebra, el gobierno pagará la factura. La diferencia importante, y que al final resultó ser trágica, es que lo que se había asegurado en esos países no eran los depósitos bancarios (como hace el Banco de España) sino los créditos. Las empresas financieras, por lo tanto, disponían de todos los incentivos para ir a por todas y apostar, así, por inversiones especulativas de elevado riesgo: «Si la jugada sale bien», pensaban, «nos lo quedaremos nosotros, y, si no, pagará el gobierno». Y, claro está, cuando el juego es «Si sale cara, gano yo; si sale cruz, paga el contribuyente», el país se convierte en un gigantesco casino. Eso fue lo que empezó a suceder en esos países, donde la especulación pasó a ser la norma. Por ejemplo, empezaron a construirse miles de campos de golf en Indonesia (país donde pocos juegan a golf) y se aprobaron grandiosos proyectos para construir carreteras por encima del mar con el objetivo de unir el millar de islas de que consta el archipiélago.

A eso hay que añadir que la política intervencionista de los gobiernos de algunos de esos países había obligado durante años a los bancos a financiar con intereses bajísimos a las empresas de los sectores «prioritarios» que eran los que el gobierno consideraba que tenían un mejor porvenir.[1] Huelga decir que los sectores por los que apostaba el gobierno no siempre acababan dando los beneficios esperados. Al fin y al cabo, es cierto que ni los economistas ni los empresarios tienen capacidad de vaticinar el porvenir de la economía. Pero lo cierto es que el gobierno tampoco la tiene. La bancarrota de las empresas «prioritarias» inviables dejaron al sector

---

1. Eso era en principio. En la práctica, como suele suceder con los gobiernos de todo el mundo, los créditos subsidiados acabaron en los sectores de más poder político. En el caso de Corea, por ejemplo, el sector que más subsidios recibió del gobierno no fueron ni el electrónico, ni el informático, ni el automovilístico. ¡Fue la agricultura!

bancario y financiero en una situación muy precaria, con montañas de deudas impagadas e impagables. Esa precariedad financiera contribuyó en gran medida a agravar los efectos de la crisis de 1998.

Un buen día muchas de las inversiones especulativas empezaron a salir mal y muchos de los créditos prioritarios comenzaron a no ser pagados. La cosa no pintaba bien y los inversores intentaron sacar el dinero del país. Para hacerlo, tuvieron que vender los baths y las rupias y comprar dólares. Las ventas de moneda local, lógicamente, hicieron bajar su precio. Es decir, la moneda se devaluó. Y ahí es donde empezó el desastre: recuerden que las entidades financieras tenían deudas en dólares y muy a corto plazo. Los inversores internacionales querían que les fueran devueltos dólares. El problema es que, una vez devaluada la moneda local en un 80%, la cantidad de baths que había que devolver para pagar un determinado número de dólares, prácticamente se había duplicado. La explicación es simple: si uno debe 1.000 dólares y el dólar vale 10 baths, uno debe devolver 10.000 baths. Ahora bien, si el bath se devalúa y el dólar sube a 18 baths, uno pasa a deber 18.000 baths. ¡La devaluación de la moneda hace que las deudas internacionales se multipliquen si estas deudas son en dólares!

A raíz de esto, las consecuencias de la devaluación fueron devastadoras porque, si bien las empresas locales estaban preparadas para devolver 10.000 baths, les resultaba imposible pagar 18.000 baths. Llegaron las suspensiones de pagos y las bancarrotas. Al ver las primeras quiebras, el mito del milagro del sudeste asiático empezó a resquebrajarse. Los inversores extranjeros, temiendo que aún vendrían más devaluaciones y más quiebras, intentaron retirar el dinero de la bolsa, hecho que conllevó su caída. Eso no hizo más que propagar el pánico. Todo el mundo intentaba retirar las inversiones del país y salir de ahí pitando. Para conseguirlo, todos intentaban vender todavía más baths y eso acentuaba aún más su devaluación. Así se iban provocando más quiebras, más pánico, más caídas de la bolsa, más intentos de escapada, más devaluaciones. Un círculo vicioso que parecía no tener solución.

Si los capitales no hubieran intentado salir deprisa y corriendo de Tailandia en julio de 1997, el bath no se hubiese tenido que devaluar, y nada de todo eso hubiese pasado. Por lo tanto, se podría decir que el problema fundamental fue la posibilidad de mover capitales rápidamente entre países. Estrictamente hablando, esto es cierto. Si no hubiese habido capitales internacionales que intentaban salir de Tailandia, no hubiera habido devaluación y la crisis financiera no se habría dado. Ahora bien, también es cierto que, si no hubiese habido movimientos de capitales internacionales, quizá Tailandia no hubiera experimentado el proceso de crecimiento que llevó la prosperidad al país durante las décadas que precedieron al año 1997. Sugerir que se limite la libre circulación de capitales porque pueden salir corriendo del país y causar crisis financieras como las vividas en 1997-1998 viene a ser como intentar prohibir la aviación cuando se produce un accidente de avión: estrictamente hablando, es cierto que si la aviación hubiese estado prohibida, el accidente jamás hubiese llegado a producirse. Lo que no está claro es si el mundo saldría beneficiado de tal prohibición. Por un lado, sin aviación, la gente no viajaría tanto, tendría menos cultura y sería más pobre, y todo eso es más bien negativo. Por otro, los viajes se harían en barco. Y, si bien es cierto que los barcos jamás padecen accidentes de avión, ¡no se puede decir que no padezcan accidentes de barco! Y hablando de accidentes de barco, la ironía del destino es que 1997, año en que empezó la crisis asiática, fue también el año en que James Cameron ganó once Oscars con la película *Titanic*.

¿Cuál es la respuesta acertada ante un accidente de avión? Seguramente lo que hay que hacer es estudiar qué ha ocurrido para evitar que se repitan las circunstancias fatales en futuras ocasiones. Lo que no parece razonable es prohibir la aviación. Asimismo, ante una crisis financiera como la que padecimos entre 1997 y 1998, lo que se debe hacer es estudiar qué ocurrió para evitar que se repitan las mismas circunstancias fatales en futuras ocasiones. Lo que jamás se debe hacer es prohibir o limitar los movimientos de capitales.[2]

2. El peculiar primer ministro malaisio, Mahathir Mohamad (que es la persona que más manda en Malaisia, aunque el jefe supremo del país es un sultán que, según parece, se llama Tunku Sala Huddin Abdul Aziz Shah ibn Al-Marhum Sultan Hisammuddin Alam Shah —a pesar de la coincidencia del primer apellido, les aseguro a ustedes que ese sultán no tiene ningún vínculo familiar con quien escribe este libro—), acusó a los especuladores internacionales de las devaluaciones de su país. De hecho, en una famosa reunión del Fondo Monetario Internacional celebrada en Hong Kong en 1998, el primer ministro Mahathir casi llegó a pegarse con el financiero húngaro y el gurú de la especulación internacional, George Soros. Tras esa discusión, Mahathir impuso controles de capitales en su país. La salida de la crisis no fue más rápida para Malaisia que para los demás países que no impusieron restricciones a los movimientos de capitales, aunque la verdad es que tampoco fue más lenta. No parece, pues, que las restricciones de capitales tuvieran los efectos positivos deseados. Las posibles consecuencias negativas a largo plazo sobre la voluntad de los inversores internacionales de invertir en Malaisia por miedo a que se les vuelva a impedir la repatriación de su dinero todavía están por ver.

Aunque a muchos les faltó tiempo a la hora de señalar con el dedo los mercados y la libertad de movimientos de capitales como los culpables de la crisis financiera de Asia, ese episodio demuestra una vez más que cuando el gobierno intenta hacer aquello que no le corresponde, las cosas pueden terminar muy mal. La causa última de la crisis es el hecho de que los gobiernos de esos países garantizaban las inversiones de las empresas financieras, cosa que las empujó a hacer inversiones demasiado arriesgadas, y el hecho de que los gobiernos obligaron durante años a financiar los sectores «prioritarios» con intereses abusivamente pequeños. Sólo era cuestión de tiempo para que las cosas empezaran a ir mal y, al final, eso es lo que pasó.

A pesar de la virulencia de la crisis durante 1998, las cosas se fueron calmando (en parte gracias a las ayudas de las instituciones internacionales como el Fondo Monetario Internacional, que, durante 1998, también fueron acusadas de causar la crisis). A finales de 2000, cuando escribo estas líneas, Corea está volviendo a experimentar unos niveles de crecimiento económico casi tan grandes como los de antes de 1997, y Malaisia y Tailandia también están creciendo a ritmos considerables. Incluso Indonesia, el país que más padeció a lo largo de los años 1998 y 1999 (y el sufrimiento no fue sólo económico sino que también hubo inestabilidad política y violencia civil y militar, que llevó de la mano la destitución de Suharto y la guerra de Timor Oriental), parece haber tocado fondo. Hay quien dice incluso que la recuperación ha sido demasiado rápida, por lo que los gobiernos no han llevado a cabo las costosas reformas necesarias para sanear el sector financiero, reformas que estaban dispuestos a afrontar cuando parecía que estaban en medio de la crisis. Reformas que se han abandonado cuando han visto que la economía volvía a ir bien. Quizá acaben pagando un elevado precio por ello.

17

El corazón de África sangra

Cinco millones de personas mueren anualmente de malaria, tuberculosis o sida. Hay países africanos donde la fracción de la población infectada por el virus de la inmunodeficiencia adquirida supera el 30%. La catastrófica situación sanitaria que se vive en el continente negro está alcanzando proporciones bíblicas y ya es comparable a la peste bubónica que eliminó a una tercera parte de la población europea a mediados del siglo XIV. De hecho, 25 millones de europeos murieron de peste entre los años 1347 y 1352, y 25 millones es, exactamente, el número de africanos que son portadores del virus VIH a principios de 2001.

Las consecuencias de este drama van mucho más allá de las personas fallecidas directamente a causa de las enfermedades. La malaria mata principalmente a las mujeres y a los niños pequeños, mientras que el sida afecta a los jóvenes y deja a sus hijos huérfanos o infectados. Si los jóvenes de hoy se mueren y los de mañana no nacen o están enfermos, la fuerza de trabajo que ha de hacer subir el continente habrá desaparecido. Es más, los millones de niños huérfanos que caminan sin la dirección y sin los recursos que brindan los padres dejan de educarse y de prepararse como es debido. Los pocos trabajadores que queden dentro de veinte años estarán poco sanos, poco educados y, en definitiva, serán poco productivos. Todo ello generará más pobreza y miseria y... más problemas sanitarios. El círculo de la vida de Mufasa y Simba se convertirá en un círculo vicioso, en el que la devastación sanitaria causará pobreza económica y la pobreza económica causará devastación sanitaria.

Para lograr romper este círculo vicioso es importante que gobiernos, empresas, organizaciones no gubernamentales, iglesias e instituciones internacionales se den cuenta de que la tragedia es potencialmente devastadora y de que pocas veces en la historia de la humanidad ha sido tan importante su colaboración.

El papel más importante deben desempeñarlo los líderes políticos y los gobiernos africanos, que son quienes deben tomar la iniciativa. La economía no puede funcionar sin paz y libertad, sin estabilidad política, sin un gobierno que proteja los derechos de propiedad y con una burocracia y una corrupción que ahogan la iniciativa privada. Nada de eso puede lograrse sin los líderes africanos. En ese sentido, las cosas están mejor ahora que hace diez años. Durante la década de los noventa, una buena parte de las dictaduras militares cayeron derrotadas ante la fuerza de la democracia y la libertad. Es más, algunos de esos nuevos gobiernos democráticos introdujeron algunas de las reformas necesarias que deben conducir al gobierno a la realización de los quehaceres que le corresponden e impedir que hagan lo que no les corresponden. Aunque todo ello represente andar en la dirección correcta, todavía queda mucho por hacer. La democracia en muchos países africanos todavía no existe o es muy frágil. Las infraestructuras están muy poco desarrolladas: faltan carreteras, redes eléctricas y telefónicas, agua, puertos y aeropuertos. Las burocracias continúan siendo demasiado complicadas y corruptas y dificultan la creación de empresas. Los derechos todavía no están plenamente garantizados y domina la incertidumbre política. Los empleados del sector público están poco preparados y mal remunerados. Tal como hemos ido indicando a lo largo del libro, el papel del gobierno es fundamental a la hora de hacer que el libre mercado funcione y cree riqueza, progreso y bienestar, y África no es una excepción. Es necesario que los gobiernos africanos tomen la iniciativa y empiecen a funcionar.

Aquí también parece que hay buenas noticias. Los presidentes Abdelaziz Buteflika de Argelia, Thabo Mbeki de Sudáfrica y Olusegun Obasanjo de Nigeria han preparado un plan de reconstrucción africana, el llamado «plan del milenio» que estudiará las medidas que se deben implantar en el continente para poder salir del agujero. Por su parte, en la reunión de líderes del África francófona celebrada en Yaundé a mediados de enero de 2000, el presidente del Senegal Abdoulaye Wade presentó el Proyecto Omega, que intenta fomentar el crecimiento económico del continente sin tener que depender de la condonación de la deuda y de las limosnas de los países ricos. El proyecto de Wade acabó juntándose con el Plan del Milenio de Buteflika, Mbeki y Obasanjo para formar un plan unificado de todo el continente llamado NEPAD (del inglés New Partnership for African Development o Nueva Asociación para el Desarrollo Africano). Estas iniciativas son importantes y, sobre todo, son muy esperanzadoras porque provienen de los propios líderes africanos. Todos los procesos de desarrollo anteriores han fracasado porque, entre otras razones, han sido impuestos desde fuera: primero fueron impuestos por los gobiernos coloniales, después por los líderes de los dos bloques de la guerra fría y, finalmente, por los planes de ajuste del Fondo Monetario Internacional y del Banco Mundial. Todos sabemos que la primera condición para poder dejar de fumar es querer dejar de fumar. Del mismo modo, si los propios líderes africanos no tienen la voluntad de introducir reformas, las reformas no van a introducirse. Y si se introducen, no van a funcionar. Los nuevos planes de reconstrucción intentan buscar los mínimos indispensables y aceptables para los líderes y los ciudadanos de África con el objetivo de crear las instituciones públicas necesarias que fomenten la creación de infraestructuras, educación y salud, sobre las que se debe fundamentar el buen funcionamiento de la economía de mercado (y que quede claro que la estructura sobre la que edificarán la reconstrucción es ¡la economía de mercado!). La importancia de estos proyectos, insisto, radica en el hecho de que se llevan a cabo desde dentro: un plan africano, desde África, para los africanos. Se trata de un cambio de actitud muy significativo que puede acabar con el afro-pesimismo que tanto daño está haciendo en todo el continente.

Pero con el cambio de actitud de las autoridades africanas no basta. Los gobiernos de los países ricos deben darse cuenta de que la extrema situación del continente negro requiere la ayuda internacional. Por mucho que algunos presidentes africanos, y muy especialmente el presidente Wade del Senegal, crean que podrán hallar soluciones sin créditos y sin ayudas internacionales, eso será imposible. La colaboración internacional será imprescindible. La ayuda debe darse de dos formas. Por un lado, los países ricos tienen que *invertir* dinero en el continente. Pero hay que invertirlo de un modo inteligente. Todos sabemos que cuando se *regala* dinero sin condiciones, a menudo termina en el bolsillo de algún funcionario espabilado o se emplea en la compra de armamento con el objetivo de reactivar alguna antigua batalla tribal. Para evitar el derroche, yo sería partidario de que el dinero de los países ricos se centrara en las ayudas sanitarias. La sanidad es un problema humanitario similar a catástrofes como terremotos o inundaciones. Los gobiernos de países ricos deberían encargarse de la investigación y

del desarrollo de medicinas y vacunas. Eso no significa que los gobiernos deban ponerse a investigar en laboratorios públicos. Más
bien al contrario. Lo que se debe hacer es incentivar a las empresas
farmacéuticas para que hagan las inversiones necesarias para desarrollar tratamientos de las enfermedades que afectan principalmente a los países pobres. Lógicamente, para conseguirlo se deben
garantizar a la empresa que descubra las vacunas unos beneficios
sustanciosos porque, de lo contrario, la vacuna jamás llegará a des-
cubrirse. El problema es que para que la empresa farmacéutica
pueda recuperar la inversión, deberá poner un precio tan elevado
que los enfermos africanos no van a poder pagarlo. Y aquí es donde
deben intervenir los gobiernos de los países ricos, que han de prometer la compra de un determinado número de vacunas o de tratamientos a precio de mercado. Las vacunas compradas por los países ricos se donarán a los enfermos de los países pobres. De esta
manera, se incentiva a la empresa farmacéutica a que investigue las
enfermedades que afectan a los países subdesarrollados, se evita
que el dinero caiga en manos de funcionarios corruptos y se utilice
con finalidades militares o poco productivas.

Una solución similar se podría utilizar para incentivar la investigación de cereales transgénicos capaces de sobrevivir en las tierras complicadas del trópico africano. Algunos detalles de esta propuesta se exponen en el artículo «La tragedia de África: Viagra o
malaria» que se incluye en la segunda parte del libro.

El segundo tipo de ayudas que deben conceder los países ricos
consiste en reducir las barreras proteccionistas y las subvenciones
que tanto Estados Unidos como Europa dan a sus productos agrícolas. Los contribuyentes pagamos más de 340.000 millones de euros anuales para subvencionar a los campesinos europeos y americanos. La única razón que explica esta esperpéntica cantidad de
dinero es el poderoso *lobby* de los campesinos europeos que se dedica a quemar camiones y a colapsar las carreteras cada vez que el
gobierno no cede a sus chantajes. Además de representar unos costes obscenos para los contribuyentes europeos y americanos, este
proteccionismo tiene efectos devastadores en el Tercer Mundo: los
productos agrícolas africanos no sólo no pueden entrar en los ricos
mercados europeos, sino que incluso tienen problemas para ser
vendidos en su propio país, donde resulta más barato comprar leche europea que leche local. Esta competencia desleal es una vergüenza que debe desaparecer. Si deseamos que los países africanos progresen y alcancen el nivel de bienestar que tenemos los

europeos, les debemos dejar producir y vender en una situación de igualdad de oportunidades. Los africanos no deben ni quieren depender a perpetuidad de las limosnas que les damos los países ricos, sino que tienen el derecho a trabajar y a vender su producción en los mercados mundiales. Ello les reportará los ingresos necesarios para educar a su población, adoptar nuevas tecnologías y empezar a producir artículos industriales más avanzados. Poco a poco, irán aumentando la escala de la calidad, producirán productos textiles y juguetes, pasarán a fabricar radios y televisores, para terminar haciendo coches y ordenadores, hasta conseguir dejar de depender de nuestra benevolencia. Todo ello es posible, pero el proceso no puede empezar mientras el proteccionismo excesivo de la Unión Europea y de Estados Unidos les siga impidiendo vender productos agrícolas básicos. Lógicamente, la eliminación de las barreras comerciales europeas tendrá la oposición frontal y violenta del *lobby* de agricultores europeos, liderados por los irascibles franceses y su inefable icono, el pastor convicto José Bové. Y aquí es donde los líderes de los países ricos han de demostrar su capacidad de liderar, no cediendo a los grupos de presión violentos y comenzando a hacer lo que es correcto, no sólo para los ciudadanos europeos, sino para los ciudadanos más pobres de nuestro planeta. El artículo «La esperanza de África», que aparece en la segunda parte del libro, trata este tema con un poco más de detalle.

El tercer actor importante es el conjunto de empresas de los países ricos, que deben contribuir de cinco formas básicas. La primera es proporcionando recursos monetarios y humanos. Algunos empresarios filantrópicos como Bill Gates o Ted Turner ya han donado centenares de millones de dólares para ayudar a los países pobres. Otros empresarios ricos tendrían que seguir ese ejemplo y dirigir sus actividades altruistas hacia África. En Estados Unidos, sólo el 2% del dinero dedicado a la filantropía beneficia a los países pobres (la mayor parte son donaciones a universidades y fundaciones que favorecen a los ciudadanos americanos más desamparados; sea como fuere, ese dinero nunca sale de Estados Unidos). La segunda forma que tienen las empresas de colaborar es invirtiendo directamente en la salud de los africanos. Para las multinacionales que operan en África, la salud no sólo es una cuestión de benevolencia sino de interés propio. Por ejemplo, Botswana es un país donde se estima que entre el 30 y el 50% de la población adulta está infectada con el virus del sida. Los grupos más afectados por este síndrome son los jóvenes de *clase media* que viven en las ciudades y que en su mayoría forman parte de los cuadros directivos intermedios empresariales. Ello obliga a las empresas que trabajan en Botswana a educar y a formar a dos directivos por cada plaza de trabajo disponible, puesto que la probabilidad de que uno de los dos se muera es muy elevada. Otro problema es el absentismo laboral: muchos trabajadores no van a trabajar porque están enfermos o porque deben asistir a funerales más de dos veces por semana. El problema ha llegado a unos extremos tales que muchas empresas se han visto obligadas a no dar permisos para asistir a funerales que no sean los de los familiares directos. Naturalmente, todo esto cuesta mucho dinero a las empresas, dinero que se podrían ahorrar si invirtieran en programas de prevención y asistencia sanitaria. En 1914, el fabricante de coches norteamericano Henry Ford dobló el salario a sus trabajadores. En ese momento, todo el mundo lo tomó por loco y pensó que esa medida iba a llevarlo a la ruina económica. Pero Henry Ford no sólo era un gran empresario, sino que además era un gran entendedor de la naturaleza humana y creía que el aumento de salarios conllevaría un mayor y mejor rendimiento de los trabajadores al sentirse éstos más felices de trabajar para un empresario que les trataba bien. Y, efectivamente, la productividad y los beneficios de la empresa Ford aumentaron significativamente. Este famoso episodio de la historia empresarial norteamericana puede servir de ejemplo a las multinacionales que operan en África: gastar un poco más para mantener la salud de los trabajadores conllevará mejoras de productividad y beneficios superiores.

La tercera forma que tienen las empresas de ayudar es colaborando en la distribución de medicamentos. Aunque se descubran vacunas y medicinas, el problema sanitario no se solucionará si éstas no llegan a la población que las necesita. Como suele suceder en sociedades corruptas, no es insólito descubrir que los líderes locales se apropian y revenden las medicinas o los alimentos que las instituciones caritativas de todo el mundo se han encargado de hacer llegar. De hecho, esta capacidad que tienen algunos seres humanos de aprovecharse de las desgracias ajenas es la razón por la que la mayor parte del dinero, de los alimentos y de las medicinas que se recolectan en nuestro país para ayudar a las víctimas de los huracanes o terremotos de América Latina nunca llega a manos de las víctimas del desastre. Una forma de evitar que los recursos lleguen a manos de los jefes locales corruptos es que las empresas multinacionales comprometidas utilicen a sus trabajadores y sus redes comerciales para distribuirlas. Las empresas también pueden informar sobre las conductas sexuales menos peligrosas. Por ejemplo, pueden distribuir preservativos entre sus empleados poniendo máquinas expendedoras en los lavabos de la propia empresa.

La cuarta vía a través de la cual las empresas pueden colaborar es facilitando el acceso a la educación de los más pobres. Por ejemplo, las empresas informáticas de los países ricos pueden desarrollar programas más fáciles y accesibles a las personas con un nivel de formación más bajo. Una vez más, esto no deben hacerlo sólo por cuestiones humanitarias: es importante que recuerden que quien consigue *acostumbrar* a todo un continente a utilizar un determinado programa terminará teniendo millones de clientes para toda la vida.

Finalmente, la mejor manera que tienen las empresas de colaborar con los países subdesarrollados es simplemente haciendo negocio con ellos, invirtiendo, comprando y vendiendo en esos países. Al fin y al cabo, el objetivo final es conseguir que los más desamparados del mundo dejen de depender de nuestro altruismo benevolente y tengan las mismas oportunidades de ganarse la vida a través del trabajo honesto en una economía de mercado que tenemos nosotros. Y eso sólo se conseguirá cuando las empresas vean que, operando en esos países, pueden ganar tanto dinero como operando en zonas del Primer Mundo.

Otro actor crucial del mundo económico actual son las Organizaciones No Gubernamentales (ONG), que utilizan su extraordinaria energía y su ejército de voluntarios y trabajadores para distribuir medicinas, evitando así que los líderes corruptos se aprovechen de la miseria de sus conciudadanos. Organizaciones como Médicos Sin Fronteras están llevando a cabo una labor ejemplar que no debemos cansarnos de aplaudir. Pero las ONG también pueden ayudar de otra forma muy importante: ejerciendo la presión política necesaria para que los países ricos rebajen las barreras proteccionistas que eviten que la globalización y el progreso lleguen al Tercer Mundo. Tal como he dicho antes, uno de los problemas fundamentales de los países africanos es que no pueden vender lo que producen porque los productos europeos están fuertemente subvencionados. Iniciativas como el Jubileo 2000, que ha llevado a cabo una gran labor de concienciación de los ciudadanos en relación con el tema de la condonación de la deuda, deberían cambiar de rumbo y empezar a concienciar a la gente sobre el perjuicio que los subsidios y el proteccionismo agrícola europeo y norteamericano causan a los países pobres.[1]

De hecho, poner tanto énfasis en la condonación de la deuda es, a mi juicio, un error. Y lo es porque la deuda del Tercer Mundo no es la causa sino un síntoma de sus problemas. La causa de la pobreza es que la economía no funciona. Y si la economía no funciona, los créditos que se pidieron en el pasado no pueden devolverse. Los créditos impagados no son la causa de la miseria sino un síntoma de que existe un problema de fondo. Condonar la deuda sin arreglar ese problema de fondo no hará más que perpetuar la situación: si no hacemos que los países africanos creen unas economías estables que generen crecimiento y riqueza y nos limitamos a condonarles las obligaciones financieras, dentro de cinco años volverán a tener créditos impagables que se tendrán que volver a condonar. Por lo tanto, la simple condonación de la deuda sin más no llevará a ninguna parte.[2] Sería conveniente que las ONG y los movimientos sociales que tanto se han esforzado en conseguir el perdón de la deuda se conviertan en movimientos que buscan la reducción del proteccionismo agrícola europeo y norteamericano. Para África, los beneficios de todo ello serán mucho más importantes.

1. En este sentido, la prensa también puede desempeñar un papel importante. Es incomprensible que los periódicos dediquen varias páginas cada día al problema de las vacas locas cuando, en todo el mundo, tan sólo han muerto unas doscientas personas por dicha enfermedad. Mientras tanto, unas 14.000 personas mueren cada día de sida, tuberculosis y malaria... sin que la prensa hable para nada de ello.

2. De hecho, existen ejemplos que demuestran que la condonación de la deuda a veces sólo sirve para que los políticos consigan sus absurdos objetivos. A la semana exacta de negociar su condonación, el presidente de Uganda se compró un bonito avión presidencial. Es posible que el avión fuera absolutamente necesario para que el presidente pudiera ir a las reuniones internacionales a las que todo líder político debe asistir. Pero también es cierto que la deuda se condonó con el objetivo de liberar recursos económicos que permitieran al país luchar contra sus graves problemas sanitarios. Otro ejemplo: cuando estaba pidiendo la condonación de su deuda argumentando que el pago de los intereses no le dejaba recursos suficientes para afrontar los problemas de salud y educación, el presidente Obasanjo de Nigeria decretó la construcción de un nuevo estadio de fútbol en Abuja para albergar la final de la Copa de África de fútbol. Es posible que dicha final sea crucial para el pueblo de Nigeria. Pero se podía haber utilizado el estadio de Lagos, que tiene una capacidad más que suficiente y esperar a que el país salga del agujero antes de empezar la construcción del estadio de Abuja. Es cierto que el coste total de un estadio es pequeño comparado con las magnitudes macroeconómicas de Nigeria. Pero hay que reconocer que la decisión de construir el estadio no pasará a la historia como una de las mejores ideas del año.

El quinto actor importante son las iglesias, que también disponen de una gran red humana que está llevando a cabo una labor educativa y sanitaria extraordinaria en todo el continente. Esta potente red también debe seguir siendo empleada para distribuir las vacunas, las medicinas y las curas, para evitar así que caigan en manos de los corruptos jeques locales. Las iglesias también deben colaborar en la promoción de los valores que conducen a la paz y no a la guerra (¡demasiadas guerras se han librado y se están librando en nuestro planeta en nombre de la religión!) y de las conductas que limitan la transmisión de enfermedades como el sida. Ello puede significar que algunas deberán adoptar actitudes pragmáticas como la de promocionar el uso de los preservativos... por mucho que las autoridades religiosas se opongan a la promiscuidad sexual. Hay que entender que la gente mantendrá relaciones sexuales, lo quieran o no los líderes espirituales. Y puesto que lo van a hacer de todos modos, mejor enseñarles a hacerlo sin peligro.

Finalmente, las instituciones internacionales como el Fondo Monetario Internacional y el Banco Mundial también deben desempeñar un papel importante. Deben seguir aportando dinero, ideas y capital humano. Pero han de cambiar su actitud para con los países pobres. Tienen que entender que las soluciones deben venir de abajo y que no deben ser impuestas desde arriba y que, cuando los países africanos lleguen a proponer una solución, habrá que darles apoyo, aunque ésta no coincida con la que las instituciones internacionales hubieran preferido. También deben entender que lo que funcionó en un país asiático o europeo no tiene por qué funcionar en todas partes y que, quienes están mejor preparados para crear las instituciones que harán que los mercados funcionen y que conseguirán llevar el progreso a África, son los propios africanos. Finalmente, las instituciones internacionales deben entender que, a menudo, los programas de ajuste que no tienen en cuenta los perjuicios que se causan a los más desamparados pueden acabar generando una sensación de injusticia, un malestar social y una violencia colectiva que acabe con la viabilidad de todo el proyecto.

La humanidad se enfrenta a una de las tragedias más dramáticas que se han visto desde el siglo XIV. En la Europa medieval, se creía que la peste se curaba con dolorosas procesiones en las que unos cuantos iluminados se flagelaban la espalda para limpiarse de los pecados que, supuestamente, causaban la enfermedad. En realidad, las heridas causadas por las fustigaciones contribuían a propagar la epidemia por todo el continente, pero la ignorancia de la época no permitía adoptar soluciones más acertadas. Afortunadamente, los conocimientos que tenemos ahora que empieza el siglo XXI no son tan rudimentarios. Sabemos que hay soluciones y sabemos cuáles son, pero también sabemos que es necesario que todo el mundo las desee, desde los gobiernos hasta las empresas, pasando por las ONG, las iglesias y las instituciones internacionales. No se trata de un problema de ignorancia. Se trata de un problema de voluntad política y social. Únicamente moviéndonos al unísono, el corazón de África dejará de sangrar.

Crónicas de economía liberal

La segunda parte del libro recoge un conjunto de artículos de prensa que he escrito durante los últimos años. Muchos de los textos están relacionados con los temas discutidos en la primera parte: el papel de los mercados, el papel del gobierno, la tecnología, la globalización o el desarrollo de los países pobres. Otros tratan problemáticas completamente distintas como son el paro, la inflación, por qué sube y baja la bolsa o la crisis argentina. En vez de presentarlos cronológicamente, he decidido reunirlos en grupos que tratan más o menos la misma temática.

Debajo de cada uno de los artículos figura el día de su publicación original con un doble objetivo. El primero es que deseo que el público pueda hacerse una idea de cuáles eran las noticias que se daban en esos momentos. Desde la perspectiva del año 2002, algunas de las cosas que se decían en 1998 quizá ahora no tengan sentido. Ello es especialmente cierto para los temas de mayor actualidad y no tanto para los principios generales. Por ejemplo, cuando estaba escribiendo sobre el juicio a Microsoft, todavía no sabía que Bill Gates iba a ser condenado y que, posteriormente, su condena iba a ser revocada por el Tribunal Supremo. Al escribir sobre la creación del euro, no sabía que éste iba a sufrir un bajón importante durante su primer año de existencia. Al escribir sobre la incapacidad de los economistas para predecir el comportamiento de la bolsa, no sabía que ésta caería en picado. El segundo objetivo de poner la fecha de publicación es que siempre hay que tener en cuenta que no únicamente cambia el mundo, sino también las personas. La experiencia y la perspectiva histórica que tan sólo nos proporciona el paso del tiempo hace que las personas cambien su modo de pensar. Evidentemente, yo no soy una excepción a esa regla y lo que opinaba hace unos años no tiene por qué ser necesariamente lo que pienso ahora.

Lógicamente, muchas de las afirmaciones que hago en un artículo de prensa no se entienden si no se piensan en un contexto general como el que he explicado en la primera parte. Espero, pues, que la lectura de la primera parte del libro haga más comprensibles y más amenos los artículos que siguen a continuación.

1

Los augures y la bolsa

En el prefacio de este libro he intentado explicar que el público en general desconoce cuál es el trabajo de los economistas. De hecho, he explicado que la gente tiene una visión equivocada de lo que hacemos ya que cree que nuestra misión es predecir el futuro, como si fuéramos los hombres del tiempo económico. En realidad, ni ése es nuestro trabajo, ni estamos equipados para hacer profecías. Los dos primeros artículos de este capítulo hablan precisamente de nuestra incapacidad de predicción. El primer artículo, llamado «Ocho predicciones para el siglo XX», lo escribí para una revista que publica solamente un número cada siglo. En él se recogen algunas de las cosas que los «sabios» del siglo XIX dijeron que pasarían durante el siglo XX. El segundo artículo compara nuestra capacidad de profetizar con la de los augures imperiales del César.

Durante la década de los noventa, la mayoría de las bolsas del mundo subieron a ritmos descomunales y proporcionaron ganancias históricas para los que habían invertido en ellas. Hay quien dice que el *boom* bursátil era fruto de la irracionalidad de los inversores, cegados por el poder de unas nuevas tecnologías que maravillaban a los usuarios y que permitían soñar en toda una gama de nuevos negocios ligados a Internet y al mundo de la informática. Los dos artículos que van a continuación están relacionados con la bolsa. De hecho, los dos escritos vienen a ser una nueva confesión de ignorancia: a pesar de que a menudo se nos exige a los economistas que expliquemos el comportamiento diario de la bolsa, la verdad es que tenemos muy poca idea de lo que pasa en los mercados de valores debido a... nuestra incapacidad de vaticinar el futuro.

OCHO PREDICCIONES PARA EL SIGLO XX

Cuando los editores de *La Bugadera* me pidieron que hiciera un artículo de economía para esta revista, de la que solamente se publica un número cada siglo, enseguida pensé en hablar de las grandes líneas que dibujaría la economía durante el siglo XXI. Es decir, decidí que haría predicciones sobre lo que pasará en el mundo económico entre hoy y el momento en que aparezca el próximo número en el año 2101. Pensé que, de esa manera, yo también podría demostrar que puedo ser como los visionarios que aprovechan los finales de siglo para demostrar una capacidad de entender el porvenir que el resto de los mortales no tienen. La ventaja de hacerlo en una revista que se publica cada cien años es que, si mis predicciones no se cumplieran, las cartas de los lectores criticando mi necedad no saldrían hasta el 2101... ¡y para entonces yo ya no estaré!

Claro que mis nietos sí que estarán. Y la verdad es que no me gustaría que se sintieran avergonzados por culpa de la incompetencia profética de su abuelo. Al fin y al cabo, la gente de la calle piensa que el trabajo de los economistas consiste en hacer profecías y los amigos de mis nietos sabrán que su abuelo era un economista. Y si resulta que no acierto ni una, mis descendientes serán objeto de una mofa absolutamente insufrible. Mis nietos me odiarán y mi memoria quedará deshonrada por los siglos de los siglos.

El problema es que, si les tengo que ser sincero, yo sé perfectamente que no tengo la más mínima capacidad de adivinar el futuro. Por lo tanto, cuando los editores de la revista me contactaron y yo contemplé la posibilidad de hacer profecías, sabía que mi memoria acabaría maldecida. Y como eso no lo podía tolerar, decidí que, en lugar de colocarme a principios del siglo XXI y hacer predicciones sobre los próximos cien años, me situaría en 1900 y haría predicciones sobre el siglo XX. ¡De esta manera me aseguraba que las predicciones se acabarían cumpliendo!

Pues bien, situémonos a finales del siglo XIX y empecemos. Lo primero que parece claro es que la innovación tecnológica no puede continuar al ritmo de los últimos 140 años. El número de ideas que existe en el universo es limitado y parece que ya estamos alcanzando ese límite. En efecto, el Comisionado de la Oficina de Patentes de Estados Unidos dijo el año pasado (1899) que «todo lo que se podía inventar ya está inventado». La autoridad con la que se expresa este señor me ha convencido y por esto mi primer pronóstico es que durante el siglo XX no habrá ni innovación ni progreso tecnológico.

Es más, tengo la impresión de que se acabará demostrando que algunos de los inventos hechos durante los últimos tiempos son completamente inútiles. Por ejemplo, parece que un grupo de sabios se han inventado un aparato al que llaman «radio» y que permite recibir mensajes. Me temo que todo eso no irá a ninguna parte porque el invento ya ha sido rechazado por el poderoso financiero David Sarnoff, que ha dicho recientemente: «Esta caja musical sin cables no puede tener ningún valor comercial imaginable. Al fin y al cabo, ¿quién querrá pagar para enviar mensajes que no van dirigidos a nadie en particular?». ¡Supongo que nadie! Y por eso hay que esperar que no habrá ninguna empresa que se dedique a hacer radio. Mi segunda predicción, pues, es que eso de la radio no llegará nunca al consumidor y no tendrá ningún tipo de impacto durante el próximo siglo. Los medios de comunicación durante el siglo XX seguirán dominados por la prensa escrita.

El problema es que parece que los mensajes enviados específicamente a personas determinadas tampoco van a tener demasiado valor comercial. No hace mucho que el presidente de la poderosa Western Union ha rechazado una propuesta de producir un objeto al que llaman «teléfono», que es una especie de aparato que, a diferencia de la radio, permite la comunicación a dos bandas. Al rechazar esa idea, en 1876, dijo que «el teléfono tiene demasiados problemas y nunca llegará a ser un medio de comunicación útil. Este producto no tiene ningún valor y nunca lo tendrá». Conclusión: las comunicaciones que predominarán durante el siglo XX seguirán siendo el telégrafo y, quizá, las palomas mensajeras. Algunos iluminados intentarán vendernos aparatos de comunicación simultánea como eso del teléfono —¡y quién sabe si algún día, los vendedores de humo nos querrán vender teléfonos sin cable!— pero fracasarán miserablemente. Ésta es mi tercera predicción.

En el campo del transporte, hay muchas empresas que intentan construir aparatos a los que llaman «aviones» que, en teoría, deben permitir al hombre volar como los pájaros. Pero el presidente de la Royal Society británica, lord Kelvin, afirmó categóricamente hace cinco años (en 1895) que «es imposible construir máquinas de volar que pesen más que el aire». Es más, el mariscal francés Ferdinand Foch de la École Supérieure de la Guerre ha dicho recientemente que, aunque fueran posibles, «los aviones no tendrían ningún tipo de aplicación militar». Y claro, la Royal Society inglesa y la

École Supérieure de la Guerre francesa no se pueden equivocar. Lo cual nos lleva a mi cuarta profecía: durante el siglo xx el transporte aéreo se limitará a los globos aerostáticos, las guerras no utilizarán nunca la aviación y el transporte transoceánico seguirá haciéndose con barcos.

En cuanto al transporte terrestre, parece que empieza a existir la posibilidad de construir carruajes sin caballos propulsados con motores de combustión a los que llaman «automóviles». Claramente, este invento no tiene demasiado valor económico porque esos carruajes son caros, pesados y de mal maniobrar. Estoy de acuerdo con el parlamentario británico mister Scott Montague quien, después de presidir la comisión parlamentaria que estudiaba el caso, ha llegado a la conclusión de que «la introducción de esos imprácticos carruajes con motor no afectará a la utilización de los coches de caballos». De hecho, el ejército real británico se ha expresado en el mismo sentido por boca del general Saw, quien ha dicho: «Estoy totalmente convencido de que la caballería seguirá teniendo el mismo papel, importante papel, dentro del ejército que ha tenido durante siglos». Ante estas expertas afirmaciones, mi quinta predicción es que los coches civiles y militares no son más que un invento teórico que nunca se acabará de concretar en el terreno práctico y que su impacto económico a lo largo del siglo xx será insignificante. El caballo seguirá siendo el medio de transporte más utilizado.

En el campo de la demografía, las cosas no pintan nada bien. Después de un siglo de progreso médico acelerado, la población mundial ha aumentado bastante. Eso contradice los estudios de aquel gran profeta llamado Thomas Malthus quien, hace exactamente cien años (1798), dijo que el número de habitantes del planeta no podía crecer porque no habría comida para todos. La pregunta es si el siglo xx será testigo de otra explosión demográfica. La respuesta es que no. La razón principal es que la ciencia médica está encallada y no podrá hacer nada para evitar que vuelvan las grandes plagas medievales. Es cierto que hay un grupo de científicos extravagantes e insensatos liderados por un tal Louis Pasteur que dicen que las enfermedades están causadas por unos bichos muy pequeños. Incluso están intentando encontrar maneras de curar nuestras afecciones matando a esos supuestos «microbios». Pero yo no me lo creo. No es que yo sea un médico ni mucho menos, pero el prestigioso catedrático de fisiología de la Universidad de Toulouse, el doctor Pierre Pachet, acaba de confirmar que «la teoría de los gérmenes de Louis Pasteur no es más que una ridícula ficción».

La cosa se agrava si se tiene en cuenta que tampoco parece que habrá muchos avances en el campo de la cirugía. El Cirujano Extraordinario del Imperio británico, una auténtica autoridad nombrada directamente por la reina Victoria, un sabio entre los más sabios, acaba de llegar a la conclusión de que es posible hacer operaciones quirúrgicas en las extremidades y en la parte baja del cuerpo, pero «el abdomen, el pecho y el cerebro quedarán para siempre a salvo de las intrusiones de la mano del cirujano». Y si ni la medicina ni la cirugía progresan, la población mundial y la esperanza de vida del hombre disminuirán durante el siglo XX. Ésa es mi sexta profecía.

¿Y la macroeconomía? ¡Eso es lo más fácil! Ante la inevitable caída del Imperio británico, durante el siglo XX surgirán nuevas potencias mundiales. Muchos dicen que una de ellas será Estados Unidos, pero están equivocados. Y lo están por dos razones. Primera, porque ése es un país al que emigran los europeos menos sofisticados, menos educados, más violentos y menos civilizados. Con ese tipo de gente, la economía no puede funcionar. Yo apuesto por América Latina en general y por Argentina en particular. Después de la dictadura de Juan Manuel de Rosas y la aparición en la escena política y social de gente como Juan Bautista Alberdi y Domingo Sarmiento, yo coincido con Sebastián Galtieri cuando dice que «es inconcebible que en Argentina vuelva a haber una dictadura; dentro de cien años Argentina superará económicamente a todos los países europeos». Mi séptima predicción es que, durante el siglo XX, no sólo Argentina sino todo el continente sudamericano se convertirá en un bastión de la paz, la democracia y la libertad y en el centro del poder económico mundial.

La segunda razón que me lleva a desconfiar de los que dicen que Estados Unidos se convertirá en una potencia económica durante el siglo XX es que el sistema económico norteamericano está basado en eso que llaman «capitalismo de libre mercado». Los últimos estudios llevados a cabo por el científico social de más solvencia y prestigio del mundo, un tal Karl Marx, revelan que «los beneficios empresariales muestran una acentuada tendencia a la baja. Dado que los beneficios son el motor del capitalismo, la economía de mercado lleva las semillas de su autodestrucción. Ese sistema económico no puede durar». Es cierto que estas afirmaciones están basadas en la teoría y no en el análisis empírico de la tasa de beneficio. Pero el estudio de Marx es tan esmerado, tan largo y tan detallado que es difícil no estar de acuerdo con él. Es más, parece que ese señor tiene cada día más seguidores incondicionales entre la intelectualidad. ¡Mirad si son creyentes que incluso se hacen llamar marxistas! Y claro, tantos intelectuales tan convencidos no pueden estar equivocados. Mi octava y última profecía es, pues, que durante el siglo XX las empresas capitalistas serán cada vez más pobres y tendrán cada vez menos beneficios y que, a finales de siglo, la economía de mercado caerá por su propio peso, como si de un muro se tratara.

Sí, ya sé que es muy fácil hacer predicciones con un siglo de retraso. Y ya sé que muchos intentarán quitarme méritos cuando vean que lo acierto casi todo. Pero, de cara al honor familiar y a la herencia intelectual, es mejor adivinar el pasado que hacer el ridículo intentando hacer de visionario para adivinar el futuro.

Revista *La Bugadera*, número 2, siglo XXI.

LOS AUGURES DEL CÉSAR

Cayo Julio César, al que algunos consideran el mejor estratega militar de todos los tiempos, tenía un arma secreta. Utilizaba un equipo de augures y magos con presunta capacidad de adivinar el porvenir. Cuando éstos pronosticaban derrota, él evitaba la batalla, entre otras cosas porque sus centuriones se negaban a luchar. Cuando presagiaban victoria, las legiones combatían con redoblada confianza y el triunfo raramente se escapaba. A base de entrar en combate solamente cuando los auspicios eran buenos, Julio César conquistó más de 800 ciudades, sometió a unas 300 naciones y derrotó a más de 3.000.000 de enemigos. ¡Y todo eso con sólo 50.000 legionarios y en sólo 12 años! Esa proeza sólo se podía conseguir con magia.

¿Magia? Bueno. No. En realidad, el secreto no consistía en usar magos premonitores. Eso lo hacía todo el mundo. El secreto consistía en haberse percatado de que éstos no tenían la más mínima capacidad de predicción y en utilizar esa información en beneficio propio: dado que era muy difícil convencer a los centuriones de la impericia de los augures, ¡el César prefería sobornar a éstos para que profetizaran aplastantes victorias! Así de simple.

El secreto del César es relevante en el año 2001 (d. C.) porque los periódicos, los políticos y la gente normal son como los antiguos legionarios romanos y creen en la existencia de personajes capaces de adivinar el porvenir económico. No se trata de augures que interpretan los designios de los dioses a base de dibujar *ternpli* en el cielo con sus bastones encorvados ni de arúspices que examinan las entrañas de los pollos sagrados. Se trata de individuos de apariencia normal (la mayoría vestidos con traje oscuro y corbata de rayas) que se hacen llamar «economistas». Y es esa confianza en su capacidad de predecir el rumbo de la economía la que explica que, cuando se publican los informes del FMI, de la OCDE o de la Unión Europea previendo una recesión corta, los periódicos se apresuren a sacar la noticia en primera página como si ya fuera verdad.

El problema es que los economistas somos tan incapaces de adivinar el futuro como lo eran los augures de la antigüedad. Es cierto que utilizamos sofisticados «modelos estadísticos» en lugar de bastones encorvados o entrañas de animales, y eso parece darnos un poco más de credibilidad a la hora de visualizar el futuro. Pero, seamos realistas, nuestros instrumentos no son mágicos. De hecho, se asemejan al señor que conduce un coche con el parabrisas pintado de negro y que intenta predecir el trazado de la carretera que tiene delante a base de mirar por el retrovisor: mientras la carretera es recta todo va bien, pero a la primera curva el coche se va directo a la cuneta. Exactamente lo mismo pasa con las predicciones económicas: cuando hay cambios drásticos en el entorno, sirven de muy poco.

Y mucho me temo que, después de los atentados del 11 de setiembre, la economía mundial ha sufrido un cambio drástico y ha entrado en una pronunciada curva hacia no se sabe dónde. Me explico. Un ingrediente importante para que la recesión sea corta es que los consumidores y los empresarios recobren la «confianza» y vuelvan a comprar e invertir como antes. La evolución de esa «confianza» va a depender de si la guerra contra el terrorismo se expande a Irak o Siria, de si el precio del petróleo baja a 10 o sube a 40 dólares por barril, de si la bolsa sigue hundiéndose un año más, de si los bancos —con montañas de deuda impagable fruto de sus malas inversiones en el sector «puntocom»— se recuperan y vuelven a prestar a las pequeñas empresas, de si hay un nuevo ataque terrorista con armas nucleares, de si el dólar se debilita o de si se consigue la paz en Oriente Medio. Y como no hay nadie que pueda vaticinar ninguno de estos importantes factores, no hay nadie en el mundo que sea capaz de hacer pronósticos sensatos sobre el futuro de la economía.

La pregunta es: si son tan inútiles ¿por qué se siguen utilizando modelos econométricos para hacer predicciones? Yo creo que hay dos explicaciones. La primera es que las instituciones internacionales saben que sus predicciones pueden afectar al comportamiento de la economía. Es decir, saben que si anuncian una recesión corta, es posible que consumidores y empresarios se animen, vuelvan a comprar e invertir y acaben haciendo que, en efecto, la crisis sea efímera. ¿Solución?: persuadir a unos cuantos economistas para que vaticinen una recesión breve. Así de simple. De hecho, ¡tan simple como el secreto del César!

La segunda explicación es que muchas decisiones deben ser tomadas en base a algún tipo de predicción sobre el porvenir de la economía. Por ejemplo, los presupuestos que el gobierno aprueba este año requieren una previsión de ingresos y gastos para el año próximo y éstos dependen de la situación económica futura. Y como, de momento, nadie se ha inventado una mejor manera de hacer predicciones económicas que los modelos estadísticos de los econometras, es lógico que éstos sean los más utilizados, entre otras razones porque ¡a veces incluso aciertan!

Por cierto, los adivinos de la antigüedad también acertaban ocasionalmente. Sin ir más lejos, Julio César murió asesinado el día 15 de marzo del año 44 (a. C.), cuando decidió acudir al senado sin su escolta, desoyendo así el consejo de los magos que ese día habían tenido una fatal premonición. A pesar de conocer su limitada capacidad de vaticinio, quizá el César debería haber escuchado a sus propios augures.

La Vanguardia, 6 de diciembre de 2001

¿DÓNDE VA LA BOLSA?

¿Dónde va Vicente? Donde va la gente.

¿Y por qué los grandes inversores venden, de repente, millones de acciones, cosa que precipita caídas en la bolsa? Pues porque hacen como el resto de la gente, que sigue a Vicente. ¿Y qué hace Vicente? Pues vender, como la gente. O sea, que Vicente sigue a la gente y la gente sigue a Vicente. Y al final, todos se mueven como un rebaño de borregos por los campos financieros del mundo. Y los mercados de valores suben y bajan sin que nadie lo pueda explicar.

En realidad, todos nos comportamos como rebaños de borregos en alguna ocasión. Lo hacemos, por ejemplo, cuando vamos de turistas a cenar en una ciudad desconocida. Antes de entrar en un local, miramos por la ventana para ver cuánta gente hay dentro. Y si vemos que está vacío, pensamos que a la gente que tiene información no le gusta el restaurante. Tomamos la escasez de clientela como una indicación de la mala calidad de la comida, y nos metemos en el restaurante de al lado, que ya tiene algún cliente. El problema es que minutos más tarde, llegan otros turistas despistados y, al ver que el primer restaurante sigue vacío, nos siguen a nosotros (al mirar ellos por la ventana, nosotros ya estamos sentados) y también se meten en el segundo local. Al final de la noche, el segundo local acaba lleno de turistas despistados mientras que al primero no ha ido nadie. ¿Por qué? Pues porque ninguno de los clientes tenía la más mínima idea sobre la calidad de la comida y todos hemos creído que los demás sabían lo que hacían. En realidad, sin embargo, el segundo restaurante se ha llenado simplemente porque todos hemos seguido a la primera persona que ha ido a cenar, quien lo ha escogido aleatoriamente. Y seguro que ese primer cliente se llamaba Vicente.

Hoy en día, el mundo de las finanzas se parece bastante a la situación que acabo de describir, ya que los grandes inversores andan tan despistados como los turistas. Y lo que les despista es el futuro que nos deparan las nuevas tecnologías: ¿Acabaremos todos comprando la comida por Internet? Si la respuesta es sí, las empresas que se dedican a vender comida por la red generarán enormes beneficios y querremos comprar sus acciones. Si, por el contrario, la venta de comida por Internet fracasa, las empresas de ese sector perderán todo su dinero, por lo que nadie querrá comprar sus acciones. El inversor despistado que, lógicamente, desconoce cómo será el futuro, busca información, cual turista despistado, en el comportamiento de los demás. Cuando ve que alguien vende acciones piensa: «Seguro que sabe algo que yo no sé y, por lo tanto, yo también venderé». Los demás inversores, que tampoco saben si la venta de comida por Internet se acabará imponiendo, también venden porque piensan que los que hemos vendido sabemos lo que hacemos. Y las acciones empiezan a caer en picado porque todos siguen vendiendo, y todos siguen vendiendo porque las acciones caen en picado. Y en realidad nadie sabe por qué pasa todo eso, pero todos siguen al que primero vendió, quien, seguramente, también se llamaba Vicente.

Todo esto le puede parecer al lector un poco extraño, ya que es natural pensar que los grandes inversores saben lo que hacen. Al fin y al cabo, han ganado mucho dinero comprando y vendiendo en bolsa. Pero luego uno piensa que también hay mucha gente que ha ganado mucho dinero jugando a la lotería y nadie les considera expertos en escoger números. Ganar dinero y saber lo que se hace son dos cosas distintas. Y si no, que se lo pregunten a algunos gurús de Wall Street como Julian Robertson (del Tiger's Fund) o George Soros (del Quantum Fund), que han perdido miles de millones de dólares y que han tenido que cerrar o reorientar sus otrora famosos y rentables fondos de inversión. O que se lo pregunten a los más sabios de los sabios: los premios Nobel de Finanzas, Robert Merton y Myron Scholes, cuya empresa Long Term Capital Management quebró miserablemente hace un par de años. Si los más sabios no saben nada, ¿quién pues sabe algo?

La respuesta nos la da un importante libro recientemente publicado por el profesor Bob Shiller de la Universidad de Yale. En los días que sucedieron al crac de 1987, el profesor Shiller se dedicó a entrevistar a miles de inversores de Wall Street, preguntándoles por qué habían decidido vender sus acciones repentinamente durante aquel fatídico lunes 19 de octubre. La respuesta fue sorprendente: «la mayor parte de los inversores vendieron porque veían que los demás inversores estaban vendiendo y los precios estaban bajando». Y yo me pregunto cómo se llamaba el primer inversor al que siguió la gente.

Públic, mayo de 2000

EL MITO DE LA BURBUJA FINANCIERA

¡Qué mes de abril más agitado en las bolsas de todo el mundo! Y eso que dicen que el peor mes para invertir en bolsa es noviembre. Claro está que también dicen que son peligrosos los meses de enero, febrero, marzo, mayo, junio, julio, agosto, setiembre, octubre, noviembre y diciembre. El ciudadano de a pie que, deslumbrado por las ganancias que obtuvieron sus amigos en la bolsa, decidió poner parte de sus ahorros en un fondo de inversión, ahora vive con el alma en vilo cada vez que, arrastradas por Wall Street, las bolsas del mundo entero se parecen cada vez más al Dragon Khan que a los mercados donde se compran y venden participaciones de empresas.

Y, para postre, los expertos y los tertulianos no cesan de decirnos que los mercados de valores viven en una *burbuja financiera* a consecuencia de la especulación irracional. Esta expresión se utiliza para indicar que los precios de las acciones de la bolsa están por encima del valor que sería *correcto* (es decir, están *sobrevalorados*). Como las pompas de jabón que hacen los niños soplando con una pajita y que explotan repentinamente, llegará un día en que la burbuja financiera explotará. Es decir, los precios descenderán repentinamente y ello provocará la ruina de todos los inversores que todavía no hayan puesto su dinero a buen recaudo, como podría ser el Banc Sabadell (que, por cierto, también ha anunciado su salida a bolsa). Los más atrevidos llegan incluso a cuantificar la magnitud de la sobrevaloración: ¡la bolsa, dicen, debe bajar hasta un 60%! Yo me quedo maravillado diariamente de la capacidad ilimitada que tienen de hacer profecías equivocadas y de encontrar después explicaciones de por qué han fallado, porque llevan siete años insistiendo en la historia de que la burbuja está a punto de estallar y nunca pasa nada. Y cuando un día la bolsa baja (y, de vez en cuando, todas las bolsas bajan, aunque no haya burbujas especulativas), entonces salen como los caracoles cuando llueve para indicarnos que tenían razón, por mucho que la bolsa se recupere al día siguiente.

Un gran profesor mío, Robert Solow, decía que los economistas inteligentes jamás hablan de la bolsa. Y no lo decía por el simple hecho de que uno cuando habla más de la cuenta termina por decir sandeces. Lo decía porque, a diferencia de los brujos y de los echadores de cartas, el trabajo de los economistas no es predecir el futuro. Que me disculpe mi querido profesor si no sigo su consejo, puesto que hoy he decidido escribir sobre la bolsa.

Antes que nada, que el lector me permita una pequeña confesión personal: no tengo ni idea de si la bolsa va a subir, a bajar o si está sobrevalorada. De hecho, permítanme una humilde confesión profesional: no hay ningún economista que lo sepa. Tengan la certeza de que si alguien llegara a saber con antelación si la bolsa iba a subir, no saldría por la radio dando consejos gratuitos, sino que invertiría todo su dinero en silencio.

Ahora bien, si los economistas no lo sabemos, ¿de dónde ha salido la creencia ampliamente aceptada de que las bolsas están sobrevaloradas? ¿De dónde ha salido el *mito de la burbuja*? La explicación puede hallarse en las escuelas de negocios y en las facultades de empresa, donde se enseña que, aquel que compra o crea una empresa paga un precio que espera recuperar con los beneficios que ésta le generará mientras él sea su propietario y con la que espera cobrar cuando se la venda. El cliente que le compre la empresa también pagará a su vez un precio que esperará recuperar con los beneficios que generará la empresa a partir de ese momento y con el precio al que espera venderla en un futuro todavía más lejano, y así sucesivamente. Por lo tanto, el valor *exacto* de una empresa es la suma de todos los beneficios que va a generar en el futuro. Y ese valor debe ser equivalente a lo que vale todo el capital que tiene la empresa. Si la cotización en bolsa de la empresa es superior al valor del capital, entonces, según los expertos, la empresa está sobrevalorada (el precio de mercado es superior al precio *exacto*) y quien la compra no lo hace por los dividendos, sino para especular. La burbuja está servida.

No hace falta ser demasiado listo para ver que el cálculo del valor *exacto* es difícil o imposible ya que uno debe ser capaz de estimar los beneficios *futuros* de esa empresa (y aquí un echador de cartas del tarot nos brindará más y mejor ayuda que un economista). Y que el lector tenga en cuenta que, puesto que lo que cuentan son los beneficios *futuros*, es perfectamente factible que una empresa que, hoy por hoy, todavía no da beneficios, tenga un valor en la bolsa de miles de millones de euros si la gente espera de ella que dé muchos dividendos el día de mañana (entre paréntesis, ello demuestra que el argumento al que a menudo suelen recurrir los expertos, y que reza: «¿Cómo puede ser que una empresa de Internet que todavía no ha dado dividendos se cotice tanto?», es totalmente falaz).

Más importante todavía, para saber si una empresa está sobrevalorada, debemos conocer el valor de su capital actual. Y no tan sólo el valor de su capital físico (edificios, maquinaria o instalaciones), sino que también debemos saber calcular el valor del capital intangible, como podrían ser el de la propiedad intelectual de las nuevas *ideas*, el valor de la *marca* o el *capital humano* de los directivos. Y eso, no hay nadie en el mundo que sepa hacerlo, especialmente en relación con las empresas que tratan con unas nuevas tecnologías que cambian a una velocidad vertiginosa y que todavía no logramos entender del todo. Los mercados no pueden predecir con demasiada precisión cuáles serán los beneficios que generarán las empresas en el futuro, sobre todo las de la nueva tecnología. Y ello explica por qué últimamente las bolsas de todo el mundo suben y bajan con más virulencia que nunca: las empresas tecnológi-

cas son cada vez más importantes. Pero también sugiere que no tenemos ni idea del valor *exacto* que deben tener esas empresas y,
por lo tanto, nadie puede decir sin que se le escape una risita si la
bolsa subirá o bajará un 60%. Es decir, no hay ningún economista
serio que pueda demostrar si el fenómeno de la burbuja es una realidad financiera o, como el Yeti, un mito basado en la imaginación.

Y, para terminar, un consejo: cuando den con alguien que se
jacta de saber, huyan corriendo de él.

Avui, 8 de mayo de 2000

2

Desarrollo económico

El segundo capítulo trata de uno de los temas que más me apasionan: el desarrollo económico. Ya hemos señalado en la primera parte del libro que, a pesar de que durante el siglo xx muchos países han conseguido niveles de bienestar impensables hace sólo cien años, también es cierto que otros muchos han quedado tal como se encontraban a principios del siglo pasado: en situación de miseria. Una parte de mi actividad profesional es precisamente ayudar a esos países a crecer y a salir de esa situación tan deplorable. Los primeros cuatro artículos hablan de ello. El primero, llamado «La tragedia de África: ¿Viagra o malaria?» muestra cómo los países ricos pueden ayudar a los pobres, no haciendo donaciones arbitrarias que a menudo terminan en manos de algún dictador sin escrúpulos que los emplea para exterminar a la etnia rival o para comprarse un avión presidencial sino donaciones inteligentes con objetivos bien concretos. En particular, el objetivo que perseguimos es poner fin al mayor problema con el que se enfrenta África: la salud. El segundo artículo, titulado «Educando a los marginados», explica qué puede hacerse para reducir el trabajo infantil y la explotación de menores. Una vez se ha visto que la simple prohibición y el boicot a productos que proceden de países que contratan a menores no funciona y puede incluso ser perjudicial para el propio menor, hay que buscar soluciones que ayuden a los niños y a las niñas del Tercer Mundo. En este artículo se analiza la propuesta del gobierno mexicano de introducir «salarios escolares» para incentivar a los niños a escolarizarse.

En «La esperanza de África» se habla de la sensación esperanzadora que experimenté cuando, no hace mucho, hablé con alguno de los presidentes africanos más significativos en una reciente conferencia en Davos. Me dio la sensación de que los líderes africanos estaban abandonando la queja tradicional y las demandas de limosna y empezaban a querer poner la casa en orden con el objetivo de extraer actividad económica en el marco del libre mercado.

El escrito titulado «Chapuzas migratorias» discute la política de emigración del gobierno español y de los absurdos argumentos presentados por los grupos «solidarios» que se inclinan por permitir que los emigrantes se puedan saltar determinadas leyes. Se argumenta que los emigrantes deben ser iguales ante la ley, y eso vale tanto para sus derechos como para sus obligaciones. Finalmente, los dos últimos artículos tratan del mayor coste que puede acabar teniendo la crisis financiera de Asia de 1998: la resurrección del pensamiento socialista-populista. Populismo que tanto daño ha hecho a países como Argentina, sumergida en una profunda crisis debida a la incompetencia y la corrupción casi sin límites de su clase dirigente. Dicen que la economía argentina solamente funciona por la noche, que es cuando sus políticos duermen. Seguramente es cierto. La crisis del país austral es el tema en el que se centra el último artículo de este capítulo.

La tragedia de África: ¿Viagra o malaria?

Mientras unos nos entristecemos porque nuestro equipo ha perdido el campeonato o la lluvia no nos deja ir a la playa este fin de semana, setecientos millones de personas viven en condiciones infrahumanas, enfermos, sin comida y, lo que es peor, sin esperanza. Son los más pobres entre los pobres, y se concentran en países geográficamente cálidos y tropicales. Y es, precisamente, la geografía la que explica una parte de sus muchos problemas: al tener un clima distinto, estos países se enfrentan a problemas radicalmente diferentes por lo que no pueden limitarse a «copiar» lo que hacemos los ricos.

Un ejemplo iluminador nos lo da el problema de la salud. La malaria, la tuberculosis y las variantes africanas del sida matan anualmente a cinco millones de personas. Poblados enteros son barridos anualmente por estas tres enfermedades ante la indiferencia de la comunidad internacional. Además de la tragedia humana, las consecuencias económicas de todo ello son devastadoras. El sida mata a los trabajadores más jóvenes y productivos. La reducida esperanza de vida (que no llega a los 50 años) elimina los incentivos a la educación. En países como Etiopía, las tierras fértiles con agua abundante no son utilizadas al estar plagadas de mosquitos que transmiten la malaria, lo que obliga a la gente a emigrar a zonas más áridas y, cuando hay una sequía como la de este año, los muertos de hambre se cuentan por millones.

A pesar de la gravedad de la situación, los recursos dedicados a desarrollar vacunas o curas para estas tres enfermedades son prácticamente nulos: entre 1975 y 1997 se han patentado en el mundo 1.233 productos farmacéuticos, de los cuales solamente 13 eran para enfermedades tropicales.

¿Por qué no se hace investigación sobre un problema que afecta a tanta gente? Una explicación es que estos países no se pueden aprovechar de tecnologías desarrolladas por y para los ricos (en Europa y Estados Unidos no hay malaria, casi no hay tuberculosis y las variantes del sida que nos afectan son distintas). Por otro lado, los potenciales «clientes» de dichos medicamentos son muy pobres y, aunque se acabase descubriendo una vacuna, no podrían pagar el precio de compra. Finalmente, la industria farmacéutica sabe que, si acaba encontrando la vacuna contra la malaria, va a recibir fuertes presiones internacionales por parte de las ONG para que las «regalen». Antes de enfrentarse a una situación que les resultaría ruinosa, dichas empresas prefieren dedicar sus recursos científicos a solucionar los problemas médicos de los ricos, como la disfunción eréctil, con lo que la Viagra se inventa antes que la vacuna contra la malaria... y los africanos siguen muriendo miserablemente.

El profesor Michael Kremer, de la Universidad de Harvard, ha propuesto una simple fórmula para solucionar todo este problema. Se trataría de que los gobiernos de los países ricos se comprometieran a comprar un determinado número de vacunas a precio de mercado para luego regalarlas a los países pobres. Esto daría los incentivos necesarios a las multinacionales farmacéuticas para que hicieran I+D en malaria o tuberculosis, ya que el comprador sería un país rico, con lo que las presiones políticas una vez inventada la vacuna serían menores o nulas. Esta solución también permitiría a los pobres acceder a vacunas a precios reducidos o gratis, a la vez que garantizaría al país donante que no debería desembolsar ni un euro si antes no hay resultados médicos. Otra ventaja es que, al donarse vacunas y no dinero, se evitaría el problema principal que tienen las donaciones monetarias y es que los gobiernos de muchos de los países receptores se tienden a gastar lo recibido en comprar armamento, cosa que no hace más que empeorar la situación. En este sentido, Etiopía vuelve a ser un trágico ejemplo de esta perversa utilización de recursos, al reemprender su absurda guerra con Eritrea, justo cuando millones de sus ciudadanos mueren de hambre en la árida frontera somalí.

Los problemas que se podrían solucionar con esta estrategia no se limitan al campo de la sanidad. Por ejemplo, una de las autoridades en biotecnología africana, Calestous Juma, afirma que existen docenas de plantas que se podrían modificar genéticamente para que fueran más resistentes a las sequías y las constantes inundaciones que caracterizan la climatología tropical. Los países ricos podrían, pues, incentivar este tipo de investigación a base de comprar el producto final. Sería una primera contribución a la eliminación de las hambrunas que tan a menudo plagan el continente negro.

En Estados Unidos ya se han hecho los primeros pasos. El presidente Clinton acaba de proponer al congreso la aprobación de una partida de mil millones de euros con el objetivo de comprar vacunas para países pobres. El presidente del Banco Mundial, James Wolfesohn, habla de donar una cantidad similar. El gobierno español podría convertirse en el líder europeo de ayuda humanitaria y comprometerse a comprar a la empresa biotecnológica que la invente, unos miles de toneladas de semillas de algún cereal que tenga elevada productividad en un entorno árido, semillas que luego serían donadas a países tropicales pobres para que las utilizaran en sus cosechas. El gobierno español ganaría en imagen, no desembolsaría ni un duro si no hubiera resultados, y si los hubiera, se podrían aprovechar también en las zonas más áridas de España.

De momento, a los africanos no les podemos garantizar la salud, pero les podemos devolver la esperanza.

La Vanguardia, 17 de junio de 2000

EDUCANDO A LOS MARGINADOS

Uno de los temas que más preocupa a los radicales que boicotean las reuniones de la Organización Mundial del Comercio, el Banco Mundial o el FMI es el del trabajo infantil. Algunos de esos globófobos violentos que aparecen en televisión disfrazados de maíz, destruyendo los cristales de algún McDonald's, utilizan a los niños pobres del Tercer Mundo para proteger sus excesivamente remunerados puestos de trabajo en Europa o Estados Unidos. La mayoría de los manifestantes, sin embargo, tienen intenciones mucho menos egoístas y se mueven por un bienintencionado idealismo. Unos y otros piden la prohibición de las importaciones de productos sospechosos de ser producidos por niños y el boicot popular a las empresas que utilizan mano de obra infantil.

Pero las buenas intenciones no siempre son garantía de resultados favorables y a menudo tienen consecuencias devastadoras para los menores y sus familias. Es evidente que a los padres más pobres de la India, Brasil, Zambia o México les encantaría que sus hijos fueran a la escuela. Pero su extrema pobreza les obliga a poner a sus niños a trabajar para sobrevivir. Y hacen esto, a pesar de que entienden que los salarios que los menores obtendrían en el futuro serían mucho mayores si siguieran en la escuela. Pero la pobreza no es aliada de la planificación familiar a largo plazo y la necesidad inmediata es abrumadora. Bajo estas circunstancias, la prohibición internacional del trabajo infantil o el boicot a las multinacionales no solucionaría el problema de fondo. Al contrario, llevaría a los menores a trabajar para empresas locales en condiciones mucho peores que las ofrecidas por las multinacionales, a buscarse la vida entre las basuras de las ciudades o a prostituirse para beneficio del turismo sexual. La «solución» propuesta por los manifestantes ricos, pues, sólo empeora la situación de los niños pobres.

Algunos países han intentado poner fin a tan dramática situación introduciendo leyes de escolarización obligatoria hasta los 15 años, leyes que han fracasado miserablemente debido a su muy difícil implementación: si los padres no quieren que sus hijos vayan al colegio porque deben aportar dinero a la economía familiar, no hay nada que el gobierno pueda hacer. El absentismo escolar en las zonas rurales de África, Centroamérica o Asia es simplemente devastador.

Para encontrar una solución, lo primero que se debe entender es que se trata de un problema económico: los beneficios de llevar a los niños a la escuela sólo aparecen en el largo plazo, mientras que los costes que para las familias representa la escolarización y consiguiente pérdida del salario de los menores, son inmediatos. Y cuando uno es pobre, no puede esperar. Una vez entendido esto, la solución es obvia: *los gobiernos podrían pagar un salario a los niños que van a la escuela*. Si lo que ganan yendo al colegio y estudiando es igual (o incluso un poco menos) que lo que ganan trabajando, las familias obligarán a sus hijos a seguir estudiando. Los incentivos de los padres se alinean con los de los niños y el problema desaparece.

No es sorprendente que haya sido un economista, el todavía presidente de México y doctor de la Universidad norteamericana de Yale, Ernesto Zedillo, quien haya introducido un programa de este tipo para educar a dos millones de niños de los barrios más marginales de 13 estados mexicanos. Bajo el nombre de Progresa, el gobierno mexicano paga desde unos 80 pesos por hijo en tercero de primaria hasta unos 165 pesos por hija en bachillerato (las hijas cobran más debido a su superior tendencia a abandonar la escuela para convertirse en empleadas del hogar). La familia media beneficiaria cobra 375 pesos mensuales (unos 45 euros) de Progresa. No se trata de un simple programa de becas, sino que la familia no cobra si el niño no va a la escuela (el dinero se pierde si el niño no acude al 15% de las clases) o no aprueba los exámenes. Los salarios de estudio suben a medida que el niño o la niña avanzan en sus estudios para incentivar la graduación final. Hay que recordar que el salario diario en una plantación de la zona es de unos 3 euros diarios, por lo que 45 euros mensuales representa un incentivo notable. Los resultados de este innovador programa educativo fueron presentados la semana pasada en Washington con motivo del tercer aniversario de su creación. El veredicto es claro: la escolarización ha subido y el absentismo escolar ha bajado de manera sustancial entre los niños y niñas más pobres de México. Lógicamente, el trabajo infantil todavía no ha sido erradicado en México, pero el éxito ha sido tan notable, que otros países lo están empezando a copiar.

¿Y de dónde sacarán el dinero?, se preguntará el lector. Una parte llegará del Banco Mundial y la ONU, que ya lo están estudiando. Pero, mientras ese dinero no llega, los gobiernos de los países interesados podrían reducir el gasto en educación universitaria (que tiende a beneficiar a una minoría privilegiada que podría financiar sus propios estudios a través de créditos) y utilizar esos recursos para financiar la educación primaria, que es mucho más vital.

En lugar de atacar a las multinacionales y al neoliberalismo abstracto tirando piedras y comportándose incivilizadamente, los globófobos deberían dedicarse a utilizar sus más que notables energías a convencer a los gobiernos de los países pobres de que la solución existe, pero que ésta no pasa por la simple prohibición del trabajo infantil. Las buenas ideas constructivas, como el programa Progresa, siempre aportan más que la violencia destructiva.

LA ESPERANZA DE ÁFRICA

Después de asistir a docenas de reuniones, comidas y cenas en el marco del Fórum Económico Mundial celebrado esta semana, me fui de Davos convencido de que el mundo está empezando a cambiar. Por primera vez en muchos años, me pareció ver luz al final del túnel del Tercer Mundo.

El problema económico más importante al que se enfrenta la humanidad es la pobreza de África. Desde la independencia hasta finales de los ochenta, se afrontó el problema con donaciones y planificación central. La cosa fue un fracaso total. Durante los noventa, siguieron las limosnas y se introdujeron políticas parcialmente liberalizadoras impuestas desde el norte. Algunos países empezaron a progresar, pero no lo suficiente como para cantar victoria. Mientras tanto, los países ricos han seguido creciendo y ampliando diferencias.

Siempre he creído que el problema de África no se solucionaría hasta que los propios gobiernos pusieran su casa en orden. Y es ahí donde vi señales muy positivas en Davos. Durante una cena de líderes africanos (quienes, por cierto, tuvieron un alto grado de protagonismo en el fórum de este año), un dirigente de la ONG Oxfam le preguntó en voz baja al presidente de Senegal, Abdoulaye Wade, que cómo pensaba aliviar los males que la globalización estaba causando en su país. Su sorpresa fue mayúscula cuando Wade contestó: «¿Qué globalización?, ¿qué mercados? ¡La globalización todavía no ha llegado a África y mi gobierno está haciendo todo lo posible para que llegue pronto y podamos beneficiarnos de ella!». Ante una respuesta tan clara, yo sólo pude exclamar: «Bravo».

En la misma reunión, los presidentes Obasanjo de Nigeria, Mbeki de Sudáfrica y Mkapa de Tanzania hablaron en términos similares. Expresaron la necesidad de que los gobiernos africanos garanticen la paz y la estabilidad ya que la incertidumbre política perjudica la inversión. Dijeron que se requieren gobiernos que garanticen el cumplimiento de la ley y el mantenimiento de los derechos de propiedad, que eliminen las trabas burocráticas que impiden la creación de empresas y que luchen contra la corrupción que plaga la administración pública. Sin estos requisitos, decían convencidos, la globalización y el progreso nunca llegarán al continente negro. Me dio la impresión que, por fin, algunos líderes africanos estaban dispuestos a poner orden en sus países.

Pero los africanos no podrán solucionar sus enormes problemas sin la ayuda de los países ricos. Y cuando digo ayuda, no me refiero solamente a darles limosnas sino más bien a dejarles trabajar, producir y vender en los mercados mundiales. El año pasado, 40 millones de litros de leche se echaron a perder en el norte de Tanzania mientras los supermercados de la capital, Dar Es Salaam, solamente vendían leche holandesa. ¿Cómo es posible que sea más barato comprar leche holandesa que leche tanzana en Tanzania? La explicación es bien simple: los productos europeos disfrutan de obscenas subvenciones, lo que les permite competir (deslealmente) con los de los países pobres. Los contribuyentes europeos y americanos pagamos más de mil millones de euros diarios (repito, diarios) en subvenciones y protecciones agrícolas. Con esa extravagante cantidad se podría invitar a cada una de las vacas europeas a pasar un mes de vacaciones en un hotel de cinco estrellas en las Bahamas, con viaje de ida y vuelta en avión de primera clase. ¡Quien está loco no son las vacas, sino nuestras autoridades!

«No queremos limosnas», decía indignado Wade, «queremos que nos dejen trabajar y competir en condiciones justas». Y el presidente del Senegal tenía toda la razón. La solidaridad no se manifiesta condenando a los ciudadanos africanos a depender perpetuamente de nuestra caridad, sino permitiendo que se ganen la vida dignamente vendiendo los frutos de su trabajo en condiciones de igualdad. Y la eliminación de nuestras subvenciones agrícolas debería ser el primer paso para conseguir esa igualdad.

Se calcula que la eliminación de la protección agrícola en Europa y Estados Unidos aumentaría el PIB africano en unos 100.000 millones de euros anuales. Es importante recordar que el total de la deuda africana que se busca condonar asciende «solamente» a 130.000 millones. ¡La posibilidad de ganar 100.000 millones cada año deja pequeños los beneficios de perdonar la deuda una sola vez! En este sentido, sería importante que las ONG que intentan moldear la opinión pública a favor de la condonación de la deuda, dedicaran una parte importante de sus energías a crear un movimiento de oposición al pernicioso (y costoso) proteccionismo de los países ricos. Los resultados de dicha campaña serían mucho más beneficiosos para África. No obstante, eso no será nada fácil puesto que los agricultores europeos forman un poderoso y violento *lobby* que bloquea carreteras y quema camiones con suma facilidad. De hecho, es irónico que uno de los líderes del movimiento antiglobalización es un tal José Bové, caricaturesco pastor francés con un extenso currículum de vandalismo en su haber. El movimiento que lidera ese señor se opone a la globalización porque, según dicen, perjudica a los países pobres. Pero a Bové no le interesan para nada los países pobres. Él sólo quiere proteger las rentas de los agricultores franceses a través del chantaje político violento. Y dada la peculiar propensión de las autoridades europeas a bajarse los pantalones ante los chantajistas, quien acaba perdiendo son los más pobres de los pobres, los ciudadanos africanos.

En Davos me dio la sensación de que los líderes del Tercer Mundo están cambiando para bien. Que cambien los europeos va a ser mucho más difícil, pero mantengo la esperanza.

La Vanguardia, 17 de febrero de 2000

Chapuzas migratorias

Los recientes incidentes y accidentes relacionados con inmigrantes han puesto de manifiesto que la actual política de inmigración que, imitando a la política de prostitución, se basa en la «ilegalidad consentida», es la típica chapuza española convertida en peligrosa bomba de relojería de consecuencias sociales y económicas impredecibles. El problema fundamental radica en entender que no se puede tratar a los inmigrantes como ciudadanos de segunda categoría y que, si no estamos dispuestos a tratarlos en condiciones de igualdad ante la ley, será mejor expulsarlos y cerrar las fronteras.

Igualdad ante la ley quiere decir que no se puede discriminar a los extranjeros con condiciones laborales inferiores a las que se dan a los españoles de origen, y que los empresarios que infringen las leyes laborales deben ser perseguidos y castigados. Pero también quiere decir que, al igual que el resto de ciudadanos, los inmigrantes deben ser sancionados (incluso con la deportación) si incumplen la ley, aunque sea la laboral.

Puede parecer que, a corto plazo, lo más humanitario es dejarles trabajar a cambio de unos salarios que son inferiores a los que se pagan en España, pero que son muy superiores a los que recibirían en su país de origen. Al fin y al cabo, eso les permite ganar algún dinerillo para sobrevivir. Ahora bien, lo más humanitario a corto plazo puede no ser lo mejor a la larga. Cuando corra la voz de que en España se permite a los extranjeros obtener ingresos ilegales, una nueva ola de inmigrantes se presentarán en la frontera. Las mismas razones humanitarias nos llevarán también a dejarles trabajar ilegalmente, lo cual atraerá a una nueva ola migratoria y así sucesivamente hasta que la situación se haga insostenible. Miles de inmigrantes se amontonarán en campos de refugiados en condiciones infrahumanas, a la espera de que se regularice su situación. Si realmente queremos ser solidarios, lo mejor sería eliminar las barreras comerciales que dificultan la entrada de productos agrícolas y que impiden que los ciudadanos africanos se ganen la vida en su propio continente. El problema es que ahí topamos con el poderoso *lobby* político de los agricultores europeos y con eso no se juega.

Y, por cierto, ¿hasta qué punto estamos dispuestos a ser flexibles con la ley con la excusa de ser humanitarios? ¿También haremos la vista gorda si algunos inmigrantes deciden prostituir o vender a sus hijas de doce años? Al fin y al cabo, ¡eso les permitiría ganar algún dinerillo para sobrevivir! Sí, ya sé que trabajar sin contrato no es un «crimen» tan grave como vender a una hija pero ¿dónde está la frontera de lo permitido? ¿Y quién decide qué leyes se pueden quebrantar y qué leyes no? Si queremos dejar que los inmigrantes trabajen en condiciones inferiores, que el parlamento apruebe una ley que permita la discriminación. Seguro que no lo hace, y la razón es que los legisladores saben que la discriminación es intolerable. Pero, si es intolerable a la hora de legislar, ¿por qué se tolera a la hora de ejecutar las leyes?

Otro aspecto económico de la igualdad ante la ley es que los inmigrantes deben cotizar a hacienda. La contrapartida es que también deben tener derecho a acceder a escuelas y hospitales públicos, sistema de pensiones y protección policial y judicial. Curiosamente, uno de los argumentos que se utilizan a favor de la inmigración es que, en teoría, ésta va a solucionar el problema de las pensiones ya que los inmigrantes van a llenar con sus contribuciones fiscales el vacío que dejará nuestra baja natalidad. Aunque ampliamente aceptado, este argumento es falaz y erróneo. Todo Estado del bienestar progresivo como el español genera redistribución de rentas en beneficio de los pobres: una vez contados todos los impuestos, cotizaciones, servicios públicos y pensiones, los ricos acaban pagando más de lo que reciben y los pobres recibiendo más de lo que pagan. No hace falta ser muy perceptivo para ver que los inmigrantes que atrae España en la actualidad son de baja cualificación y reducido nivel salarial. Es evidente, pues, que tenderán a recibir más de lo que aportan al Estado. Dicho de otro modo, una vez descontado el coste de utilización de los servicios públicos, no sólo no quedará nada para financiar las pensiones públicas, sino que se habrá contribuido al deterioro del Estado del bienestar. Las listas de espera en los hospitales se alargarán, el número de plazas disponibles en las escuelas públicas se reducirá, habrá menos dinero para los parados y los retrasos del sistema judicial se agudizarán. Y eso perjudicará particularmente a quien más utiliza los servicios públicos: los ciudadanos pobres. Una posible solución (y admito de entrada que es políticamente irrealizable, pero puede ayudar a pensar en el problema) sería el cobro de una cuota de entrada a toda persona que desee inmigrar a España, con el objetivo de compensar las pérdidas que se causa a los que han construido el Estado del bienestar con sus cotizaciones de muchos años.

A los costes económicos se deben añadir otros de tipo político, social e incluso sanitario (muchos de los emigrantes provienen de países donde el 30% de la población tiene sida y tuberculosis, y sólo es cuestión de tiempo para que surjan brotes de ébola en España) que, por razones de espacio, no voy a enumerar. La pregunta es: una vez se informe claramente a los ciudadanos de cuáles serán los costes, ¿estarán dispuestos a aceptar la inmigración de la única manera razonable, es decir, en condiciones de igualdad ante la ley? ¿O seguiremos con la situación chapucera actual donde ni se analizan seriamente las consecuencias de la inmigración, ni se aplican las leyes existentes?

La Vanguardia, 17 de enero de 2001

EL COSTE REAL DE LA CRISIS ASIÁTICA

Durante los años cincuenta y sesenta, la mayor parte de los países del mundo adoptaron políticas proteccionistas contra la «explotación del imperialismo capitalista». Brasil, India, Egipto, la mayor parte de países africanos. Se hablaba de «neocolonialismo mercantil», de «modelos norte-sur» o «centro-periferia» y de teorías de «intercambio desigual» según los cuales, la única manera que tenía el capitalismo de sobrevivir era a base de explotar a los países pobres. Los americanos se llevaban valiosas materias primas a cambio de inútiles botellas de la Coca-Cola. La única alternativa que les quedaba a los pobres países en desarrollo era aislarse y protegerse de tales intercambios desiguales y ceder las riendas de la economía a unos gobiernos dirigistas que planificaban el futuro de la economía para alcanzar la felicidad de todos los ciudadanos. Por alguna razón desconocida, en el Tercer Mundo el colonialismo soviético y la propaganda autarquista siempre se vendió bastante mejor que el capitalismo occidental.

Algunos países asiáticos (Singapur, Hong Kong, Taiwán, Corea del Sur, Indonesia, Tailandia y Malaisia) hicieron todo lo contrario y llevaron a cabo políticas de mercado libre basadas en el comercio internacional a gran escala. Fomentaron la inversión extranjera y de las multinacionales europeas, norteamericanas y japonesas. El objetivo no solamente era la financiación de las inversiones con capital extranjero sino la adopción del conocimiento y las tecnologías que estas multinacionales poseían. Poco a poco, estas economías iban subiendo la «escalera de la calidad» y aprendían a producir bienes cada vez más sofisticados: empezaban por textiles, seguían con la producción de transistores y relojes, seguían con televisores, ordenadores, coches hasta llegar a producir ingeniería genética. La intervención del Estado era distinta en distintos países, pero la economía se estructuraba alrededor del mercado y de la libre empresa. Mientras tanto, en la India y en Ghana aparecían pintadas en contra de la IBM o la General Motors (Bill Gates estaba aún en jardín de infancia). La batalla intelectual estaba servida.

Treinta años más tarde el veredicto estaba claro: el éxito del modelo capitalista era clamoroso. En 1965, año en que 300.000 personas murieron en manifestaciones contra el golpe militar de Suharto, la renta per cápita de Indonesia era parecida a la de Nigeria. Malaisia estuvo en guerra civil y en estado de sitio entre 1948 y 1960. Taiwán y Corea del Sur estuvieron involucradas en guerras durante los años cincuenta y sesenta. A pesar de la situación desastrosa en la que se encontraban estos países hace treinta años, el éxito económico ha sido inapelable. La renta per cápita de Indonesia es en la actualidad seis veces superior a la de Nigeria mientras que la de Singapur o Corea del Sur supera a la de muchos países europeos. La riqueza generada por las economías que habían adoptado sistemas de mercado dejaba pequeños los logros conseguidos por los países socialistas (logros que se reducían a la consecución de medallas de oro en las olimpiadas y poco más). Ante esta evidencia, el pensamiento socialista entró en crisis. Cuando uno ve que países similares al suyo crecen a ritmos de 8% anuales, salen de la miseria y alcanzan rentas per cápita comparables a las europeas mientras su propio país sigue sumergido en la miseria, se hace difícil mantener una posición anticapitalista. Incluso los más fanáticos tuvieron que admitir que el mercado era una institución superior al dirigismo burocrático a la hora de generar riqueza y bienestar.

Pero llegó la crisis financiera de 1997. En julio de ese año, Tailandia devaluó la moneda y comenzó una crisis financiera que se contagió a casi todo el mundo. Además de un sinfín de implicaciones económicas que aún no se han acabado, la crisis ha tenido como consecuencia la resurrección del pensamiento dirigista. Vuelven a oírse voces en contra del imperialismo capitalista (esta vez el objetivo no son las multinacionales sino los bancos y los especuladores, el más maligno de los cuales es, naturalmente, George Soros) y en favor de la limitación de mercados y de los controles de capitales. El gobierno de Malaisia ya ha impuesto restricciones a la libre circulación de capitales, ante la aprobación de economistas del prestigio de Paul Krugman. El nuevo gobierno ruso vuelve a hablar de planificación y de la limitación de la libertad de empresa.

Antes de resucitar el pensamiento anticapitalista, sin embargo, es importante recordar dos cosas. Primero, aunque Indonesia caiga un 15% este año (la predicción es mucho más optimista para los demás países asiáticos), su renta per cápita todavía será muy superior a la de Nigeria o la India. Lo mismo es cierto para las demás economías asiáticas. Dicho de otro modo, la crisis financiera que han sufrido estos países, a pesar de ser una crisis importante, es pequeña en comparación con el espectacular éxito que la precedió.

El segundo aspecto que vale la pena recordar es que la crisis financiera de 1997 no fue causada por un exceso de libertad de empresa sino por malas políticas de los gobiernos de Tailandia, Malaisia y, sobre todo, Indonesia. Una de las características de estas economías es que, de una u otra manera, el gobierno había garantizado las inversiones de los bancos locales. Es decir, un banco podía pedir prestado en el extranjero y realizar una inversión extraordinariamente arriesgada: «si sale bien», pensaba el banquero, «me lo quedo yo y si no, paga el gobierno». No hace falta decir que esta política de garantía de las inversiones llevó a los bancos a tomar demasiados riesgos, a menudo en proyectos corruptos e incestuosos liderados por sobrinos de ministros. Cuando muchos de estos proyectos descabellados salieron mal (y tarde o temprano tenían que salir mal, dada la irracionalidad económica de la mayoría de ellos), el gobierno se vio sin los recursos necesarios para financiar las pérdidas y comenzó la crisis. Si el gobierno no se hubiera metido en el negocio de asegurar las inversiones bancarias y hubiera tenido una política financiera parecida a las que existen en países más avanzados (ni Alan Greenspan ni el profesor Rojo hubieran dejado nunca que los bancos se endeudaran tanto e invirtieran en proyectos tan arriesgados, y mucho menos hubieran subsidiado las pérdidas de los bancos) la crisis no se habría producido. Por lo tanto, lo que hay que hacer es reformar el sistema financiero (e imponer una supervisión pública parecida a la que tienen los bancos de países occidentales), eliminar el nepotismo y la corrupción en lugar de introducir barreras a la libertad de empresa y a la libre circulación de mercancías, capitales y tecnología.

El crecimiento económico a largo plazo solamente se puede alcanzar con economías de mercado saneadas y abiertas al capital, el conocimiento y la tecnología extranjeros. La resurrección del pensamiento socialista-proteccionista y el daño que esta ideología volvería a causar a millones de ciudadanos de África, Latinoamérica y Asia puede ser el mayor coste de la crisis que estamos viviendo.

Diario Expansión, 28 de setiembre de 1998

ARGENTINA: EL PRIMO DERROCHADOR

Todas las familias tienen uno. Seguro que la de ustedes también. Me refiero al primo que intenta vivir por encima de sus posibilidades. El primo que ostenta coches de lujo y trajes de marca que, en realidad, no se puede permitir. El primo que paga sus créditos con nuevos préstamos y hace bolas de nieve financieras que no puede devolver. Y cuando el agua le llega al cuello, los acreedores le embargan hasta la camiseta y sus problemas salpican a toda la familia. Su historia nunca acaba bien.

El problema sería anecdótico si no fuera porque hay gobiernos que se comportan con la misma irresponsabilidad que nuestro primo. Y entre todos ellos destaca el de Argentina.

Los analistas de 1900 creían que sería una de las potencias económicas del siglo xx, pero se convirtió en uno de sus más sonados desastres. De hecho, Argentina es un ejemplo estelar de cómo va la economía cuando los gobiernos hacen mal las cosas: desde el populismo peronista hasta los corruptos asociados de Menem, pasando por las juntas militares, los sucesivos gobiernos argentinos se dedicaron a vivir por encima de sus posibilidades. Mientras pudieron, los excesos se financiaron imprimiendo dinero y ése fue el origen de las megainflaciones que martirizaron al país durante décadas.

En 1991, el ministro Domingo Cavallo acabó con la inflación de la única manera posible: evitando que el gobierno pudiera obli-

gar al Banco Central a imprimir dinero. Para conseguirlo, se apro-
bó la «ley de convertibilidad» que solamente permitía al Banco
Central imprimir un peso si antes ingresaba un dólar. Un dólar, un
peso. Se consiguió así eliminar la inflación de raíz y Argentina entró en una fase de bonanza y crecimiento económico entre 1991 y
1996. Durante ese período, el gobierno privatizó muchas empresas
pero se siguió comportando como el primo derrochador: en lugar
de ahorrar lo ingresado por la venta de las empresas públicas, el dinero desapareció.

Los problemas empezaron cuando, a mitad de los noventa, el
dólar se apreció fuertemente. Dado que el peso estaba ligado al dólar, también se encarecieron los productos que se compran con pesos. Las exportaciones empezaron a sufrir y Argentina entró en
una crisis económica. La situación empeoró cuando Brasil devaluó
su moneda en enero de 1999, lo que abarató los productos del
principal competidor.

Mientras tanto, el gobierno seguía gastando y endeudándose.
Llegó un día que los bancos no quisieron prestarle más y le exigieron
la devolución de los créditos. Era el momento de utilizar los recursos que se deberían haber ahorrado tras la venta de empresas públicas. ¡Pero aquel dinero había desaparecido en el bolsillo de algún espabilado con enchufes políticos! En marzo de 2001, el gobierno,
atrapado y sin recursos, quiso renegociar los créditos. Los primeros
que se opusieron fueron los «amigos» del BSCH (y no fueron pocos
los que se sintieron traicionados por los «gallegos»). Al final, se consiguió aplazar los pagos, pero a unos intereses altísimos.

Y así están las cosas ahora, en agosto de 2001, con Cavallo otra
vez en el gobierno, enfrentándose a otra situación desesperada.
Esta vez consigue que se apruebe una ley que prohíbe al gobierno
gastar un solo peso que no haya sido previamente ingresado por
vía fiscal. Como no hay ni para pagar los salarios y las pensiones,
éstos se rebajan en un 13%. Lógicamente, los ciudadanos se enfadan y las protestas se generalizan.

En principio, la ley de déficit cero soluciona el problema de
fondo, que no es otro que los excesos sistemáticos del gobierno: la
ley será como una camisa de fuerza que le impedirá cometer más
locuras. Ahora bien, las soluciones económicas funcionan solamente si son políticamente factibles. En este sentido, se les está diciendo a trabajadores y a pensionistas que deberán sacrificar sus
ingresos para que los bancos puedan cobrar intereses. Eso es agua
bendita para los partidos populistas que tanto abundan por aque-

llas latitudes. ¡Y en octubre hay elecciones! Aún suerte que los militares están totalmente desprestigiados que si no...

Para aplacar un poco las justificadas iras de la gente, la ley de déficit cero se debería complementar con dos políticas adicionales. La primera es el ataque verdadero a la evasión fiscal. Eso traería dinero al fisco y mostraría a los ciudadanos que los ricos también pagarán su parte. La segunda es ¡la suspensión de pagos! La suspensión de pagos es sólo la solución de última instancia. Pero no hay que olvidar que las soluciones de última instancia también son soluciones y se deben utilizar... aunque solamente sea como recurso final. Es cierto que, tal como están las cosas, Argentina casi no deberá pagar intereses hasta el 2003 por lo que una suspensión de pagos no aliviaría mucho las cargas financieras de hoy. Pero si el país no sale de la crisis económica en un año (y las reducciones salariales y de pensiones sólo contribuirán a agravar la situación ya que van a debilitar el consumo privado), es posible que el gobierno no pueda hacer frente a los demoledores intereses en el 2003 y tenga que suspender pagos de todas maneras. La ventaja de hacerlo ahora es que permitiría explicar a los ciudadanos que los acreedores van a tener que ajustarse los cinturones tanto como trabajadores y pensionistas. Sería una bomba financiera. Los mercados van a castigar a Argentina sin nuevos créditos durante un tiempo, cosa que, por cierto, ya está pasando sin suspensión de pagos. Los mercados van a castigar a Argentina con tipos de interés abusivos, cosa que, por cierto, ya está pasando sin suspensión de pagos. Pero ese último recurso daría una cierta legitimidad política a la obligada austeridad fiscal. Y, a veces, la paz social es más necesaria que los créditos cuando se busca reencontrar la senda del crecimiento económico.

No sé cómo acabarán las cosas. Lo que sí parece claro es que, una vez más, los familiares inocentes, y eso incluye a los «gallegos», acabarán pagando los excesos del primo derrochador.

La Vanguardia, 7 de agosto de 2001

3

Antiglobalización e intereses creados

El capítulo 3 trata el tema de los grupos antiglobalización. Dichos grupos se manifiestan cada vez que se reúne alguna institución internacional. En la primera parte del libro se ha demostrado que casi todos sus argumentos son falaces, casi todas sus críticas son infundadas y que una de sus únicas propuestas concretas, la tasa Tobin, es una mala idea. A pesar de ello, la prensa no cesa de dar publicidad a sus acciones, seguramente porque siempre van acompañadas de ciertas dosis de violencia. Y eso siempre vende.

El artículo titulado «Globofobia (IV): El retorno de Nyerere» reproduce literalmente las afirmaciones que algunos grupos globófobos hacen sobre las desigualdades en el mundo, y demuestra que los cinco países más pobres del planeta lo son no sólo por culpa de la globalización, sino de las guerras y de las políticas marxistas que fueron adoptadas en algunos países africanos durante tres décadas, políticas que a algunos de los grupos antiglobalización les gustaría volver a llevar a cabo y que, sin lugar a dudas, volverían a ser un fracaso espectacular.

En «Totalitarismo globófobo» se critica el boicot que los grupos antiglobalización hicieron de una reunión de investigadores del desarrollo económico auspiciada por el Banco Mundial, reunión que se debía celebrar en Barcelona pero que se canceló por miedo a la violencia de los globófobos (que incluso amenazaron a las ONG que habían aceptado participar en los debates) y que acabó teniendo lugar en París. La voluntad de censurar a profesores, científicos y estudiosos de la problemática del Tercer Mundo no es más que otra muestra del rocambolesco comportamiento de estos grupos, que a menudo acusan a las instituciones de ser poco democráticas, pero que ellos mismos no dudan en comportarse como totalitarios al querer limitar las libertades democráticas de expresión y de reunión de un grupo de intelectuales interesados en ayudar a los países del Tercer Mundo.

En el artículo llamado «Pregúntenselo a Fidel» se analiza la evolución de las desigualdades económicas en el mundo. A diferencia de lo que dicen los grupos antiglobalización, las desigualdades entre personas no aumentan sin cesar sino que comenzaron a reducirse en el momento en que China inició un proceso de liberalización y crecimiento en 1978.

Finalmente, «Gente interesada» habla del silencio que los globófobos mantuvieron después de la reunión de Doha de la Organización Mundial del Comercio. En esa reunión, los países pobres consiguieron importantes concesiones comerciales de los ricos. El silencio del movimiento globófobo es revelador e indica que, más que defender a los países subdesarrollados, parecen estar interesados en defender los particulares intereses creados de los *lobbie*s y los grupos de presión de los países ricos. Entre esos grupos de presión están, ¿cómo no?, los agricultores y los campesinos que lideran la antiglobalización.

GLOBOFOBIA (IV): EL RETORNO DE NYERERE

Si Seattle, Davos y Washington fueron los tres primeros capítulos de la saga «Globofobia», la cuarta entrega empezará el próximo martes en Praga. El guión no es otro que el boicot a la reunión bianual del FMI y el Banco Mundial. Los actores, un conjunto heterogéneo de agricultores, sindicalistas, intelectuales de izquierda, pastores de cabras, estudiantes y ecologistas a los que une un odio por la globalización y el capitalismo neoliberal. Una pintoresca muestra de personajes contradictorios: se autocalifican de pacifistas, pero sus manifestaciones siempre acaban violentamente. Critican al FMI y al Banco Mundial de ser poco democráticos (a pesar de que sus representantes están designados por los gobiernos de los países miembros), y se autoproclaman defensores del bien sin haber sido elegidos para ello. Se oponen a la mundialización pero utilizan Internet, símbolo por excelencia de la globalización, para organizar sus boicots.

De hecho, multitud de páginas de Internet han aparecido recientemente invitando al boicot a Praga e «informando» sobre las calamidades que están a punto de recaer sobre el mundo por culpa de la globalización y la economía de mercado: desde el calentamiento de la Tierra hasta la discriminación de la mujer, pasando por la precariedad laboral.

En Cataluña, el grupo Moviment de Resistència Global ha puesto una página en Internet (www.pangea.org/mrg) donde, además de invitar al boicot de Praga, explica cómo han crecido las diferencias entre países ricos y pobres por culpa de la globalización. Se dice, por ejemplo, que los cinco países más ricos del mundo eran veinte veces más ricos que los cinco más pobres en 1965. La diferencia pasó a ser de 35 veces en 1995.

No hay duda de que el capitalismo y la apertura de la economía al comercio internacional han ayudado a los cinco países más ricos a crecer durante los últimos treinta años. Ahora bien, la pregunta realmente importante es ¿por qué no han crecido también los países pobres? Una parte de la respuesta la obtenemos simplemente observando que los cinco países más pobres del planeta son la República del Congo (antiguo Zaire), Chad, Burundi, Tanzania y Etiopía.

Zaire-Congo, Chad y Burundi son paradigmas de dos de los problemas que han aquejado a África en las últimas décadas: los conflictos bélicos y las dictaduras despóticas. Las barbaridades de Mobutu (Zaire) sólo son comparables con las de su sucesor, Laurent Cavila, o con las atrocidades del emperador Bocassa (Centroáfrica) o del mariscal Idi Amín (Uganda). La reciente guerra del Congo ha involucrado y arruinado a numerosos países de la zona (incluido Burundi). Chad, por su parte, ha tenido que defenderse de las repetidas invasiones de su vecina, la Libia del coronel Gadafi. Dado que, según argumentan algunos globófobos, también las guerras son causadas por el ansia del capitalismo de vender armas, supongo que ahora nos dirán que ¡Gadafi es un conocido neoliberal!

Los casos de Tanzania y Etiopía son todavía más interesantes ya que muestran que, otros dos de los males que han contribuido a devastar a la África poscolonial son, precisamente, el socialismo y la antiglobalización.

En febrero de 1967, tres años después de la creación de Tanzania, fusión de Tanganika y la isla de Zanzíbar, el presidente Julius Nyerere hizo la famosa «declaración de Arusha» donde se exponían los principios del «socialismo africano» que debían traer la «autosuficiencia» y la «no dependencia económica» de los países capitalistas del norte. Prometía un mundo sin clases sociales ni desigualdades económicas. Criticaba las relaciones de mercado basadas en la búsqueda egoísta del beneficio individual y proponía el *ujamaa* o sistema de relaciones de solidaridad y de cooperación mutua. Nyerere nacionalizó la banca, la industria y el comercio. Introdujo el colectivismo agrícola donde los individuos trabajaban para el beneficio de la comunidad y no el de sus familias. Unos cinco millones de personas fueron obligadas a emigrar a las *vijiji vya ujamaa* (aldeas-comunas) creadas para tal fin y a abandonar la tierra en la que estaban enterrados sus antepasados.

La falta de coordinación entre las necesidades de las aldeas agrícolas y las decisiones de los «sabios» planificadores de la ciudad trajeron (¿sorpresa?...) la escasez de agua y la miseria. El «brillante» experimento socialista finalizó con la dimisión de Nyerere en 1985, dejando a Tanzania en bancarrota y como uno de los países más pobres, miserables, dependientes y endeudados del mundo a pesar de su abundante riqueza natural.

Etiopía no tuvo mejor suerte ya que, tras derrocar al Ras Tafari (Haile Selassie), el coronel Mengistu Haile Mariam y el partido Derg instituyeron el *Ye-Itiopia Hibretesebawinet* o «socialismo etíope» que pronto se convirtió en una dictadura de duro corte marxista conocida con el nombre de «terror rojo». Como en tantas otras ocasiones, se prometió el paraíso y la independencia económica del capitalismo explotador pero llegaron los gulags, las purgas, la corrupción, los crímenes de Estado, las nacionalizaciones, la represión de la iniciativa privada y la falta de libertad. A pesar de las masivas ayudas de Moscú intentando camuflar el evidente desastre económico, Etiopía decayó hasta convertirse en el país más pobre del planeta.

Decir que el Congo, Chad, Burundi, Tanzania y Etiopía son los estados más pobres del mundo por culpa del capitalismo neoliberal y de la globalización es una aberración histórica y un escarnio intelectual. Y el escarnio es todavía mayor si lo comparamos con lo sucedido en países del África meridional (Botswana, Sudáfrica, Swazilandia y la isla de Mauricio) que, en lugar de dejarse deslumbrar por el fácil populismo socialista, aceptaron la organización de mercados y abrieron sus economías al comercio, el capital y las tecnologías internacionales. La tasa de crecimiento de Botswana desde 1970 ha sido superior a la de la media de los «milagrosos tigres» del sudeste asiático mientras que Mauricio no se quedó muy atrás. La renta de estos cinco países es diez veces superior a la de los cinco estados más pobres.

Comparados con Europa, estos exitosos países todavía son pobres, pero sus experiencias demuestran que África no está condenada ni por el destino ni por su pasado colonial. Se puede salir del pozo, aunque no con el obsoleto discurso de Nyerere ni con la sorprendentemente parecida perorata de la globofobia 2000. No digo que los mercados libres y la globalización vayan a curar mágicamente a África. No es tan simple. Ahora bien, que no quepa la menor duda que sin éstos, el continente negro nunca dejará de ser pobre.

La Vanguardia, 17 de setiembre de 2000

Totalitarismo globófobo

Mario Vargas Llosa comparaba al movimiento antiglobalización con una sublevación campesina que existió a finales del siglo XIX en los estados de Bahía y Sergipe en el norte del Brasil: la revolución de «los quebrakilos». Liderados por el carismático predicador, el Apóstol Ibiapina, ese grupo revolucionario se oponía a la introducción del sistema métrico decimal y asaltaba tiendas y almacenes destruyendo balanzas, kilos y metros. Los quebrakilos, decía Vargas Llosa, intentaron evitar lo inevitable «negando lo real y lo posible en nombre de lo imaginario y la quimera». Lo mismo que los globófobos.

A pesar de ser una comparación acertada, el gran escritor peruano olvidó que, además de las acciones violentas y la negación de lo real, los dos grupos comparten la tendencia a falsear la verdad. Detrás del movimiento quebrakilos había una oposición radical al intento del gobierno de acabar con la evasión fiscal. En lugar de decir que se oponían al pago de impuestos, los campesinos sublevados decían oponerse al sistema métrico y la tomaron, de una manera que hoy nos parece cómica, con las balanzas. El movimiento de la globofobia, por su parte, dice luchar contra la globalización «porque causa pobreza en los países del Tercer Mundo». La realidad es, sin embargo, que muchos de sus miembros interesados buscan el proteccionismo comercial de las economías norteamericanas y europeas, proteccionismo que daña a los países pobres al impedir la venta de sus productos agrícolas en nuestros lucrativos mercados.

Otro punto de coincidencia es la ignorancia de lo que significa el ABCDE. Los campesinos quebrakilos eran analfabetos y no sabían el abecedario. Los globófobos de hoy, que no son analfabetos, ignoran que la conferencia anual sobre desarrollo económico (las siglas en inglés son ABCDE) no es la reunión anual conjunta del Banco Mundial y del Fondo Monetario Internacional que el año pasado se celebró en Praga y que a ellos les gusta boicotear. ¡Esa reunión se celebró el mes pasado en Washington! La ABCDE es una reunión de economistas, académicos e intelectuales, muchos de ellos críticos con la globalización y todos ellos preocupados por la pobreza, que buscan soluciones a los gravísimos problemas económicos y de salud pública del Tercer Mundo. Los trabajos presentados en la conferencia se publican en un libro. Si los globófobos se preocupan tanto por los países pobres, ¿por qué se oponen a la discusión de ideas (repito, ¡discusión de ideas!), sobre cómo sacar del pozo a las maltrechas economías del Tercer Mundo?

Curiosamente, el anuncio de la cancelación del ABCDE de Barcelona se ha producido durante la semana que marcaba el 68 aniversario de uno de los episodios anticulturales más barbáricos que vivió el siglo xx: la primera gran quema de libros considerados «antialemanes» por parte de los seguidores de Adolf Hitler el 15 de mayo de 1933. La portavoz del Banco Mundial comparó el boicot con las quemas de libros. No sé si la comparación con los *Hitlerjugend* es acertada o no. Pero en cualquier caso, el boicot violento y el intento de censura de académicos son muestras de la intransigencia totalitaria, antidemocrática y violenta con la que se asocia el movimiento de la globofobia. Ya sé que algunos dirán que ellos no promocionan la violencia. Y es cierto: muchos de los que se oponen a la globalización son pacíficos. Pero no nos engañemos ya que todos sabemos cómo acaban esos «boicots pacíficos»: pedradas, detenciones, ataques a establecimientos, destrucción de edificios, sangre, incendios y violencia.

Uno puede creer que para erradicar la pobreza en África hay que condonar la deuda y otro puede creer lo contrario. Uno puede creer que la introducción de mercados y las tecnologías que caracterizan la globalización son buenas para los países pobres y otros pueden discrepar. Uno puede creer que la globalización es el problema y otros pueden creer que es la solución. En cualquier caso, lo civilizado sería discutir todo eso aportando datos, evidencia y buscando la verdad, ¿no? Pues eso era precisamente el objetivo de la conferencia ABCDE de Barcelona que, lamentablemente, no se celebrará.

Y quien diga que en las reuniones como el ABCDE sólo se invita a los defensores de la globalización y que la voz de los pobres y de los antiglobalizadores nunca está representada, no dice la verdad. Yo he asistido a reuniones del Banco Mundial, del FMI y del foro de Davos donde numerosos representantes de organizaciones como Oxfam, Jubileo 2000, Earth 3000, New Economics Foundation, Africa Matters y un largo etcétera, expresaban sus opiniones en contra de la globalización y sus propuestas para resolver los problemas. Sus voces han sido escuchadas como la que más. Lo irónico es que, mientras ellos hablaban, miles de violentos se manifiestan en los alrededores del edificio reclamando que se les escuche.

La suspensión de la conferencia ABCDE en Barcelona es lamentable porque se ha censurado a unos académicos que solamente querían aportar soluciones a los graves problemas del Tercer Mundo. Pero, sobre todo, es lamentable porque se ha cancelado por miedo a la intimidación violenta. Y lo más triste es que ese miedo se ha promocionado desde algunos sectores de la universidad catalana desde donde debería defenderse la pluralidad de opinión y la libertad de reunión. El totalitarismo globófobo ha dado una gran lección de «libertad de expresión».

La Vanguardia, 22 de mayo de 2001

PREGÚNTENSELO A FIDEL

Fidel Castro no sabe lo bien que le va el boicot económico al que le somete Estados Unidos. O al menos eso se deduce de los argumentos de los grupos antiglobalización. Si nos los tomamos en serio, el boicot debería beneficiar al pueblo cubano ya que lo protege de la explotación de las multinacionales, evita el «intercambio desigual» que perjudica a los países de la periferia, impide que el neoliberalismo salvaje reduzca los «fabulosos» salarios que ganan los trabajadores cubanos, no permite el acceso de las tecnologías uniformizadoras, fomenta la libertad política y democrática al evitar que el gobierno se convierta en siervo del gran capital imperialista y elimina la prostitución infantil al excluir el turismo sexual norteamericano que hizo de la Cuba de Batista el gran prostíbulo de América (todo el que haya visitado la isla recientemente habrá observado que, gracias a Fidel, en Cuba ya no hay prostitutas). ¡El Comandante debería dar las gracias al congreso norteamericano por impedir que la isla caiga en las garras de la globalización!

¿Absurdo? Quizá sí, pero este ejemplo demuestra que buena parte de los razonamientos de los globófobos son falaces. Otro ejemplo. Nos dicen que la globalización genera crecientes desigualdades económicas: los pobres serán cada vez más pobres y los ricos, más ricos. En este sentido, se repite hasta el aburrimiento que las veinte personas más ricas del mundo tienen tanto dinero como los 3.000 millones más pobres, dato que es de muy poco interés porque confunde los conceptos de desigualdad y pobreza. Esa confusión ha quedado patente durante el último año, cuando los más ricos han perdido enormes sumas de dinero debido a la caída de los valores tecnológicos. Es decir, hace dos años, las veinte personas más adineradas del mundo ganaron tanto como los 3.000 millones de personas más desdichadas. El año pasado, sin embargo, ganaron mucho menos dinero que los 3.000 millones más pobres. Y la razón no es que los pobres ganaran mucho más, sino que los más ricos perdieron muchísimo dinero en la bolsa. El mundo se hizo un poco menos «desigual», pero el bienestar de los pobres no cambió. Quizá esto haga feliz a los antiglobalización, pero la verdad es que no ha beneficiado en absoluto a los más menesterosos del planeta.

Si analizamos la historia de las desigualdades económicas, veremos que en 1750 el mundo era muy igual, pero era muy pobre ya que la casi totalidad de la población vivía en régimen de subsistencia, como documentó Thomas Malthus en 1798. De repente, algunos países empezaron a desarrollarse con la introducción de economías de mercado más o menos abiertas, y eso conllevó aumentos en el nivel de bienestar para la mayor parte de sus ciudadanías. Los países que no iniciaron ese proceso se quedaron atrás y las desigualdades de renta entre países y entre personas aumentó entre 1750 y 1980. A la vista de esta tendencia, muchos fueron los que predijeron que las desigualdades seguirían creciendo sin parar. Pero eso no tiene por qué ser necesariamente cierto ya que si, poco a poco, todos los países se desarrollan, llegará un punto en el que las desigualdades comenzarán a disminuir hasta llegar a la situación en que todos serán más o menos iguales, como en 1750, pero esta vez no serán iguales y pobres sino ricos.

Y eso no es sólo una elucubración teórica sino que, según recientes estudios de los profesores Paul Schultz de Yale, Peter Lindert de la Universidad de California y Davis y Jeffrey Williamson de Harvard parece que el punto de inflexión ocurrió alrededor de 1980, cuando los dos países más poblados del planeta, primero China y luego la India, empezaron a abandonar las políticas autárquicas socialistas de planificación y a abrazar la economía de mercado y la globalización. Los resultados están siendo espectaculares ya que centenares de millones de personas están viendo crecer sus rentas y sus salarios hasta niveles que no hubieran podido ni soñar hace sólo veinte años. Es cierto que los beneficios todavía no han llegado a la totalidad de la población y que las diferencias dentro de esos países van en aumento, pero también es cierto que las zonas y los sectores que se están quedando atrás son los que no se han liberalizado. Gracias a China y la India, pues, parece que las desigualdades de renta entre los ciudadanos del mundo (que no entre países, porque hay muchos países pobres y con poca población) empiezan a disminuir y, con ello, uno de los pilares sobre los que se ha construido el movimiento antiglobalización empieza a desmoronarse.

Otra falacia comúnmente difundida es que la globalización convierte en pobres a muchos que antes eran ricos. La presunta «demostración» de este fenómeno es que «cada vez hay más pobres en el mundo». Aquí los datos les dan parte de razón: cada vez hay más pobres. Pero también es cierto que cada vez hay más ricos. Y la razón es que ¡cada vez hay más gente! Ahora bien, los datos demuestran que la fracción de la población que es pobre va decreciendo. En ese sentido, el progreso de China y la India vuelve a ayudar porque ha hecho que 300 millones de personas hayan abandonado la pobreza absoluta. Y si el número de pobres en el mundo aumenta, no es porque haya cantidades ingentes de gente rica que empobrece por culpa de la globalización, como dice la versión oficial antisistema, sino simplemente porque la mayor parte de niños del planeta nacen en países del Tercer Mundo. Cuando esos países sean desarrollados como nosotros, nacerán menos niños y los que nazcan no serán pobres. Conseguir el desarrollo económico de esos países debe ser, pues, nuestro principal objetivo. No será fácil. Ahora bien, que quede claro que no se va a lograr sin lo que nos ha funcionado a nosotros: la economía de mercado y la globalización.

Y, quien todavía tenga dudas, que se lo pregunte al comandante Fidel.

La Vanguardia, 11 de julio de 2001

GENTE INTERESADA

El famoso caballo de carreras *Silver Blaze* había desaparecido y su criador encontrado muerto en el campo. Se sospechaba de varios individuos y el doctor Watson, el querido doctor Watson, había recopilado toda la información sobre lo ocurrido durante la fatídica noche. Antes de partir, el inspector Gregory, de Scotland Yard, le preguntó a Sherlock Holmes: «¿Existe algún otro detalle acerca del cual desearía usted llamar mi atención?». Sherlock contestó: «Sí, acerca del curioso incidente del perro durante la noche». Gregory exclamó perplejo: «¿El curioso incidente del perro? ¡Pero si esa noche el perro no hizo nada!». A lo que Sherlock Holmes, con su temple habitual, contestó: «Ése es, precisamente, el curioso incidente».

Efectivamente: el perro no hizo nada, ni siquiera ladró. Y la aplastante lógica de Sherlock Holmes le llevó a concluir que el único que podía haberse acercado al caballo sin hacer ladrar al perro era... el propio criador. Caso solucionado.

Los episodios en los que el silencio del perro delata al culpable, se repiten frecuentemente, incluso fuera de las novelas. Uno de los más recientes es el mutismo que los grupos antiglobalización han mantenido a raíz de los acuerdos firmados en Doha en el marco de la Organización Mundial del Comercio. En esa reunión, los ministros de economía se comprometieron, entre otras cosas, a negociar la reducción de las barreras arancelarias que protegen a los productores agrícolas y textiles de la Unión Europea, Japón y Estados Unidos.

Como ya hemos denunciado a menudo desde estas páginas, uno de los factores que impiden el desarrollo económico de las regiones pobres del mundo es la ridícula y extravagante política proteccionista de los gobiernos de los países ricos. No hace falta ser muy agudo para darse cuenta de que los países subdesarrollados no pueden producir y exportar bienes tecnológicamente sofisticados. Mientras no alcancen un mínimo nivel de capacidad técnica, pues, deben limitarse a producir productos básicos como la agricultura, la pesca, el textil o la minería. En este sentido, su estrategia de crecimiento económico a largo plazo debe consistir en producir esos bienes sencillos y exportarlos a los países ricos. Con las divisas conseguidas deben mejorar sus infraestructuras, crear instituciones que garanticen la libertad y los derechos de propiedad, financiar la educación de sus trabajadores y empezar a adoptar tecnologías un poco más sofisticadas que les permitan producir y exportar bienes con un poco más de valor añadido: primero relojes, juguetes o productos electrónicos simples y, más adelante, automóviles, electrónica avanzada e informática. Ése fue el camino que siguieron Japón, Corea, Hong Kong, Singapur, Taiwán y los demás «milagros» económicos del sudeste asiático. Y ése es el camino que está siguiendo China. Simple, ¿no?

Pues no. Porque para que toda esa estrategia funcione, es necesario que empiecen exportándonos los únicos bienes que hoy en día son capaces de producir. El problema es que los gobiernos de Estados Unidos, la Unión Europea y Japón, defensores cuando les conviene de la globalización, se empeñan en cerrar sus lucrativos mercados a los productos agrícolas y textiles del Tercer Mundo. Es más, no contentos con eso, se dedican a subsidiar masivamente (¡con más de 400.000 millones de euros anuales!) a sus productores con lo que resulta más barato comprar leche europea que leche africana en África. Ante esta grotesca situación, los dirigentes del Tercer Mundo han acusado reiteradamente a los gobiernos de los países ricos de hipocresía económica. Y tienen toda la razón.

Pues bien, en Doha, Estados Unidos, Europa y Japón se comprometieron a dialogar con el objetivo de acabar con esta situación tan perjudicial para el Tercer Mundo. Es cierto que, de momento, solamente se acordó «dialogar» sobre el futuro desmantelamiento de ese proteccionismo salvaje y que todavía queda mucho por hacer. Pero el simple hecho de que los ricos accedieran a hablar del tema representa un paso tan grande, tan nuevo y con unos potenciales beneficios para los pobres tan extraordinarios, que todos los observadores han coincidido en calificar el acuerdo de Doha de gran éxito para los países subdesarrollados.

Y es por ello que uno esperaba que el movimiento antiglobalización, autoproclamado defensor de los intereses del Tercer Mundo, inundara los medios de comunicación con mensajes de celebración. La realidad, sin embargo, ha sido muy distinta ya que lo único que ha inundado los medios ha sido el silencio. Un silencio revelador. Como el perro que no ladró en *El misterio de Silver Blaze*, el mutismo de los globófobos viene a confirmar lo que sospechábamos desde hace tiempo: esos grupos atacan la globalización, no para defender a los países pobres sino para proteger los intereses económicos de los grupos de presión proteccionistas de los países ricos. Entre esos grupos destacan los *lobbies* textiles norteamericanos, los agricultores europeos y, sobre todo, los violentos campesinos franceses liderados por el símbolo por excelencia del movimiento antiglobalización: el recalcitrante y convicto pastor de cabras, José Bové.

La retórica de los globófobos es hermosa y llena de mensajes solidarios. Pero sus acciones y, en este caso, sus inacciones, son más reveladoras que sus palabras. Como dijo Sherlock Holmes: «Lo importante es separar lo que son hechos absolutos e innegables de lo que son fantasías creadas por reporteros y gente interesada».

La Vanguardia, 17 de diciembre de 2001

4

Aspectos del papel
del gobierno en la economía

Los seis artículos que vienen a continuación tratan distintos aspectos de la intervención del gobierno en la economía. El primero versa sobre las estafas llamadas «pirámides» y el caso Gescartera, un gigantesco timo descubierto en España durante el año 2001. Este folclórico episodio arroja dos importantes lecciones económicas que es necesario recordar. Primero, en los mercados financieros, un retorno elevado es siempre la recompensa de un riesgo elevado. Segundo, si el gobierno quiere jugar a supervisar mercados, debe hacerlo bien. Si no puede garantizar que hace las cosas como Dios manda, es mejor que se abstenga de intervenir.

En «La doble pena de muerte» se habla de los impuestos de sucesión, argumentando que, a pesar de ser impuestos que pagan los ricos, son impuestos injustos y obsoletos que deberían ser eliminados. Los argumentos que utilizo en ese artículo son válidos para otros dos impuestos que, según se dice, gravan a los ricos: el impuesto de transmisiones patrimoniales y el impuesto del patrimonio. El tercer artículo trata de la obligación que el gobierno español quiere traspasar a todos los futuros gobiernos de igualar el presupuesto público y eliminar el déficit fiscal. Una mala idea que hará que las crisis económicas sean más acentuadas (sobre todo en una economía sin capacidad de llevar a cabo una política monetaria propia, como es la de España desde que entró en la unión monetaria del euro) y que detendrá algunos proyectos de inversión en infraestructuras potencialmente importantes. El escrito llamado «Locuras económico-deportivas» utiliza el argumento de las externalidades que hemos visto en el primer capítulo para argumentar que el gobierno de la Unión Europea debería poner límites a los salarios que cobran los futbolistas.

El quinto artículo habla de la prostitución y explica por qué debería legalizarse. Finalmente, el último texto explica por qué las administraciones públicas deberían invertir menos en el mercado de las tecnologías y por qué harían bien, en cambio, empezando a preparar el país para afrontar el gran reto del siglo XXI: la *geronto-cracia*.

GESCARTERA: ¿SUIZA, PANAMÁ O BAHAMAS?

«Habló Jehová a Moisés, diciendo: cuando una persona negare a su prójimo lo dejado en su mano o bien robare a su prójimo, entonces, habiendo pecado y ofendido, restituirá aquello que robó o el depósito que se le encomendó y añadirá a ello la quinta parte en el día de su expiación. Y para expiación de su culpa traerá a Jehová un carnero sin defecto y lo dará al sacerdote.» Levítico 6,1-7.

Eso era antes. Ahora que la ira de Jehová no intimida a los chorizos y que la cotización de un «carnero sin defecto» es pequeña comparada con los 20.000 millones que se pueden acumular con el viejo timo de la pirámide, quizá es necesaria la actuación de la Comisión Nacional del Mercado de Valores.

El timo de la pirámide se hizo famoso en 1920 cuando Carlo Ponzi, un estafador italiano afincado en Boston, dijo haber encontrado la manera de ganar dinero comprando en Europa unos cupones que se podían redimir con sellos en Estados Unidos. La diferencia de precios debido al tipo de cambio permitía, según él, ganar sustanciosas cantidades de dinero. Ponzi prometía a sus clientes una tentadora rentabilidad del 50% en 45 días. En realidad, nunca compró ni cupones ni sellos. Se limitaba a pagar a la primera ronda de inversores con el dinero de la segunda ronda de inversores. Es decir, una pirámide financiera. Pero al ver que, efectivamente, Ponzi daba un rendimiento del 50%, los clientes volvían a confiarle sus ahorros. El fiscal del distrito destapó el caso al ver que, a pesar de que el negocio subía como la espuma, la compraventa de sellos no había aumentado. ¡Craso error, don Carlo! El fraude acabó arruinando a unos 10.000 clientes de la alta sociedad de Nueva Inglaterra.

La historia se repite, 81 años después, en España con el caso Gescartera. El estafador se llama Antonio Rafael Camacho quien decía haber encontrado sistemas de inversión ultraprovechosos en Estados Unidos. Prometió a sus clientes una rentabilidad fabulosa y garantizada, una tentadora oferta para los codiciosos. Unos 2.300 clientes compraron esos «depósitos estructurados de renta fija», un burdo producto financiero inexistente que, curiosamente, no llamó la atención de la CNMV.

¿Qué hacía Gescartera, en realidad, con el dinero? Pues, lo mismo que Ponzi: una parte era para pagar a los clientes que querían recuperar su dinero —evitando así las sospechas— y el resto iba al bolsillo del timador. Una pirámide en toda regla, que se derrumbó el pasado mes de junio, cuando la CNMV exigió que se documentara el paradero del dinero. Como no existían inversiones, ¡craso error, don Antonio!, se falsificaron dos certificados de depósito de La Caixa y del Santander que fueron debidamente rechazados. Y Camacho se fue directamente a la cárcel sin pasar por la casilla de salida y sin cobrar las 20.000 pesetas... pero el dinero ya había desaparecido.

Lo más extraño del caso es que pasaron los días y fueron pocos los afectados que denunciaron el timo, seguramente porque parte de su propio dinero era ilegal. Poco a poco, se fue descubriendo la cartera de clientes y resultó ser de lo más peculiar: huérfanos de la Guardia Civil, armada española, subsecretarios de Estado, jugadores del Real Madrid, toreros, arzobispos, policías nacionales, la ONCE y el Ministerio de Defensa. Toda una pintoresca muestra de la sociedad española de la pandereta y el botijo en busca del dinero fácil. Para añadir al folclore, resulta que uno de los captadores de clientes era el cantante Jaime Morey, que quedó décimo en el festival de Eurovisión de 1972 con la canción *Amanece* —música de Augusto Algueró—, cuyo primer párrafo resulta premonitorio: «parece que el cielo se nubló para nosotros». Me temo que sí, don Jaime, parece que el cielo se nubló para ustedes.

Además de evocar el colorido de la España tradicional, el caso Gescartera nos recuerda dos lecciones económicas importantes. La primera es que si una inversión obtiene una rentabilidad extraordinariamente elevada es porque tiene un riesgo extraordinariamente elevado. Y riesgo quiere decir que el cliente puede ganar mucho... pero también puede perder mucho dinero. Toda rentabilidad por encima de lo «normal» es una recompensa para quien asume un riesgo. Y cuando se prometen retribuciones excesivamente altas y seguras —es decir, sin riesgo—, es que hay gato encerrado. Hace un par de años, cuando los mercados de valores de todo el mundo subían como la espuma, muchos fueron los que creyeron que eso de la bolsa era una máquina de ganar dinero fácil. Y muchos fueron los que olvidaron que las tasas de retorno elevadas son una compensación a los riesgos elevados. Los recientes descalabros de los mercados de valores han servido para que aprendieran de nuevo esa ley elemental de las finanzas.

La segunda lección es que, para que la economía funcione bien, es necesario que la sociedad pueda confiar en su gobierno cuando éste se compromete a supervisar los mercados. Y si no se ve capaz de hacerlo bien, mejor que no lo haga. Al menos todos los que participen en el mercado financiero sabrán a qué atenerse. Pero si el gobierno quiere jugar a ser supervisor, entonces debe hacer las cosas bien y me parece que éste no es el caso. En este sentido, una prioridad para el gobierno debe ser el restablecimiento de la confianza en la CNMV, y para ello habrá que investigar hasta el final y castigar a todos los que hayan infringido las leyes, sean del PSOE o del PP, trabajen en el Ministerio o en la propia CNMV, lleven sotana, tricornio o palo de ciego. Otra prioridad del gobierno debería ser la de no compensar a los que han sido timados con el dinero de los contribuyentes. Las leyes del mercado implican que las monumentales ganancias son para el que se arriesga... pero también lo son las monumentales pérdidas. Lo que no puede ser es que cuando se gana, los privados se embolsan los dividendos y cuando se pierde, paga el contribuyente.

Por cierto, de lo que dice la Biblia de «restituir aquello que robó por entero a aquel a quien pertenece», nada de nada. Hace muchos días que el dinero descansa, tranquilo, en un paraíso fiscal al cual viajará Camacho una vez haya cumplido una irrisoria condena. La canción *Amanece* de Jaime Morey vuelve a resultar sugestiva: «Yo sé de un lugar, a través del mar, donde el día brilla más cuando amanece». Descartada Suiza por falta de mar, la pregunta es: ¿se refería a Panamá o a Bahamas? Se aceptan apuestas.

La Vanguardia, 21 de agosto de 2001

LA DOBLE PENA DE MUERTE

Cuando los familiares del señor Puig se enteraron de su súbita defunción, sintieron una doble pena. Lógicamente, lloraron por la desaparición de un familiar entrañable y querido. Pero, por otro lado, lloraron porque una parte importante del patrimonio que el señor había acumulado a lo largo de su vida pasaría a manos del Estado en concepto de *Impuesto de Sucesiones y Donaciones (ISD)*. Los ISD son impuestos pagados principalmente por los ricos. Y eso los convierte, según sus defensores, en impuestos «equitativos» cuya eliminación sería «injusta», ya que beneficiaría más a los ricos que a los pobres.

Aunque, a primera vista, este razonamiento parece correcto, el ISD no solamente es injusto sino que es un anacronismo que debería desaparecer. Considere el lector el caso de dos señores que ganan diez millones de euros netos acertando el pleno al quince. El primero es un crápula desenfrenado que coge el dinero y se lanza a la buena vida: coches de lujo, deportes de aventura, veleros, vacaciones en lugares paradisíacos, fiestas extravagantes, vino y fulanas. A los 65 años, muere (de cirrosis, claro, debido al elevado consumo de alcohol) sin un duro. El segundo individuo decide invertir los diez millones. Una parte la coloca en un fondo de inversión tecnológico y con el resto monta un pequeño comercio. El dinero es utilizado para financiar la inversión productiva, el progreso técnico, el empleo y el crecimiento de la economía en general. Al morir a los 65 años, deja el fondo y el pequeño negocio a sus hijos.

Desde el punto de vista de la «justicia social», ¿cuál de los dos individuos debería pagar más impuestos? Note el lector que ambos pagan un *impuesto sobre la renta* (IRPF) superior al de los trabajadores normales, al ser éste un impuesto progresivo. También es cierto que ambos acaban pagando *impuesto sobre el consumo o IVA*: el crápula lo hace directamente mientras que los sucesores del señor frugal lo pagarán cuando gasten lo heredado. La pregunta es si deberían pagar impuestos adicionales y, en caso afirmativo, quién debería pagar más.

Sería relativamente fácil argumentar que lo más justo es que los impuestos penalicen al crápula, ya que su conducta lujuriosa reduce la inversión productiva. Además, su consumo ostentoso puede herir los sentimientos de los menos afortunados, como postuló Thorsten Veblen hace ya cien años.

También se podría argumentar (y esto es lo que defendería yo) que los dos deben pagar lo mismo, ya que el estilo de vida que uno decide llevar no es algo que ataña al gobierno. Si el comportamiento del libertino ha sido poco ético pero dentro de la legalidad, ya será castigado por Dios. El gobierno no debería inmiscuirse en asuntos de carácter celestial. Y dado que no se debe gravar la misma renta dos veces, con el IRPF ya hay suficiente.

Lo que pocos observadores dirían es que lo más justo es que se penalice fiscalmente al ahorrador. Curiosamente, sin embargo, eso es precisamente lo que hace el ISD ya que el derrochador no paga nada cuando muere, mientras que el austero, al dejar herencia, debe pagar el impuesto final.

Oído este razonamiento, los defensores del impuesto de sucesiones pasan a argumentar que el verdadero objetivo del ISD no es el castigo o premio a la conducta de los padres, sino la garantía de igualdad de oportunidades para los hijos. Ese argumento, que podía ser cierto en los siglos XVIII o XIX, cuando la riqueza del país era la tierra y el capital físico, ha dejado de ser cierto en el siglo XXI, cuando el 75% de la riqueza nacional es el capital humano: la desigualdad de oportunidades ya no se debe al hecho que unos pocos niños heredan tierras o empresas y los demás no heredan nada, sino a que unos padres dotan a sus hijos de un nivel de educación que les permitirá obtener remuneraciones elevadas, mientras que otros padres no lo hacen.

Está empíricamente demostrado que los hijos de familias estables y educadas tienden a tener mejor formación y mayores salarios, ya sea porque los padres gastan más recursos en la enseñanza de sus niños o porque les transmiten parte de su educación a través de la interacción diaria. Dado que éste es el principal mecanismo de transmisión de desigualdades económicas entre generaciones, un impuesto sobre el patrimonio físico o financiero no garantiza la igualdad. Es más, incluso se podría decir que el ISD empeora las cosas ya que incentiva a las familias ricas a dejar una mayor parte de su herencia en forma de capital humano para pagar menos impuestos, lo cual genera incluso más desigualdad educativa y salarial. Está claro que la igualdad de oportunidades se garantiza educando a los niños de las familias menos privilegiadas y no con el ISD. Y, en todo caso, si uno quisiera seguir la lógica de poner impuestos para solucionar problemas, llegaría a la absurda conclusión de que la igualdad se garantiza ¡gravando las horas que los padres dedican a sus hijos!

También hay que tener en cuenta que el ISD introduce un sesgo a favor de las grandes corporaciones y en contra de los pequeños negocios, que a menudo deben ser vendidos por los herederos para poder hacer frente a la abusiva obligación fiscal ya que los paquetes de acciones son más fáciles de esconder que el colmado de la esquina. En ese sentido, el ISD perjudica más a las clases medias que a las altas, por lo que tampoco por ahí contribuye a la igualdad económica.

Y si los impuestos de sucesiones tienden a penalizar el ahorro y la inversión productiva, tienden a incentivar el gasto ostentoso, la evasión fiscal y la especulación y no contribuyen a garantizar igualdad de oportunidades, ¿cómo se explica que esa reliquia del pasado no desaparezca? Pues porque constituye una fuente de ingresos para la administración. Y ya se sabe que los gobiernos nunca renuncian a sus fuentes de ingresos por más absurdas, irracionales y perjudiciales que éstas sean.

Déficit cero... en promedio

El déficit cero está de moda. El gobierno anuncia que ha equilibrado el presupuesto y, no satisfecho con semejante hazaña, ahora busca aprobar una ley que ligue de manos a los futuros gobiernos obligándoles a conseguir también el déficit cero.

En general, no es bueno que las administraciones se endeuden sistemáticamente. Como el resto de nosotros, los gobernantes deben entender que no pueden gastar siempre más de lo que ingresan. En un sistema político donde se ganan votos prometiendo de todo (es decir, gastando mucho) y no perjudicando a nadie con impuestos (es decir, recaudando poco), los gobiernos tienen la tendencia a generar déficits excesivos. La imposición de disciplina fiscal es, pues, saludable.

Pero una cosa es no generar déficits sistemáticos y otra muy distinta prohibir los déficits por ley. Recuerde el lector que equilibrar el presupuesto es equivalente a no pedir prestado: cuando uno quiere gastar más de lo que gana, debe financiar la diferencia con un crédito. Obligar, pues, al gobierno a conseguir el déficit cero es equivalente a prohibirle pedir créditos. Y eso es malo.

Las finanzas del gobierno son como las de una familia. Cuando una familia se endeuda sistemáticamente, tiende a gastar demasiado en cosas innecesarias y debe utilizar una parte excesiva de sus ingresos para pagar los intereses. Ahora bien, eso no quiere decir que la prohibición de los créditos familiares sea deseable. Si lo hiciéramos, pocos podrían comprar casa o coche y pocos podrían montar negocios.

Este argumento, que parece claro para el caso de las personas, se aplica también a las administraciones públicas. Imaginemos que descubrimos una tecnología que, si se implementa, nos permitirá crear empleo, riqueza y crecimiento, pero que requiere una gran inversión en infraestructuras públicas. La pregunta es: ¿cómo financiaremos tan deseable inversión? Lo normal sería ir al Banc Sabadell a pedir un crédito. Ahora bien, si el gobierno se ata de manos y se obliga a sí mismo a presupuestar un déficit cero, se cierra esa vía de financiación. Una alternativa sería ahorrar durante veinte años hasta generar el suficiente capital. Para entonces, otros países se nos habrán adelantado y la inversión ya no tendrá sentido. Otra posible solución sería aumentar los impuestos, pero eso también sería malo porque reduciría la inversión y el consumo privado. La tercera alternativa sería eliminar algún otro tipo de gasto público. Si ese gasto era necesario, se perjudicará a los ciudadanos o a la economía y si no lo era, se debería haber eliminado con anterioridad en lugar de esperar a tener la necesidad de hacerlo. Dado que todas las alternativas son insatisfactorias lo más probable es que, sin déficit, el proyecto nunca se lleve a cabo. Dicho de otro modo, la ley de déficit cero podría tener consecuencias adversas sobre el crecimiento a largo plazo.

Pero el déficit cero también presenta problemas a corto plazo. Consideremos, por ejemplo, los efectos de una repentina caída de la bolsa y una consiguiente reducción de la demanda de consumo. Una de las primeras consecuencias de la crisis económica sería la caída de la recaudación fiscal y el aumento del gasto público en subsidios de paro. La menor recaudación y el mayor gasto generaría un déficit fiscal. Si la ley prohibiera dicho déficit, el ministro se vería obligado a retocar los presupuestos dejándole, básicamente, dos alternativas. La primera sería la reducción del gasto, cosa que disminuiría todavía más la demanda y agravaría la crisis. La segunda alternativa sería elevar los impuestos. Eso reduciría el poder adquisitivo de los ciudadanos, lo que les obligaría a reducir el consumo y la inversión, por lo que esa vía también agravaría la crisis. Sea como fuere, la obligación de conseguir un déficit cero contribuiría a acentuar la crisis y generaría una mayor inestabilidad del ciclo económico. Una mala idea en la que estarían de acuerdo tanto los economistas clásicos como los keynesianos.

De hecho, si se analizan los datos honestamente, uno debe reconocer que el gobierno ha conseguido equilibrar los presupuestos en parte gracias a que la bonanza económica ha traído mayor recaudación y menor gasto social (me abstendré aquí de analizar la contabilidad creativa y las «donaciones» de la UE). Si eso es así, el mismo gobierno que ahora saca pecho, tendrá problemas para conseguir un presupuesto equilibrado cuando la economía se desacelere. Y será entonces cuando buscar el déficit cero puede tener consecuencias nefastas. La teoría económica dice que lo mejor sería mantener los tipos impositivos más o menos constantes y dejar que haya déficits durante las recesiones y superávits durante los tiempos de bonanza, de manera que el presupuesto esté equilibrado en promedio, aunque no lo esté cada año.

Si es cierto que, por un lado, hay que obligar al gobierno a mantener una disciplina fiscal, pero por otro lado, hay que dejarle tener déficits en casos especiales, la pregunta es ¿qué hacer? Una solución interesante es la que parecen haber adoptado CiU i el PP en el Parlament de Catalunya. Según ese acuerdo, cuyos detalles sólo conozco a través de la prensa, el gobierno deberá perseguir el equilibrio presupuestario aunque, en caso de crisis económica o de situación excepcional, el Parlament podrá aprobar un déficit positivo, siempre y cuando vaya acompañado de un plan que permita volver al equilibrio presupuestario en un tiempo razonable. Es decir, déficit cero sí... pero en promedio.

La Vanguardia, 6 de diciembre de 2000

LOCURAS ECONÓMICO-DEPORTIVAS

El mundo de los deportes se ha convertido en una locura económica que ya nadie puede entender: cada verano nos horrorizamos un poco más con las cantidades estratosféricas que se pagan por algunos jugadores. A pesar de que el dinero que llega al deporte a través de los contratos televisivos y publicitarios aumenta sin cesar, multitud de clubes caen en la insolvencia financiera e incluso en la ruina total. ¿Por qué pasa todo esto?

Una primera explicación es que el mundo del deporte se ha convertido en un mar de irracionalidad. El último ejemplo se ha visto durante las recientes elecciones presidenciales de un club de fútbol. El candidato criticó al entonces presidente por haber generado una deuda de más de 240 millones de euros. Su propuesta estelar era (como cualquier persona inteligente hubiera deducido a la vista del problema) realizar el fichaje más caro de la historia del fútbol mundial por unos 66 millones, y pagar al jugador un salario de cerca de cuatro millones netos. La salud económica del club, pues, quedaba garantizada por tan astuta operación financiera. Todo un ejemplo de lucidez intelectual. Y claro, ante tanto sentido común, no es de extrañar que los futbolistas ganen salarios desorbitados mientras que los clubes se hunden en la bancarrota (o en la segunda división), a pesar de los éxitos de sus dirigentes en el mundo de la empresa privada.

Una segunda explicación es la que darían algunos economistas de talante superficialmente liberal. Los mejores atletas cobran tanto, dirían, porque el mercado en el que venden su producto es enorme. De hecho, la televisión hace que el mercado de las superestrellas deportivas haya pasado a ser el mundo entero. En el mercado, cada uno cobra por lo que genera y, de la misma manera que el trabajador de una empresa de automóviles cobra según su contribución a las ventas, un deportista cobra según contribución al club por el que trabaja. Por lo tanto, los salarios se determinan según las leyes de la oferta y la demanda, y nadie puede decir que cobran «demasiado». Fin del problema.

Este argumento, aunque aparentemente impecable, se equivoca al comparar las sociedades deportivas con las empresas normales. La «producción» de las sociedades deportivas no se mide en términos absolutos sino en relación con la de los demás. Es decir, lo que importa en el fútbol no es que un equipo marque una determinada cantidad de goles o sume una cantidad de puntos, sino que marque *más que los demás* o que sume *más puntos que los demás*. No es tan importante *jugar bien* como *jugar mejor que el adversario*. Esta sutil diferencia crea problemas importantes ya que, cuando un club contrata a un jugador bueno, no solamente aumenta la «producción» de su equipo sino que, además, reduce la «producción» del equipo contrario. Este fenómeno, que los economistas llamamos «externalidad negativa», se asemeja bastante al de las empresas contaminantes que, al producir, perjudican a los ciudadanos y empresas que las rodean.

Estas externalidades tienen al menos dos consecuencias indeseables. Por un lado, los clubes tienen excesivos incentivos a pagar salarios demasiado altos: el hecho de tener jugadores «un poco mejores» que los del adversario es lo que traerá el éxito deportivo y hay que pagar lo que sea para conseguirlo. Los salarios excesivos, lógicamente, van ligados a la ruina económica de los clubes y sus propietarios. Los jugadores (y sus representantes, que de esto saben mejor que nadie) acaban convirtiéndose en vampiros que «chupan» la sangre de los socios y espectadores.

Por otro lado, los atletas también tienen excesivos incentivos a superarse ya que el ser un poco mejor que los adversarios da una infinidad más de dinero y gloria. Este excesivo afán de superación conlleva problemas personales de todo tipo. Desde padres que presionan a sus hijos para que se conviertan en deportistas de elite (con el elevado coste psicológico que comporta el fracaso para la mayoría de los niños que no lo consigue) hasta la utilización de métodos poco recomendables como el dopaje o el exceso de entrenamiento que acaba con lesiones irreversibles. Muchas estrellas potenciales acaban convertidas en piltrafas humanas.

Cuando hay externalidades, los mercados no funcionan bien y se requiere la intervención pública. La Unión Europea debería introducir regulación que tratara de impedir los pagos desorbitados a los grandes atletas. Una solución sería la limitación de la cantidad total de dinero que un equipo puede pagar a la suma de sus jugadores. Según esta propuesta (que en Estados Unidos ya existe con el nombre de *Salary Cap* o tope salarial), un club podría utilizar, por ejemplo, un máximo de 60 millones de euros anuales para pagar a todos sus jugadores. Si el club quiere utilizar 12 de estos millones para pagar a un jugador, tendría la libertad de hacerlo. Ahora bien, solamente le quedarían 48 para contratar al resto de la plantilla.

Y en medio de todo esto, la Comisión Europea ha propuesto a la FIFA la eliminación de las cláusulas que evitan que un jugador con contrato abandone su club. La limitación de barreras como las cláusulas de rescisión no hará más que aumentar el poder de negociación de los jugadores, incrementar todavía más sus salarios y, en definitiva, empeorar la situación. La comisión quiere tratar a los deportistas como trabajadores y a los clubes como empresas normales, sin entender que la comparación no es adecuada y sin entender que se debería limitar, y no incentivar, la competencia entre clubes si se quiere evitar que sigan las locuras económicas en el mundo de los deportes.

La Vanguardia, 1 de agosto de 2000

MERCADOS DE SEXO

Vivimos en un mundo en el que la prostitución es bastante importante. No hay más que mirar la sección de Relax de cualquier periódico para ver que la cantidad de dinero que mueve el mercado del sexo organizado es monumental. A pesar de su importancia económica, el mercado de la prostitución raramente es estudiado por los economistas. Una excepción notable es un estudio realizado por Esther Pallarols, Lluís Parera, Estefania Parra y Vicent Xavier Torres de la Universitat Pompeu Fabra (UPF). En ese estudio, por ejemplo, se habla de burdeles con doce chicas en cada uno que llevan a cabo diez servicios al día a un promedio de 6.000 pesetas por servicio. Una sola casa de putas puede generar, pues, unas 720.000 pesetas al día y ¡unos 260 millones de pesetas al año! Si sumamos todas las casas de Barcelona (y debemos tener en cuenta que hay chicas que cobran hasta 150.000 pesetas por un solo servicio) enseguida nos daremos cuenta de que estamos hablando de un gran mercado.

El mercado de sexo se divide en cuatro grandes sectores. En el nivel más elevado, encontramos las citas convenidas con chicas generalmente preciosas, menores de veinte años y de nivel cultural elevado. El precio de un servicio *completo* (eufemismo con el que, en el mercado del sexo, se alude a la penetración) oscila entre las 25.000 y las 150.000 pesetas. En el segundo nivel están las autollamadas *saunas*. Se trata de casas bastante limpias y acogedoras con ambiente de gimnasio, donde las trabajadoras están aseguradas como masajistas. Además del masaje regular, las chicas, que en general son jóvenes y bonitas, ofrecen servicios sexuales por precios que oscilan alrededor de las 15.000 pesetas. En el tercer sector del mercado se incluyen las casas de baja calidad, donde señoras menos agraciadas o más castigadas por el inexorable paso del tiempo se ofrecen por unas 6.000 pesetas. Se trata de casas particulares, que cambian de dirección cada vez que los vecinos presentan una queja formal, y que no habría forma de identificar si no fuera por los anuncios que aparecen en los periódicos. Se ha constatado que el grado de sinceridad, en cuanto a la edad y las características físicas de las chicas se refiere, de los anuncios de la sección de Relax es, por decirlo educadamente, variable. Por ejemplo, hay un anuncio que dice «Sra. Pepita, cincuenta años, mucha clase». Cuando repasamos los periódicos pasados comprobamos que hace muchos años que esa señora se llama Pepita, tiene mucha clase y... ¡cincuenta años! Otro hecho sorprendente que aparece tanto en el sector de las saunas como en los burdeles de baja calidad es que las diferencias de precios entre casas son prácticamente inexistentes. Eso es compatible tanto con una estructura de mercado de competencia casi perfecta como con una estructura de monopolio donde una autoridad dicta los precios de todas las casas. También es importante señalar que el precio del servicio en un burdel es el mismo para todas las chicas y que, dado el precio, el cliente elige a la chica de acuerdo con su atractivo físico. Así pues, el mercado obliga a las chicas menos deseadas a cambiar de sector (dado que una señorita que se pasa el día compitiendo en un mismo burdel con chicas más bellas y al mismo precio, acaba no ingresando nada y eso la incentiva a cambiarse a un burdel de menor calidad). En la parte más baja del mercado se encuentran las prostitutas de la calle.

Durante siglos, la humanidad se ha preguntado si este importante mercado debería funcionar dentro de la legalidad, o si, por el contrario, debería estar prohibido o en régimen de semilegalidad. De hecho, en casi todo el mundo, la prostitución está prohibida de manera más o menos explícita. En España, la prostitución está permitida pero no como negocio lucrativo (el proxenetismo está perseguido, por lo menos en teoría). Hay quien dice que la condena que el judeocristianismo hace del sexo ha llevado a las sociedades modernas a no permitir que las mujeres entren en el mercado para alquilar ciertas partes de su cuerpo. Curiosamente, la utilización del cerebro con fines lucrativos por parte de los profesores, la voz por parte de los cantantes, los muslos por parte de los futbolistas o la cara por parte de los políticos nunca ha sido vista con tan malos ojos como la utilización de todo el cuerpo (y en especial las zonas genitales) por parte de las prostitutas.

¿Cuáles son las razones que justifican el mantenimiento de este gran e importante negocio al margen de la legalidad? En principio, parece incorrecto que el gobierno prohíba que un hombre y una mujer se pongan de acuerdo para realizar una transacción voluntaria y deseada por ambas partes. La intervención estatal no debería limitar jamás la libertad individual, a no ser que terceras personas que no intervienen en el intercambio puedan verse afectadas de manera negativa con la ejecución de la transacción. Es decir, y empleando la terminología económica, a no ser que se dé una *externalidad negativa*. En este sentido, la prostitución, al actuar como transmisora de enfermedades venéreas, tiene efectos nocivos sobre terceras personas. En particular, puede tener efectos sanitarios adversos sobre la pareja del hombre que se acuesta con prostitutas, por lo que las actividades sexuales de su compañero la convierten en víctima involuntaria de esas enfermedades. Este fenómeno puede justificar la intervención estatal. La pregunta es si la intervención necesaria o deseable es la *prohibición* total de esa actividad. En la medida en que el hombre ama a su pareja, ya tendrá en cuenta los efectos nocivos que sus acciones puedan tener sobre ella a la hora de tomar la decisión de disfrutar del sexo de la prostituta y, o bien dejará de utilizar sus servicios, o bien se protegerá para evitar la transmisión de enfermedades venéreas. Pero incluso en el caso en que los maridos no quieran a sus esposas, la recomendación de los economistas no es la prohibición sino la introducción de impuestos que encarezcan la transacción voluntaria y que, como consecuencia, reduzcan la cantidad y la frecuencia de las mismas. El problema es que es imposible poner impuestos sobre una actividad que no está dentro de la legalidad por lo que la política deseable sería la legalización de la prostitución y la posterior introducción de impuestos sobre el comercio sexual.

La mejor política que se puede seguir, si lo que se pretende es eliminar la transmisión de enfermedades venéreas a través de los mercados organizados de sexo es mantener a las prostitutas bajo una estricta supervisión sanitaria. Debemos introducir los mismos controles sanitarios que imponemos a los mercados de hortalizas, aceite, carne o productos farmacéuticos. Una vez más, sin embargo, el control sanitario no es concebible si no se legaliza la actividad.

Otro argumento que se utiliza a menudo a favor de la ilegalización de la prostitución es que las prostitutas son arrojadas por la *sociedad* a realizar una actividad que en otras circunstancias no harían jamás. Es cierto que, por desgracia, vivimos en un mundo lleno de gente pobre y miserable. Y también es cierto que la pobreza y la miseria empujan a muchas personas a hacer trabajos que no harían si fueran hijos de la nobleza (aunque, según como se mire, cuando los nobles empobrecidos buscan casar a sus descendientes con gente adinerada, bien se podría decir que están ejerciendo la prostitución... aunque ésta esté mucho mejor vista por la sociedad). El problema es que la mayoría de los basureros, el personal de limpieza de las cloacas o los revisores de tren también dejarían sus respectivos trabajos si fueran ricos. Pero ¿es éste un buen argumento para ilegalizar a los basureros o los revisores de tren? Además, tampoco es cierto que todas las chicas que trabajan en la prostitución sean pobres. En realidad, el estudio realizado por la UPF indica que muchas de ellas tienen un grado de formación universitaria y que, por lo tanto, podrían alcanzar niveles de vida bastante elevados aun sin dedicarse a la prostitución.

Otro argumento comúnmente empleado para impedir la legalización de la prostitución es que, a menudo, las prostitutas están sometidas por unas mafias que les facilitan y financian el viaje hacia los países ricos desde sus países de origen, y que luego las obligan a prostituirse para devolver el dinero. Huelga decir que este tipo de extorsión es ilegal y debe ser perseguida. Huelga decir que los mafiosos explotadores deben ser juzgados y condenados. Pero, una vez dicho esto, lo que hay que condenar es el contrabando de personas y la extorsión, no la prostitución. De todos es sabido que las mismas mafias utilizan métodos similares para facilitar la inmigración de trabajadores agrícolas o empleados de restaurantes chinos. ¿Quiere decir esto que se debería prohibir la recolección de hortalizas y se deberían ilegalizar todos los restaurantes llamados La Gran Muralla? ¡Naturalmente que no! Lo que se debería perseguir es a la mafia explotadora, no la actividad que los pobres explotados se ven obligados a realizar.

Finalmente, hay una razón de peso para legalizar el negocio del sexo, y ésa es la justicia fiscal. ¿Por qué todos nosotros debemos pagar impuestos si ganamos dinero, mientras que las personas que obtienen rentas derivadas de la prostitución no lo hacen? ¿Por qué cada vez que los consumidores compran servicios o productos deben pagar el IVA y los usuarios de servicios sexuales, no? Un hecho curioso que se observa en el trabajo de la UPF es que quien más se opone a la legalización de la prostitución (quizá más incluso que las autoridades eclesiásticas) son las propias putas. La razón es, precisamente, que ahora están muy felices porque no pagan impuestos. Que el lector calcule la cantidad de millones que deja de pagar una sola casa de putas si los números que he dado antes son más o menos exactos. Y este argumento debería resultar atractivo incluso a aquellas personas que condenan la prostitución desde un punto de vista moral. Castiguemos a las putas con una de las penas más crueles que jamás haya inventado el hombre: ¡que coticen a Hacienda!

Avui, junio de 1995

GERONTOCRACIA

Barcelona debe convertirse en uno de los «Centros Mundiales del Conocimiento», la «Boston del Mediterráneo», la «Capital Europea de las Tecnologías de la Información». Nuestros políticos más visionarios no cesan de mencionar la importancia que el saber y las nuevas tecnologías tendrán durante el siglo XXI, y no quieren que perdamos el tren del futuro. Y de ahí que surjan iniciativas como 22@BCN o el Parc Científic i Tecnològic para colocarnos en el umbral del nuevo milenio.

No voy a ser yo quien niegue la importancia del conocimiento y del progreso científico en un país rico y moderno. Pero antes de dejarnos llevar por euforias tecnológicas, quizá sería importante preguntarse: exactamente, ¿cómo se piensa atraer a los mejores científicos del mundo para que trabajen e investiguen en nuestro querido país? Entiendo que, a la mayoría de ellos, les encantará nuestro clima, nuestra sana cocina mediterránea y nuestra personalidad. Incluso preveo que muchos de ellos se quedarán impresionados por lo rectos que nos salen los *castells*. Pero, además de todo este indudable atractivo, ellos vendrán aquí en busca de infraestructuras y laboratorios de investigación con recursos abundantes, de salarios competitivos a nivel mundial y redes de universidades con profesores y estudiantes de categoría con los que poder cooperar y de los que poder aprender.

¿Cómo piensan nuestras administraciones ofrecer todo esto? El deplorable estado en que se encuentran nuestras universidades no les puede estar invitando al optimismo: nuestros profesores cobran una fracción de lo que pagan los centros pioneros del mundo y sus salarios no están casi relacionados con su producción científica (la uniformidad y la eliminación de «agravios comparativos» está por encima de la productividad a la hora de determinar retribuciones). Nuestros catedráticos obtienen una parte muy importante de sus ingresos fuera de la universidad, por lo que su dedicación a la actividad docente e investigadora es, demasiado a menudo, irrisoria. Y no hace falta mencionar el consabido problema de la endogamia universitaria (se promociona a los amigos —¡o incluso a los ministros!— en lugar de a quien se lo merece) o la flagrante falta de recursos económicos en infraestructuras científicas. A pesar de todo esto, las apuestas de modernización que hacen nuestros políticos no vienen acompañadas de propuestas de reforma del sistema universitario, por lo que las probabilidades de éxito son más bien escasas.

Y con esto no quiero decir que debamos perder el tren de la tecnología. Pero de ahí a ser líderes mundiales en el campo de la investigación hay un buen camino. Lo que no podemos es deslumbrarnos con proyectos que suenan muy bien, pero que pueden acabar como multitud de empresas de Internet, que se las prometían muy felices hace solo un par de años y que ya forman parte de la historia de los fracasos empresariales.

Si me lo permite el lector, yo apostaría por otra de las líneas que marcarán el siglo XXI. Tiene mucho menos *glamour* pero nuestras posibilidades de éxito son mucho mayores: se trata del negocio de los ancianos. Nos acercamos a una situación demográfica y económica en la que cada vez hay más jubilados con un poder adquisitivo importante. Los años de vida sana y activa después de la jubilación crecen sin cesar. El poder político de los abuelos queda demostrado cada vez que alguien intenta reformar el sistema de pensiones. Todo esto conllevará importantes cambios en el paisaje político y económico del siglo XXI. Los negocios relacionados con las actividades de la gente mayor van a florecer por todas partes: desde viajes a actividades lúdicas, pasando por campos de golf y servicios de vigilancia y cuidados sanitarios. Los jubilados van a querer gastar los ahorros de toda una vida y el sector financiero deberá tomar nota. La ciencia, otra vez la ciencia, va a seguir dedicando más recursos para solucionar los problemas de los ancianos ricos que los de los africanos pobres. Incluso el paisaje físico cambiará al tener los edificios, los vehículos y el transporte público que adaptarse a la existencia de miles de ciudadanos que circulan con sillas de ruedas. Si el siglo XX ha sido el siglo de la liberalización de la mujer, el siglo XXI será el siglo de la gerontocracia. Y todo esto no es ciencia ficción sino que ya está empezando a suceder. Algunas empresas con visión ya están llevando a cabo proyectos relacionados con los mayores, mientras que algunas comunidades autónomas vecinas ya están apostando por atraer, con éxito, a miles de abuelitos del norte de Europa que buscan escapar del frío polar durante el invierno.

En los próximos años se crearán centenares de miles de puestos de trabajo relacionados con el negocio de la gente mayor y nosotros podemos y debemos luchar por ellos porque, a diferencia de lo que sucede con la ciencia, Cataluña disfruta en este sector de una situación privilegiada, casi única en el mundo entero. Pocos lugares de nuestro planeta combinan tres de los activos que los cada vez más adinerados jubilados buscan: un buen clima, una ya desarrollada infraestructura turística y lúdica y una excelente oferta sanitaria.

Silicon Valley es un espejo en el que todo el mundo se quiere reflejar, pero no hay que olvidar que la primera industria de California no es la informática sino el turismo. Los catalanes deberíamos actuar sin complejos y no perder el disparo de salida de una carrera que sí podemos ganar: la carrera de la gerontocracia.

La Vanguardia, 17 de julio de 2000

5

El estado del pensamiento liberal

Este capítulo reúne diversos artículos que analizan el estado actual del pensamiento liberal. En el primer artículo, titulado «El Nobel de economía y el nuevo liberalismo», explico cómo el profesor de la Universidad de Columbia y premio Nobel de economía de 1999, Robert Mundell, cambió de parecer por lo que al liberalismo económico se refiere y pasó de ser el padre de la economía keynesiana internacional a ser uno de los líderes del pensamiento liberal norteamericano.

Los tres artículos que siguen tocan uno de los temas que más controversia suscitan en nuestro país: la libertad de los horarios comerciales. Tras valorar distintos argumentos, creo que la libertad comercial es positiva en principio. Ahora bien, el gobierno no debería liberalizar los horarios si antes no permite a los pequeños comerciantes competir en igualdad de condiciones. La regulación actual no lo permite, por lo que las liberalizaciones que, en principio, son buenas pueden acabar teniendo efectos perjudiciales.

Finalmente, en «Arcángeles altamente exagerados» se analizan los anuncios de la defunción del liberalismo que se han hecho desde diferentes medios a raíz de los atentados del 11 de setiembre en Nueva York, y los intentos de aumentar el grado de intervención del Estado en la economía. Se argumenta que los anunciantes están profundamente equivocados. Primero, porque su análisis del estado de salud del pensamiento liberal es incorrecto. Segundo, porque confunden la política macroeconómica keynesiana de corto plazo con lo que es la creciente intervención del Estado en la economía propuesta desde posiciones más bien socialistas.

EL NOBEL DE ECONOMÍA Y EL NUEVO LIBERALISMO

Ahora que estamos a punto de llegar al 2000, en muchos periódicos, programas de televisión y radio y en publicaciones de toda índole se están ofreciendo listados de las que han sido las personas más influyentes del siglo y del milenio. Uno de los hechos que más sorprenden de estas listas de nominaciones es que están dominadas por científicos, pensadores e inventores (a pesar de que, mientras estaban vivos, casi nunca fueron reconocidos): personajes como Gutenberg, Isaac Newton, Charles Darwin, Karl Marx, Albert Einstein, Nicolás Copérnico, Galileo, Sigmund Freud, Louis Pasteur, Thomas Edison, Adam Smith, René Descartes, Alexander Fleming, Gregor Mendel, Marie Curie, Immanuel Kant o Niels Bohr aparecen en todas las listas de personajes más influyentes del milenio. Es cierto que políticos como Mahatma Gandhi, Vladimir Lenin, Adolf Hitler (¡la influencia puede ser buena o mala!) o George Washington también entran en las listas, pero en comparación con la cantidad de tinta que hacen correr los políticos cada día, la importancia que terminan teniendo a lo largo de los siglos se reduce mucho cuando la comparamos con la influencia de los padres de las ideas.

Todo ello lo comento porque entre las elecciones al Parlamento de Cataluña y la ruptura de la tregua de ETA, la concesión de los premios Nobel de 1999, que se entregaron en Estocolmo la semana pasada, ha quedado eclipsada. Una vez más, la urgencia política ha dejado en segundo plano a los hombres de la ciencia. Ahora bien, a la larga, la historia pone a cada uno en su lugar. Y el lugar de Robert Mundell, el premio Nobel de economía de este año, es el de los grandes pensadores de economía del siglo XX. Huelga decir que este año he celebrado particularmente la concesión del Nobel, no sólo porque Mundell es un profesor compañero de la Universidad de Columbia, sino porque es un personaje de pensamiento independiente, algo excéntrico, muy creativo y con una cultura y un amor por el arte que le llevan a Italia (donde es propietario de un *castello* en la Toscana) tan a menudo como puede.

Le concedieron el premio por dos artículos que escribió en los años sesenta y que revolucionaron la teoría macroeconómica internacional. Uno de ellos sirvió como base intelectual para la creación del euro. Podríamos decir que Mundell creó la teoría keynesiana en versión internacional al incorporar los movimientos de capitales y los tipos de cambio a un análisis que, hasta el momento, ignoraba esos importantes aspectos de la economía internacional. Sobre ello han hablado (aunque no demasiado) los periódicos.

Lo que se ha comentado es que Mundell hace tiempo que se retrajo de las teorías que él mismo formuló. Y la razón que aduce es que el keynesianismo que surgió en los años treinta llevó a los economistas a «aprender una lección equivocada de la historia del siglo XX». Me explicaré. Los keynesianos sostienen que la gran depresión de los años treinta fue una crisis generada por la quiebra del capitalismo liberal del momento y, como consecuencia, la intervención del gobierno era necesaria para limitar los *excesos* del libre mercado. Desde entonces, el keynesianismo ha logrado que el gobierno se entrometa en todas las áreas de la economía y que controle una parte cada vez mayor de la producción de los países occidentales. Mundell cree que esta intrusión del gobierno que limita la libertad de las personas constituye una aberración. Y lo es por dos razones. En primer lugar, porque la gran depresión no fue un fracaso del mercado sino un fracaso de unos gobiernos que adoptaron un mal sistema monetario (el patrón oro) en un mal momento (después de la Primera Guerra Mundial). En realidad, ésa fue la tesis que defendió en la conferencia que pronunció la semana pasada en Suecia al aceptar el premio Nobel. Y, en segundo lugar, porque la acción del gobierno, por muy bien intencionada que sea, a menudo no hace más que empeorar las cosas (ya que afecta adversamente los incentivos de los ciudadanos para trabajar, invertir y educarse). Curiosamente, uno de los ejemplos que siempre da Mundell es el de las transferencias interterritoriales. Él, como canadiense que es, está acostumbrado a que los territorios ricos de su país subvencionen a los más pobres bajo la justificación de la solidaridad. Y a ello se opone rotundamente, no porque esas transferencias no respondan a acciones bienintencionadas, sino porque condenan a las regiones pobres a la pobreza permanente: cuando una región se acostumbra a recibir subsidios, deja de llevar a cabo las inversiones necesarias que le permitirían progresar. «Cuando los subsidios se terminan, la región recupera el nivel de riqueza que tenía antes de empezar sin evidenciar la más mínima muestra de progreso. Y ello puede observarse en Canadá, en Italia, en Estados Unidos y en todas las regiones que reciben transferencias de un modo sistemático», comenta Mundell a menudo.

Cuando Mundell empezó a hacer estas afirmaciones, hace veinticinco años, todo el mundo lo tomaba por loco. En ese sentido, se parece bastante a muchos de los científicos más importantes del milenio, que también fueron maltratados por sus contemporáneos. Ahora bien, poco a poco, el pensamiento liberal, ya dominante en el siglo XIX, está volviendo a imponerse. Incluso ahora los socialistas dicen que son liberales («soy socialista, *a fuer de liberal*», dice a menudo Pasqual Maragall, haciendo suya una frase de Indalecio Prieto) y proponen *terceras vías* para poder incluir ideas liberales en sus programas, cada vez menos socialistas.

Tal como dice el propio Keynes, lo que ahora se considera de *sentido común* hasta hace poco eran las ideas locas de algún economista desconocido. Y el renacimiento del liberalismo como forma de entender el mundo en el que vivimos se debe, en gran medida, a Robert Mundell, el último premio Nobel de economía del milenio que termina.

Dossier Econòmic de Catalunya, octubre de 1999

¿QUIÉN PROTEGE AL CONSUMIDOR?

El anuncio de la fusión de las grandes cadenas de hipermercados PRYCA y Continente ha reactivado el debate sobre el papel que las grandes superficies comerciales deben tener y ha vuelto a poner de manifiesto el sentimiento que hay en nuestro país en contra de esas empresas. Desde distintos ámbitos se reclama la intervención del gobierno para evitar que los nuevos gigantes acaparen una cuota de mercado excesivamente elevada.

En una economía de mercado, es necesario que el gobierno garantice que todas las empresas del país actúen de acuerdo a las leyes, compitan siguiendo las reglas del mercado y no obtengan un poder de monopolio que les permita explotar a los consumidores y a los suministradores. Si los actuales intentos de evitar fusiones entre empresas han de servir para evitar que los gigantes obtengan un grado de monopolio que podría perjudicar al consumidor, la intervención pública debe ser bien recibida.

Ahora bien, me da la sensación de que la lucha contra las fusiones y contra las grandes superficies no se lleva a cabo para proteger al consumidor sino para proteger al pequeño comercio. La gente que ataca las grandes superficies acostumbra a olvidar que, normalmente, estas empresas ofrecen una mayor variedad de productos y servicios, a precios más atractivos y en mejores condiciones que los pequeños comercios. De lo contrario, ¿cómo se explican las largas colas que se forman para entrar en los establecimientos de Continente o Alcampo cada día del año?

Así pues, lo que debemos preguntarnos es por qué el pequeño comercio ofrece menos variedad de productos a precios más elevados. Algunos de ellos tienen precios altos porque la gente prefiere tener un trato personal, disponer de una tienda cerca de casa o evitar las largas colas que se originan en las autopistas cuando todo el mundo se desplaza a hacer las compras. Y todas estas cosas, que el cliente halla en el pequeño comercio, se deben pagar. Si ésa es la razón, yo poco tengo que decir... pero, si éste es el caso, el pequeño comercio no necesita la protección del gobierno para afrontar la competencia de las grandes superficies, a quienes tampoco hay que acusar de practicar una competencia desleal, puesto que actúan en un mercado diferente.

Por otro lado, algunos de los pequeños comercios ponen unos precios más elevados porque son menos eficientes debido a que no pueden comprar al por mayor y utilizan tecnologías y canales de distribución anticuados y poco eficientes. La pregunta, por lo tanto, es: «Si son tan ineficientes, ¿cómo se las apañan para sobrevivir en un mundo de competencia como es el nuestro?». Y esta pregunta tiene dos respuestas. Por un lado, el pequeño comercio goza a menudo de una situación de *monopolio local*: en el caso de la señora mayor que no dispone de coche y no puede desplazarse a comprar a la gran superficie, ésta se ve condenada a comprar en el barrio y, dentro del barrio, la pequeña tienda acostumbra a disfrutar de un monopolio local, que no duda en utilizar para poner precios muy elevados (por cierto, el grado de *concentración* que estos monopolios locales tienen en los respectivos mercados locales no se contabiliza en las medidas que normalmente emplean los defensores del proteccionismo comercial). Si ésa es la explicación, quienes cargan contra las grandes superficies deberían cargar, siguiendo la misma lógica, contra el pequeño comercio, puesto que ambos se encuentran en una situación de monopolio en sus respectivos mercados. La segunda explicación es que la pequeña empresa goza de la protección del gobierno. Y, en ese caso, uno se pregunta cómo es que el gobierno prefiere proteger al pequeño comercio si, haciéndolo, perjudica al consumidor. ¡Al fin y al cabo, los partidos democráticos deberían actuar a favor de la mayoría y tener en cuenta que frente a los miles de comerciantes que hay, existen millones de consumidores!

Ahora bien, lo cierto es que los partidos democráticos no adoptan las políticas que favorezcan a la mayoría de la población, sino las que les hacen obtener el máximo número de votos, que es muy diferente. Hay que tener en cuenta que el voto del pequeño comercio está muy concentrado, mientras que el del consumidor está mucho más disperso. Dicho de otro modo: a los consumidores les preocupan *muchas cosas*, mientras que la preocupación de los empresarios es básicamente la empresa. Por lo tanto, si un político no da su apoyo al pequeño comercio, perderá *todos* los votos de los comerciantes y, a cambio, ganará unos pocos votos del sector consumidor, y *todos* los comerciantes pueden representar más votos que *unos cuantos* consumidores. En consecuencia, el político siempre adoptará medidas que favorezcan a las pequeñas empresas. Ello conlleva que prácticamente todos los partidos políticos del país (¡incluso los de izquierdas!) favorezcan políticas que permitan a los empresarios de los pequeños comercios obtener unos beneficios que de otro modo no obtendrían. El problema es que el dinero con el que se financian esos beneficios procede del bolsillo del consumidor que, normalmente, suele ser mucho más pobre que el pequeño comerciante al que se está intentando proteger. Ganar dinero a través del mercado es algo positivo. Ganarlo a través de la presión política, no.

¡Y que conste que con ello no quiero decir que el gobierno deba proteger a la gran empresa y desfavorecer a la pequeña! Lo que el gobierno debe hacer es garantizar la competencia y regresar a su casa permitiendo que las empresas más eficientes sobrevivan, sin preocuparse en lo más mínimo de si son grandes o pequeñas. Si la propietaria de una pequeña *boutique* situada en el centro de la ciudad no gana dinero porque es ineficiente, que cierre la tienda y se ponga a trabajar como hacemos todos nosotros. Que no aparezca el gobierno introduciendo una legislación que nos obligue a comprar en su tienda con la excusa de que *se debe proteger al pequeño comercio*. A quien hay que proteger es al consumidor que, al fin y al cabo, somos todos los ciudadanos del país.

Aparte de la protección del consumidor, existe otra razón por la que no hay que abusar legalmente de la gran empresa, y es que uno de nuestros defectos es que los catalanes tenemos tendencia a no pensar *en grande* (lo que los anglosajones denominan *to think big*). Es un hecho sabido por todos que quien no apunta a lo alto, nunca llega arriba. Y me da la sensación de que el excesivo proteccionismo de la pequeña empresa nos lleva a *pensar en pequeño*. A conformarnos con poco. En su afán por conseguir los votos de los pequeños empresarios y comerciantes, el gobierno termina introduciendo medidas proteccionistas que incentivan las empresas a ser pequeñas y a conformarse con su situación. Ello conlleva que, en Sabadell por ejemplo, haya docenas de pequeñas empresas textiles en vez de un gran conglomerado que podría ser un gigante mundial del sector textil, comparable a lo que representa la Rolex suiza en el mercado de los relojes, la Sony japonesa en el mercado de productos electrónicos, la Nokia finlandesa en el mercado de la telefonía móvil o la Microsoft norteamericana en el mercado del software informático.

Nuestro crecimiento económico durante el siglo XXI debe basarse en la coexistencia de empresas pequeñas y grandes. Un país que sólo dispone de pequeñas empresas es un país un tanto cojo, sobre todo si una gran mayoría de ellas funciona únicamente gracias al proteccionismo político.

El Temps, 19 de octubre de 1999

LIBERALIZAR SIN LIBERALIZAR NO ES LIBERALIZAR

El debate sobre la liberalización de horarios comerciales vuelve a estar de actualidad. Parece que, al no necesitar a sus ex socios de CiU (tradicionales defensores y protectores de la pequeña y mediana empresa), el gobierno del PP de Madrid se ha decidido a introducir nuevas medidas que tiendan a liberalizar los horarios comerciales.

A pesar de que, a menudo, la discusión se centra sobre si los comerciantes, los empresarios o los trabajadores de las pequeñas empresas salen más o menos perjudicados por determinadas políticas y regulaciones, lo primero que se debe analizar es si la liberalización beneficiará o no al consumidor. Al fin y al cabo —si bien unos son grandes empresarios, otros son pequeños comerciantes y otros somos trabajadores—, al final del día todos somos consumidores (y esto se observa con diáfana claridad cuando vemos a pequeños comerciantes del sector de la ropa hacer sus compras de productos alimenticios en las grandes superficies).

En principio, la lógica del mercado y de la libertad individual está de parte del gobierno y de las grandes superficies: si un comprador y un vendedor deciden intercambiar servicios y mercancías a la hora que más les conviene, ¿quién es el gobierno para impedirlo? ¿No deberían los ciudadanos —es decir, los consumidores— de un país tener la libertad de ir a comprar el día y a la hora que más les interesa?

El argumento se hace todavía más poderoso si tenemos en cuenta que la incorporación de la mujer al mundo laboral ha roto la división de trabajo que había tradicionalmente en el seno familiar: cuando la mujer (que antes no trabajaba en la fábrica, la oficina o el banco y se encargaba de hacer las compras mientras el marido se iba a trabajar) decide ponerse a trabajar fuera del hogar, ni ella ni él pueden ir ya de compras durante las horas de trabajo. Muy a menudo, la solución la encuentran yendo a comprar juntos los sábados por la mañana a unos super o hipermercados, donde se encuentran a todas las demás parejas de la ciudad que se enfrentan al mismo problema: la masificación, las colas, el mal humor y la pérdida de una mañana de fiesta son el precio que muchas familias consumidoras deben pagar por la falta de liberalización comercial. La libertad de horarios beneficiaría, pues, al consumidor, no tanto porque las grandes superficies pueden ofrecer más variedad de productos a precios más competitivos, sino por la comodidad de poder comprar a la hora que a uno más le convenga.

También tienen parte de razón el gobierno y las grandes superficies cuando dicen que el mayor volumen de negocio les permite a ellos ofrecer una variedad más amplia de productos a precios inferiores, por lo que una liberalización de horarios que permita a los consumidores acceder a los grandes locales más a menudo, también beneficiará a éstos al permitirles comprar a mejores precios. Este argumento solamente es parcialmente cierto, dado que los pequeños comercios ofrecen otras ventajas, entre las que destacan un trato más directo y la cercanía de la tienda al hogar.

Una vez dicho esto, hay que recordar que el gobierno debe velar para que todas las empresas compitan en igualdad de condiciones. Y en este sentido, mucho me temo que la liberalización de los horarios va a perjudicar seria e injustamente a los pequeños comerciantes si antes no se liberalizan otros aspectos de la economía como el mercado laboral. Por ejemplo, imaginemos que para abrir los domingos por la mañana, las empresas deben contratar un 20% más de trabajadores. Para un comercio pequeño, este 20% sería uno o dos trabajadores durante cuatro horas, cuatro domingos al mes. Para una gran superficie de doscientos trabajadores, un aumento del 20% representa la contratación de cuarenta trabajadores adicionales. Dado que las leyes de contratación laboral permiten contratar sin mucha dificultad a cuarenta trabajadores pero dificultan sobremanera la contratación a tiempo muy parcial, el pequeño comercio no podrá abrir los domingos mientras que la gran superficie sí. La pequeña empresa va a perder, en consecuencia, una parte importante de las ventas semanales. Y no será porque elabora un mal producto a un precio demasiado elevado (perder por este motivo sería una cosa buena desde un punto de vista de eficiencia económica), sino porque el gobierno habrá liberalizado los horarios comerciales sin liberalizar previamente el mercado laboral, lo cual le ha impedido competir en igualdad de condiciones. En este sentido, pues, la libertad de horarios generará grandes e injustas pérdidas en un sector que, si se le tratara en términos de igualdad, podría ser competitivo.

Un aspecto que se debe tener en cuenta es que la liberalización de horarios no va a generar un volumen de negocio mucho mayor que el actual: la cantidad de litros de leche o de kilos de carne que cada familia va a comprar a la semana va a seguir siendo la misma. La única pregunta es si la venta la va a hacer la tienda de la esquina, el supermercado del barrio o el hipermercado situado a las afueras de la ciudad. Dicho de otro modo, lo que salgan ganando los hipermercados va a ser más o menos equivalente a lo que salgan perdiendo los pequeños comercios. Esta apreciación nos lleva a la conclusión de que va a ser muy difícil encontrar una solución que satisfaga a todos los implicados, por lo que la decisión va a tener que ser básicamente política: el grupo que sea capaz de generar mayor presión política (y no el que presente mejores razonamientos económicos) va a ser el ganador de la batalla de los horarios comerciales.

¡Ah! Por cierto, todo este debate puede acabar siendo inútil dado que la introducción de las nuevas tecnologías hará que todos estemos funcionando 24 horas al día... diga lo que diga la regulación del gobierno.

Públic, junio de 2000

CRECIMIENTO Y LIBERALIZACIÓN

Las elevadas tasas de crecimiento de la economía catalana llevan ya tiempo siendo superiores a las españolas y éstas, a su vez, han estado superando a las europeas. Nuestro crecimiento ha conllevado notables reducciones en las tasas de paro y sustanciosos aumentos de renta. Claramente, nuestra situación económica es encomiable por lo que podemos y debemos sentirnos satisfechos.

La pregunta es: ¿Cuánto va a durar este estado de bonanza? Para que un proceso de crecimiento sea sano y duradero, es necesario que la capacidad productiva (la oferta) aumente más o menos al mismo ritmo que las necesidades económicas (la demanda). Cuando la oferta crece menos que la demanda, las empresas se ven tentadas o incluso obligadas por el mercado a subir precios. Esto, a su vez, hace que nuestros productos tiendan a encarecerse más que los de nuestra competencia, situación que los expertos catalogan de *pérdida de competitividad*. A largo plazo, esa pérdida de competitividad acaba erosionando la demanda (ya que, «si nos hacemos caros», nos comprarán menos), cosa que acaba por poner fin a la bonanza económica. En resumen, situaciones de crecimiento descompensado en las que la demanda crece más que la oferta no pueden durar.

No hace falta ser un gran analista económico para darse cuenta que es precisamente esta situación de crecimiento descompensado la que describe nuestra coyuntura, ya que los incrementos de precios o inflación catalanas han estado siendo superiores a las españolas y éstas, a su vez, han superado a las europeas. En este sentido, si las medidas impulsadas por el gobierno de Madrid inducen a las empresas a competir aumentando la producción en lugar de aumentar precios (es decir, si permiten que la oferta aumente al mismo ritmo que la demanda), deberemos llegar a la conclusión de que esta liberalización es buena para la economía y debe ser aplaudida: sin la liberalización de la oferta, el crecimiento económico del que disfrutamos no tardará en desaparecer.

Ahora bien, una vez dicho esto, también hay que señalar que un proceso de desregulación excesivamente rápida y de liberalización no coordinada puede conllevar situaciones injustas que el gobierno debería intentar evitar. Por ejemplo, la liberalización de los horarios comerciales (que, no por casualidad, es la medida que más polémica ha levantado entre la población) va a perjudicar seria e injustamente a los pequeños comerciantes si antes no se liberalizan otros aspectos de la economía como el mercado laboral. Para un comercio pequeño, contratar a uno o dos trabajadores adicionales para que abran los domingos puede resultar ruinoso mientras que ése es un coste trivial para una gran superficie. En consecuencia, la pequeña empresa va a perder una parte importante de las ventas semanales, y no será porque está produciendo un producto poco atractivo a un precio demasiado elevado (perder por este motivo sería una cosa buena desde un punto de vista de eficiencia económica), sino porque el gobierno habrá liberalizado los horarios comerciales sin desregular previamente el mercado laboral. En este sentido, la libertad de horarios impondrá grandes e injustas pérdidas en un sector que, si fuera tratado en términos de igualdad, podría ser competitivo.

A largo plazo, los pequeños comercios deben llegar a sobrevivir sin la protección política del gobierno. A corto y medio plazo, es responsabilidad del gobierno que miles de estas pequeñas empresas no desaparezcan simplemente porque se ha aplicado un proceso liberalizador parcial que no les ha permitido luchar en igualdad de condiciones.

La Vanguardia, 24 de junio de 2000.

ARCÁNGELES ALTAMENTE EXAGERADOS

Decía John Maynard Keynes que «a largo plazo, todos muertos». Y, estrictamente hablando, tenía toda la razón: Keynes está muerto. Pero su muerte física no significa que su pensamiento desapareciera con él. Al contrario. La mayoría de los economistas siguen estando de acuerdo con sus postulados. Digo esto porque, después del 11 de setiembre, han aparecido en la prensa popular numerosos profetas anunciando su resurrección y, con ella, la muerte del liberalismo económico.

El argumento utilizado es más o menos el siguiente: después de los atentados, el presidente Bush decidió aumentar el gasto público para reconstruir Manhattan, financiar la guerra, salvar a las líneas aéreas y reactivar la economía. Simultáneamente, algunos países europeos han abandonado su política de austeridad y han pasado a tener déficits fiscales. Dado que Keynes decía que la mejor manera de sacar a una economía de la crisis era aumentar temporalmente el gasto público y el déficit fiscal (combinación que los economistas llamamos «política fiscal expansiva»), se deduce que nuestros gobiernos se están «comportando keynesianamente». Y como «todos sabemos» que los keynesianos no son liberales, la resurrección del keynesianismo significa la muerte del liberalismo. Lógico, ¿no?

Pues no. De hecho, este argumento contiene no uno sino dos gravísimos errores conceptuales. Primero, el hecho de que los gobiernos aumenten el gasto y mantengan déficits no significa que se «comporten keynesianamente» porque, en épocas de crisis como la que vivimos, ¡los economistas no keynesianos también dicen que eso es exactamente lo que hay que hacer! Por ejemplo, Robert Barro, uno de los líderes del pensamiento «clásico» ha demostrado que, lo peor que puede hacer el gobierno en épocas de dificultades como pueden ser recesiones, guerras y grandes desastres, es aumentar los impuestos. Si los impuestos no suben, la caída de la actividad que se produce durante una crisis reduce necesariamente la recaudación fiscal y se crean déficits. Y si los impuestos no suben, los deseables aumentos temporales (repito, temporales) del gasto militar o asistencial que se producen durante las guerras o los desastres naturales, también generan déficits.

Notará el lector que, en la actualidad, coinciden las tres circunstancias adversas que acabo de mencionar: una recesión, un gran desastre terrorista y una guerra. Por consiguiente, los economistas clásicos como Barro coinciden con los keynesianos en recomendar a nuestros gobiernos que ¡aumenten temporalmente el gasto público y mantengan un déficit fiscal! (El consenso entre las dos escuelas de pensamiento económico va incluso más allá ya que ambas predicen que esa política ayudará a la economía a salir de la recesión.) Por cierto, y dicho sea de paso, este consenso también implica que los políticos de Madrid que siguen obsesionados con el «déficit cero siempre y en todas partes» están en franca minoría intelectual... pero de ellos hablaremos otro día.

El segundo error conceptual consiste en pensar que «todos los keynesianos son no liberales». En realidad, sin embargo, se puede creer que la mayoría de empresas públicas deberían desaparecer, que el gobierno no debería subsidiar la agricultura, la televisión o el baile flamenco, que no debería dictar los horarios comerciales o laborales o que debería gastar menos del 30% del PIB y, al mismo tiempo, pensar que es bueno mantener una política fiscal temporalmente expansiva en época de recesión. Porque una cosa es el tamaño del sector público a largo plazo y otra muy distinta que el gasto público pueda subir o bajar (temporalmente) en función de si la economía está en crisis o no. Se puede, en definitiva, ser liberal y keynesiano. De hecho, entre los muchos economistas famosos que entran en esa categoría se encuentra Gregory Mankiw quien, a pesar de ser el padre del «nuevo keynesianismo» moderno, critica constantemente la excesiva intervención del gobierno en la economía e incluso dice estar en contra de, entre otras cosas, ¡el salario mínimo!

Vemos, pues, que los arcángeles, querubines y demás mensajeros celestiales que han venido a anunciarnos la defunción del liberalismo, viven en las nubes (como todos los arcángeles, supongo) envueltos en un velo de preocupante ignorancia sobre los postulados de las escuelas del pensamiento económico moderno y parecen sufrir recurrentes alucinaciones keynesianas.

En medio de todo esto, eso sí, los políticos intervencionistas aprovecharán para intentar colarnos su tradicional abanico de subsidios inútiles y, una vez acabada la crisis, intentarán que el gasto público permanezca a niveles elevados a base de crear nuevos proyectos superfluos que, según nos dirán, «se pueden financiar con el dinero que ya no gastamos en la guerra». Y eso es lo que se debe evitar a toda costa. Los subsidios innecesarios deben ser denegados, incluso en épocas de crisis. Y la actual expansión fiscal debe ser temporal: cuando la situación vuelva a la normalidad, el gasto público deberá volver a los niveles de antes y el déficit deberá desaparecer.

Los derrochadores patológicos del sector público siguen siendo perjudiciales para la economía, incluso después del 11 de setiembre. Y la mejor vacuna contra ellos ha sido, es y seguirá siendo el pensamiento liberal. Por más que digan los aprendices de arcángel, el liberalismo goza de una excelente salud intelectual y, parafraseando a Mark Twain, puede decir tranquilo: «el anuncio de mi muerte ha sido altamente exagerado».

La Vanguardia, 17 de octubre de 2001

6

Paro, inflación y macroeconomía

Los artículos que vienen a continuación hablan de la situación macroeconómica en España. Sin duda alguna, el rasgo que más ha caracterizado la economía española durante las últimas dos décadas es la elevadísima tasa de paro, que ha llegado a estar próxima al 25 y a ser comparable a las tasas de paro que se alcanzan durante las grandes depresiones de la historia. Empezaremos, pues, tratando el problema del paro y analizando algunas de las ideas que se han puesto sobre la mesa para intentar reducirlo. La propuesta más destacada y que más impacto mediático ha tenido es, sin duda, la de la reducción de la semana laboral a 35 horas.

Otro problema macroeconómico tradicionalmente importante en España ha sido el de la inflación. Es decir, el del encarecimiento progresivo de los bienes de consumo por el aumento constante de los precios. A pesar de que la inflación se ha reducido a niveles de menos del 3% anual, los aumentos de precios continúan estando en el centro de la polémica económica. Una de las razones que se nos da ahora para justificar la preocupación por la inflación es que la introducción del euro como moneda única en Europa hace que, cuando los precios españoles suben más que los europeos, España pierda competitividad. En este capítulo analizaremos también esta problemática y veremos que no siempre es cierto que una inflación superior sea señal de que las cosas van mal. También analizaremos la situación económica de España justo antes de las elecciones de 2000 y la compararemos con la situación que había antes de todas las elecciones que se han celebrado desde la reinstauración de la democracia. En ese sentido, haremos una clasificación de los gobiernos de la historia democrática de España, clasificación que arroja unos resultados sorprendentes.

Finalmente, en «Ni se llama Panorámix» se analizan las características sobrehumanas del presidente español, don José María

Aznar, y se compara su trayectoria con la de personajes del cómic como Superman y Panorámix. Sin embargo, se llega a la conclusión de que, quien más se asemeja al presidente del gobierno es Gump, Forrest Gump.

FRANCESADAS QUE HAY QUE EVITAR: LA JORNADA DE 35 HORAS

En Francia dicen que es la solución al problema del paro. Los sindicatos españoles también la quieren adoptar. La jornada laboral de 35 horas está de moda. En principio, la idea es atractiva: dado que el trabajo escasea, una manera de eliminar el paro es repartir las horas de trabajo entre todos. ¿Por qué, pues, hay quien dice que es una mala idea?

Cuando pienso en la reducción de la jornada laboral, me viene a la cabeza el mercado inmobiliario. La excesiva regulación del mercado de alquileres en España (¿recuerdan los alquileres de pisos a 200 pesetas al mes?) provocaba la escasez de viviendas: al no poder cobrar alquileres decentes, los propietarios no tenían incentivos ni a construir nuevos edificios ni a reparar los existentes. ¿Resultado? Los edificios de Barcelona se caían (de hecho, se caen) a trozos y los jóvenes se quedan sin vivienda. ¿Qué hubiéramos pensado si, ante esa situación, Lionel Jospin hubiera propuesto la división de los pisos en dos para poder así acomodar a las familias sin casa? Lo hubiéramos encontrado rocambolesco. Ahora bien, de hecho, eso es exactamente lo que propone con la jornada de 35 horas como mecanismo para reducir el paro.

Si dividiésemos las casas en dos, lo primero que pasaría es que cada familia dispondría de la mitad de espacio habitable. Esto es de cajón: si no se construyen nuevas viviendas y las existentes se dividen en dos, el espacio disponible por familia se reduce a la mitad. En el mercado laboral, si se divide cada puesto de trabajo en dos, el dinero que cobra cada trabajador al final del día se reduce a la mitad (en el caso particular de la jornada de 35 horas, la reducción de 40 a 35 horas por semana representa una disminución del 12,5%, por lo que cada trabajador debe esperar una reducción de su retribución semanal de un 12,5%). Esa disminución del salario total ocurrirá, diga lo que diga el gobierno, por más que éste prometa que la remuneración real o efectiva mensual de los trabajadores que ahora tienen trabajo será la misma. Me explico. Imaginemos que la jornada laboral se reduce, por ley, a 35 horas y que el salario mensual sigue siendo el mismo que el trabajador percibía cuando trabajaba 40 horas. Esto es lo que proponen los sindicatos. El empresario observará que los costes de producción han subido ya que a cambio de la misma nómina ahora solamente recibe 35 horas en lugar de 40. Naturalmente, repercutirá este aumento de coste en los precios finales. Y eso lo harán todas las empresas del país ya que la ley de las 35 horas afecta a todas las empresas. Los precios de toda la economía subirán y eso reducirá el poder adquisitivo de los trabajadores. Dicho de otro modo, el salario real o efectivo bajará, por más que el gobierno haya prometido que eso no sucederá.

Los trabajadores que no sepan si dar apoyo a la reducción de la jornada laboral, pues, deben preguntarse si les interesa trabajar menos horas... y cobrar una nómina inferior a final de mes. Es decir, deben preguntarse si quieren trabajar 35 horas en lugar de 40 y, a cambio, acabar cobrando 840 euros mensuales en lugar de las 960 euros que cobra ahora. Personalmente, creo que muchas familias trabajadoras que ahora ya tienen problemas para llegar a fin de mes, preferirán seguir trabajando 40 horas semanales. Pero en cualquier caso, la decisión debe ser suya... y debe ser una decisión bien informada sin engaños y sin falsas promesas.

La segunda consecuencia de dividir todas las viviendas del país en dos sería que, al tener que acomodar dos familias por cada piso, los propietarios se verían obligados a hacer obras: dos lavabos, dos cocinas, dos pasillos, dos puertas principales, etc. No hace falta decir que todo esto comportaría enormes gastos y podría darse el caso que el propietario llegara a la conclusión de que no vale la pena alquilar el piso a nadie. El número de hogares disponibles en el mercado de alquiler disminuiría. En el mercado laboral, la consecuencia de dividir los puestos de trabajo en dos es que los empresarios deberían incurrir en costes de educación y aprendizaje de los nuevos trabajadores. Algunos de esos empresarios decidirían que no vale la pena incurrir en esos costes y cerrarían la empresa por lo que el número total de horas de trabajo que se necesitan en la economía no sólo no subiría sino que bajaría. Al final del día, el paro podría llegar a aumentar. ¡Exactamente lo contrario de lo que se buscaba!

Un argumento habitual a favor de las 35 horas es que no hay nada de mágico en una jornada laboral de 40 horas. De hecho, se dice, la jornada laboral ha ido reduciéndose a lo largo del siglo XX por lo que nadie debe escandalizarse porque se reduzca una vez más. Al responder a este argumento, debemos destacar dos aspectos importantes. Primero, si bien es cierto que la jornada laboral de los hombres se ha reducido a lo largo del siglo, también es cierto que la de las mujeres ha aumentado. Si sumamos las horas por familia (suponiendo que la familia típica está formada por un hombre y una mujer), entonces no está claro que la jornada laboral haya ido disminuyendo tan dramáticamente como dicen algunos. El segundo aspecto a destacar es que si hoy en día trabajamos menos que hace cien años, lo hacemos de forma voluntaria: nuestros abuelos trabajaban 12 horas al día porque su salario era tan bajo que necesitaban trabajar muchas horas para sobrevivir. A medida que los salarios aumentaban, la gente prefería disfrutar de más tiempo de ocio: fines de semana, vacaciones de un mes, ocho horas diarias, etc. Y todo esto lo hacía de forma voluntaria. En este sentido, la reducción forzosa de la jornada laboral por ley puede no ser beneficiosa para todos los trabajadores, especialmente para aquellos cuyos salarios son más bajos y que, como nuestros abuelos, preferirán trabajar más horas para poder ganarse la vida.

Resumiendo, la jornada laboral de 35 horas sería perjudicial para los trabajadores que verían cómo su remuneración mensual baja, sería nociva para los consumidores porque verían cómo los bienes de consumo se encarecen a causa del aumento de los costes laborales y sería dañina para los empresarios porque esos aumentos de costes tenderían a reducir sus beneficios.

La pregunta es: si tan mala idea es, ¿por qué los franceses la quieren adoptar? Se me ocurren tres explicaciones. La primera es que Lionel Jospin hizo una promesa electoral demagógica cuando ni siquiera él pensaba que ganaría las elecciones. Ahora que ha ganado, se ve obligado a cumplir su promesa, y eso será perjudicial para su país. El problema es que nosotros no estamos atados a las demagógicas promesas electorales de los populistas franceses, por lo que podemos ignorar perfectamente la reducción de la jornada laboral. La segunda explicación es que los franceses confunden lo que son los «bienes escasos» con los «bienes no reproducibles». A diferencia del carbón o el petróleo (que son no reproducibles), puestos de trabajo se pueden crear cada día. La solución a la escasez de puestos de trabajo no pasa, pues, por la repartición de los puestos existentes sino por la creación de puestos nuevos. La tercera explicación es que los franceses son genuinamente solidarios y consideran que la mejor manera de ayudar a los parados es la repartición de los puestos de trabajo existentes. La pregunta, sin embargo, es: ¿ser solidarios significa dar a los parados «medios trabajos» a cambio de «medios salarios»? Lo dudo. Los jóvenes quieren trabajos enteros a cambio de salarios enteros que les permitan ganarse la vida dignamente.

De la misma manera que dividir los pisos en dos no es la solución al problema de la escasez de viviendas, la división de los puestos de trabajo en jornadas de 35 horas no es la solución al problema del paro. El problema del desempleo se soluciona eliminando la regulación y las leyes que oprimen la creación de ocupación, creando las condiciones necesarias para que las empresas inviertan y creen más hogares y más puestos de trabajo. Lo demás son francesadas que hay que evitar.

*El Periódico,*14 de abril de 1998

TRABAJO SOCIAL: ¡UNA MALA IDEA!

El *conseller* de Trabajo de la Generalitat, Ignasi Farreres, ha propuesto recientemente que los parados que en la actualidad no cobran el subsidio de paro pasen a realizar *trabajos sociales* y que, a cambio, cobren el 75% del salario mínimo (unos 306,50 euros al mes). Ese trabajo lo tendrán a perpetuidad. El *conseller* ha lanzado la idea «para la reflexión».

Ahí va mi reflexión.

Puesto que el *conseller* no explica lo suficiente en qué consiste eso del *trabajo social*, vamos a tener que imaginárnoslo. Hay dos posibilidades: que se trate de un trabajo *útil* o que sea *inútil*. Si el trabajo social es *inútil*, entonces la propuesta no es más que una perpetuación camuflada de los subsidios de paro... cosa que perpetuará el desempleo. O, lo que es peor, los nuevos *trabajadores sociales* serán conscientes de que su nueva labor es inútil y se sentirán peor que si se les diera el tradicional subsidio de paro a cambio de no hacer nada. La perpetuación del subsidio tendrá, además, consecuencias fiscales: imaginémonos que la mitad de los parados que no cobran subsidio de paro deciden acogerse a la nueva normativa y pasan a ser *trabajadores sociales*. A catorce pagas anuales, cada nuevo puesto de *trabajo* costará unos 4.207 euros anuales, hecho que representa un coste total de 2.103,5 millones de euros. Cada familia catalana deberá pagar unos 1.382,3 euros al año para financiar a un montón de personas que realizan actividades *inútiles*. Una locura.

Si, por el contrario, el trabajo social resulta ser *útil*, entonces la propuesta no es más que una reducción del salario mínimo aplicable sólo a los parados para que realicen un trabajo que no desean hacer, y financiada con impuestos. Y aquí es cuando yo me pregunto: ¿qué ocurrirá con la gente que actualmente está realizando ese trabajo (útil)? ¿Pasará también a cobrar el 75% del salario mínimo? ¿O habrá dos tipos de salarios para un mismo trabajo: el de los que previamente se han declarado parados y que ahora son trabajadores sociales, y el de los que nunca se han acogido al programa? Todo esto me lleva a pensar que el *conseller* Farreres piensa que el principal causante del paro es un salario mínimo demasiado elevado: por eso propone rebajarlo, aunque sea de una forma disimulada. Pero si el *conseller* cree realmente que rebajando el salario mínimo en un 25% habrá medio millón de parados que van a preferir trabajar (en un trabajo que no es el suyo, pero que es *social*), entonces sería mucho más sencillo rebajar el salario mínimo para todos y que esas personas trabajen en lo que más les guste. El resultado sería el mismo... y nos ahorraríamos los impuestos. Pensándolo bien, mucho me temo que rebajar el salario mínimo no sería *socialmente aceptable* ya que nosotros, como sociedad, no queremos que las personas trabajen por tan poco dinero. Al fin y al cabo, ¡para eso se instituyeron los salarios mínimos! Y si eso es así, la pregunta es: ¿no debería la Generalitat respetar esos mínimos sociales? Supongo que la respuesta debe ser negativa y que la Generalitat no puede pagar salarios por debajo del mínimo. La propuesta del señor Farreres es, pues, socialmente inaceptable.

El problema del paro no se soluciona poniendo a los licenciados en ciencias físicas a trabajar como jardineros de parques con un salario por debajo del mínimo. A mí me parece que esta propuesta es análoga a la política que se llevaba a cabo en tiempos de Franco de crear *astilleros* y otros trabajos irrelevantes financiados con impuestos. Si se acepta la propuesta, a la larga tendremos un ejército de *jardineros de la Generalitat* que representará un grave problema fiscal parecido al que representaron en su día los astilleros y eso costará de arreglar. Claro está que para entonces el *conseller* de Trabajo ya no será el señor Farreres.

Dossier Econòmic de Catalunya, abril de 1998

El mito de las 35 horas

La pancarta que encabezaba la manifestación del Primero de Mayo en Barcelona decía: MÁS Y MEJOR EMPLEO: 35 HORAS. La reducción de la jornada laboral se presentaba como una medida que reducirá el paro y que beneficiará a los trabajadores. En realidad, es un mito que no aportará ni «más» ni «mejor» empleo.

De entrada, la reducción de la jornada laboral sólo reduce el paro por la vía estadística. Imaginemos que Juan y Josefina trabajan 40 horas mientras que Manuel y Mercedes no trabajan. El paro es del 50% de la población. Si introducimos una medida según la cual todos pasan a trabajar 20 horas, las estadísticas oficiales mostrarán que el paro pasa a ser cero. Pero, en realidad, lo que va a pasar es que toda la población estará *medio parada,* por lo cual el paro real sigue siendo del 50%. Los *medios puestos de trabajo* que han ganado Manuel y Mercedes son exactamente los que han perdido Juan y Josefina. Pero como estas horas *perdidas* no son contabilizadas por las estadísticas, el paro oficial ha bajado a pesar de que el paro real no ha variado nada. Y eso es exactamente lo que va a pasar si la jornada laboral pasa de 40 a 35 horas semanales: el paro real será el mismo y sólo se logrará camuflar el desempleo por la vía estadística, aprovechando que los datos oficiales no miden la reducción en el empleo de toda la gente que pase de trabajar 40 horas a trabajar 35. De «más empleo», nada de nada.

El segundo problema de la jornada de 35 horas es que representa un engaño para los trabajadores. Se nos dice que, con esta medida, podremos trabajar menos horas y cobrar lo mismo («mejor empleo», decía la pancarta). Eso tampoco es cierto. Cuando las empresas vean que tienen que pagar lo mismo que pagaban por un trabajador que ahora trabaja menos horas, no les van a cuadrar los números ya que los costes les habrán subido. Por un lado, las empresas que no se encuentran compitiendo en el mercado europeo subirán precios, lo que va a reducir el poder adquisitivo del trabajador. Los salarios efectivos, por tanto, habrán bajado aunque los nominales no cambien.

Por otro lado, existen las empresas que no pueden subir precios ya que la competencia internacional no lo permite. Algunas de estas empresas se verán forzadas a cerrar, el paro subirá y los trabajadores volverán a salir perdiendo. Finalmente, el gobierno también tendrá que actuar: si mantiene el número de funcionarios y éstos trabajan menos, la calidad de los servicios públicos bajará. Esto perjudicará principalmente a los trabajadores, ya que son éstos los que más se benefician de servicios como las escuelas o los hospitales públicos. Si, por otro lado, el gobierno decide contratar a más gente para que haga el trabajo que dejarán de hacer los actuales funcionarios, tendrá que subir impuestos, lo que reducirá la renta disponible de todos..., incluyendo la de los trabajadores.

A todos nos gustaría trabajar menos a cambio de poder comprar lo mismo a final de mes, pero esto no es lo que la reducción de la jornada representará. Con la jornada de 35 horas trabajaremos menos, pero cobraremos menos en términos reales. Es posible que, una vez explicado, los trabajadores sigamos queriendo la jornada de 35 horas. Ahora bien, que no se nos intente engañar con el cuento de que cobraremos lo mismo, porque no es cierto.

Hay que agregar que las quejas de los empresarios que dicen que la reducción de la jornada laboral será un gran desastre económico también son infundadas, sobre todo si, siguiendo el ejemplo francés, la medida no se aplica a las empresas más pequeñas. Al fin y al cabo, en muchos sectores de la economía la gente ya disfruta de una jornada de 35 horas. Es cierto que algunas empresas que tienen beneficios pequeños, que están compitiendo internacionalmente y que no tienen posibilidad de irse deberán cerrar. Pero el impacto no será demasiado grande si se excluyen las empresas más pequeñas.

Por último, a menudo se nos dice que no hay nada mágico en la jornada de 40 horas y que, si a lo largo de la historia la jornada ha pasado de 72 horas semanales, a 54 horas, a 48 horas, y a 40 horas, pues no pasaría nada si se produjera una nueva reducción a 35. Es cierto que, a medida que las sociedades se enriquecen, el ocio adquiere un papel más importante en la vida de las personas, y éstas deciden trabajar menos y tener más horas para disfrutar. Quizá ha llegado ya el momento de continuar la historia y reducir de nuevo la jornada. Sin embargo, antes de intentar imitar ciegamente todo lo que hacen los franceses, hay que recordar que, si bien es cierto que los países ricos se pueden permitir el lujo de trabajar menos, también lo es que eso pasa cuando son ricos. No hay que olvidar que la renta per cápita española en la actualidad es similar a la que Francia tenía en 1974. O, dicho de otra forma, si España quisiera imitar a Francia y hacerlo bien, ¡la jornada de 35 no se debería introducir hasta el año 2023! Tarde o temprano tendremos una jornada de 35 horas, pero quizá ahora no es el momento.

En resumen, la reducción de la jornada laboral es un engaño estadístico que no favorece a los trabajadores y que quizá se está proponiendo de forma prematura. Muchos trabajadores encontrarían injusto que se les obligara a trabajar menos de 40 horas, ya que no podrían llegar a final de mes. En todo caso, se debería intentar que, una vez explicadas claramente las consecuencias (que incluyen una reducción del salario real), los trabajadores que lo deseen trabajen 35 horas y los que quieran seguir trabajando 40 horas (y cobrarlas todas) lo hagan libremente y sin imposiciones. La reducción de la jornada no generará ningún gran desastre económico generalizado. Ahora bien, que quede claro que no solucionará el problema del paro. Que no sirva como sustituto de las medidas que realmente pueden acabar con el grave problema del desempleo.

El Periódico, 14 de abril de 1998

¿ES SIEMPRE MALA LA INFLACIÓN?

Durante los últimos meses, cada vez que se publican los datos de precios en Cataluña y en España observamos que la inflación catalana está por encima de la española y que ésta, a su vez, está por encima de la media europea. Durante los días que siguen a la publicación de los datos, aparecen docenas de artículos de comentaristas expertos explicando que eso es porque la economía española no va bien y la catalana va peor. La inflación diferencial refleja la «pérdida de competitividad» de Cataluña respecto de España y de España respecto de Europa. Los más atrevidos incluso acusan a los gobiernos respectivos de incompetentes, piden explicaciones y, ¿cómo no?, exigen responsabilidades políticas. La radicalidad de sus exigencias sólo es comparable con la debilidad de sus argumentos. Me explico.

La inflación diferencial (la diferencia de inflación entre Cataluña y España o entre ésta y Europa) muestra los movimientos de precios relativos. Es decir, muestra el comportamiento de los precios de los productos «catalanes» en relación o comparación con los «españoles». A estos precios relativos los economistas le dan un nombre un tanto tétrico: «tipo de cambio real». Cuando dos economías tienen la misma moneda, el tipo de cambio real sólo puede cambiar a través de la inflación diferencial. Lo mismo ocurre cuando dos economías tienen tipo de cambio fijo (como es el caso de España con el resto de los miembros del euro).

Todos sabemos que en una economía de mercado que funcione, los precios relativos cambian (y es bueno que lo hagan) cuando las ofertas y las demandas de los productos del país cambian. En este sentido, las subidas de precios relativos pueden ser debidas a aumentos de la demanda o a reducciones de la oferta. Imaginemos, por ejemplo, que Cataluña vende un producto que, de repente, todo el mundo quiere comprar, su precio subirá y habrá inflación. Por ejemplo, si, de golpe, son muchos los turistas que desean ir de vacaciones a Cataluña quizá porque quieren gozar de una oferta turística muy mejorada, los hoteles y los restaurantes catalanes verán aumentar su demanda y, por ende, sus precios. Los proveedores de esos hoteles y restaurantes también se enfrentarán a una mayor demanda por lo que sus precios también subirán. La inflación se esparcirá por toda la economía catalana. Una vez los expertos miren los datos, verán que la inflación catalana es superior a la española o a la europea y llegarán a la conclusión de que Cataluña va fatal. No sólo esto, sino que nos dirá que está perdiendo competitividad ya que sus productos son cada día más caros y eso acarreará reducciones en las ventas de los bienes producidos por empresas catalanas. En realidad, la conclusión a la que uno debería llegar es exactamente la contraria: las ventas catalanas están aumentando y eso está generando empleo y riqueza. Que esta bonanza se traduzca en incrementos de precios no debe sorprendernos porque proviene de un aumento de la demanda de productos catalanes. Es decir, la inflación es un reflejo de que el mercado funciona y de que los catalanes producen productos atractivos que la gente quiere comprar.

Imaginemos ahora que Cataluña vende un bien cuya producción sufre una caída catastrófica debido, por ejemplo, a unas inundaciones que destruyen la cosecha en Lleida. La respuesta de los mercados ante esa repentina caída de la oferta también será la de una subida de precios. En este caso, la inflación catalana, también será superior a la española y a la europea, pero ahora eso no será una muy buena noticia porque la inflación irá acompañada de una reducción de la producción, el empleo y la riqueza. Cuando la inflación viene por la vía de la caída de la oferta, el pesimismo está justificado.

La conclusión es que una inflación diferencial positiva puede ser interpretada como una muy buena señal (como es el caso de que la inflación esté causada por aumentos de la demanda) o una mala señal (que es lo que sucede cuando está causada por reducciones de la oferta). Antes de irritarnos, pues, cada vez que se publican los datos de los precios, habrá que preguntarse si la inflación diferencial es debida a una mayor oferta o a una menor demanda.

Si nos atenemos al pesimismo que demuestran, parece que los observadores creen que estamos ante sucesivas reducciones de oferta. Si no, ¿a qué viene tanta protesta? Yo, en cambio, me inclino a pensar que se trata de incrementos progresivos de la demanda. Y lo creo porque, si nos fijamos, la inflación diferencial va acompañada de «crecimiento económico diferencial». Es decir, lo que distingue los dos ejemplos que hemos puesto arriba es que los aumentos de la demanda vienen acompañados por incrementos de producción y creación de empleo, mientras que las caídas de la oferta vienen acompañadas por reducciones de la producción y el empleo. Y si nos fijamos en la situación actual de Cataluña, España y Europa, veremos que la tasa de crecimiento catalana es superior a la española y ésta, a su vez, es superior a la europea. Perfectamente consistente con la hipótesis de aumentos de demanda e inconsistente con la visión negativa de reducciones de la oferta.

El hecho de que la inflación española sea superior a la europea es fuente de críticas viscerales (normalmente por parte de quien no está en el gobierno y tiene interés en criticar a la administración), sobre todo por la novedad que supone el tener una moneda común. De todos es conocido que cuando uno no puede cambiar los tipos de cambio (cosa que no se puede hacer, obviamente, cuando dos países tienen la misma moneda) la única manera de ajustar los precios relativos es la inflación diferencial. Pero antes de criticar, antes de exaltarse y antes de pedir la intervención del gobierno para que corrija la situación, es importante darse cuenta de que la inflación diferencial es el resultado del buen funcionamiento de los mercados cuando las demandas y las ofertas suben y bajan sin que nada puedan hacer las autoridades. De hecho, lo peor que podría pasar es que el gobierno interviniera para corregir lo que no se debe corregir: los precios de mercado. El gobierno es una institución muy importante que debe jugar su papel en la economía de mercado. Ahora bien, uno de los papeles del gobierno NO es el de fijar los precios. Primero, porque ésta es misión de los mercados. Segundo, porque casi siempre fracasará en el intento. Y tercero, porque en el proceso de fijación arbitraria de precios, introducirá distorsiones que acabarán perjudicando a productores y consumidores.

Los críticos proponen que el gobierno reduzca el IVA, las tarifas de la luz o el precio de la gasolina para luchar contra la inflación. Es posible que esas tres medidas sean positivas desde un punto de vista fiscal. Es posible que los impuestos sobre los carburantes o sobre el consumo sean demasiado elevados y es posible que sea deseable reducirlos. Pero esas reducciones de impuestos no se deben llevar a cabo por cuestiones coyunturales como son los datos inflacionarios que aparecen cada mes. No se deben llevar a cabo para maquillar unos datos sobre los precios que no tiene por qué maquillar.

El Periódico, 28 de setiembre de 1999

UNA CLASIFICACIÓN DE LOS GOBIERNOS DE ESPAÑA

Está a punto de terminar una legislatura y es un buen momento para hacer balance de cómo ha ido la economía desde que José María Aznar tomó las riendas de España. Uno de los aspectos positivos de hacer análisis económicos (en lugar de análisis sociales o políticos) es que muchos de los aspectos económicos se pueden medir. Así pues, los políticos no pueden engañarnos diciendo que las cosas van bien si, en realidad, no van bien.

Una forma sencilla de mesurar el estado de la macroeconomía es recurriendo al llamado *índice de miseria* (creado por el profesor norteamericano de Yale, Arthur Okun, que fue también el asesor principal del presidente John F. Kennedy). El índice de miseria es la suma de la tasa de paro y de la tasa de inflación. Al índice original, hay quien le añade una medida de las expectativas de inflación, como el tipo de interés a largo plazo, y a ello le resta la tasa de crecimiento. Así pues, para resumir la situación económica de un país se pueden sumar las tasas de paro y de inflación a los tipos de interés, y a todo ello restarles la tasa de crecimiento. Cuanto mayor sea el número obtenido, más *miserable* será la situación económica del país.

Uno de los problemas de utilizar ese índice de miseria como medida de la buena o mala política de un gobierno es que éste no tiene en cuenta que el gobierno puede haber heredado una situación anormalmente buena o mala. Imaginemos, por ejemplo, un gobierno que deja una tasa de paro del 10%. ¿Ha hecho ese gobierno las cosas bien o mal? La respuesta depende de cuál era la situación cuando empezó. Supongo que diríamos que el gobierno ha hecho las cosas bien si la tasa que heredó era del 20%, pero muy mal si la tasa anterior era del 4%. Para tener en cuenta la situación heredada, se podría restar el promedio de paro que ha habido durante los años de gobierno de Aznar, menos el paro que hubo durante el último año socialista. Se puede hacer algo parecido con la inflación y el tipo de interés a largo plazo. Si se suman estos tres componentes y se les resta la tasa de crecimiento del PIB, se obtiene una medida de lo que podríamos llamar el *cambio en el índice de miseria*.

Naturalmente, hay otros aspectos importantes de la economía que no quedan reflejados en el índice de miseria, como podrían ser los déficits fiscal y exterior o la desigualdad de la renta. Ahora bien, si queremos evitar que se nos acuse de favorecer intencionadamente a determinados partidos políticos, lo mejor es utilizar medidas ampliamente aceptadas, y ello es lo que he decidido hacer aquí.

En el cuadro anexo (página 241 se presentan los datos y los cálculos. El resultado que se obtiene es que, durante la legislatura de Aznar, el índice de miseria se ha reducido un 11%. No sé si se puede llegar a la conclusión de que «España va bien». Pero lo que sí está fuera de toda duda es que «España va mejor». La pregunta es: ¿va mucho mejor o sólo un poco mejor? Para evaluar cuantitativamente la mejora de España, se podría comparar la situación actual con la de anteriores legislaturas. Y con ese objetivo, he repetido los cálculos para el gobierno de Adolfo Suárez (entre junio de 1977 y enero de 1981), el de Leopoldo Calvo Sotelo (de febrero de 1981 a octubre de 1982) y para cada una de las cuatro legislaturas socialistas de Felipe González, que se sucedieron entre octubre de 1982 y marzo de 1996. Para el estudio ignoro los cambios ministeriales y me centro en los períodos legislativos.

Si hacemos las comparaciones pertinentes en el cuadro 1, vemos que la *mejor* de las legislaturas previas a Aznar es la primera de González (entre octubre de 1982 y junio de 1986), que alcanzó una reducción del índice de miseria del 5,2%. Los siguientes clasificados en el *ranking* serían la tercera y la segunda legislaturas socialistas, con una reducción del 3,5 y 3%, respectivamente. Las seguiría la de Calvo Sotelo, que alcanzó un *aumento* de la miseria del 2,5%, y cerrarían la clasificación la última legislatura socialista, con un aumento del 5,2%, y la de Suárez, con un aumento del 5,3%. Vemos, pues, que en ninguna de las legislaturas anteriores se consiguió reducir la miseria en más del 5,2% y que en algunos casos incluso llegó a aumentar en más del 5%. *La reducción del 11% experimentada durante los últimos cuatro años representa, pues, un éxito económico sin precedentes en la historia reciente de España.*

Es interesante observar que la situación durante la época Aznar ha mejorado en los cuatro frentes. Por ejemplo, Aznar es, indiscutiblemente, el líder en la reducción del paro (que cayó más del 5,5% durante su legislatura) y en la reducción del tipo de interés de más del 5%, pero también es el segundo en términos de crecimiento económico (la ganadora en este terreno es la segunda legislatura de González, desde junio de 1986 hasta octubre de 1989), y la inflación, que ya era baja, se ha reducido en más del 1%.

Este comportamiento económico uniformemente positivo durante el período Aznar contrasta con las descompensaciones existentes durante los distintos gobiernos socialistas. Por ejemplo, durante la primera legislatura de González, la inflación cayó en un 4,5%. Este éxito en el terreno monetario se vio contrarrestado por un fracaso absoluto en el campo del paro, que pasó del 14 al 20%. La descompensación es tan grande que, si decidimos ignorar los aspectos monetarios (aspectos que, más o menos, estaban en manos del Banco de España y no en manos del ejecutivo), el gobierno socialista estaría prácticamente empatado con el de Suárez para la obtención del título honorífico de Peor Actuación Económica del Posfranquismo. En el otro extremo, la segunda legislatura socialista, que obtuvo un gran éxito en el terreno del crecimiento y la reducción del paro, fue un fracaso a la hora de controlar los tipos de interés y, en menor medida, la inflación.

Se podría argumentar, con cierta razón, que las políticas del gobierno se reflejan en la economía con un retraso que oscila entre los 6 y los 18 meses. Es decir, se podría decir que parte de la bonanza económica actual debería atribuirse al último gobierno socialista. Teniendo en cuenta esa posibilidad, he vuelto a hacer todos los cálculos suponiendo que las políticas tardan un año en ser efectivas. Es interesante observar que la clasificación final no cambia en absoluto. Las magnitudes varían ligeramente (por ejemplo, la reducción de la miseria durante la legislatura de Aznar es de un 10% en lugar de un 11%, porque, efectivamente, parte de sus ganancias se las lleva la última legislatura socialista), pero las cosas cambian poco.

Algunos analistas argumentarán que la economía va bien o mal por razones que nada tienen que ver con el gobierno sino con la «coyuntura internacional» o el «progreso tecnológico». Otros dirán que todo viene determinado por la actuación del ejecutivo. La verdad es que unos y otros tienen parte de razón: los factores que hacen que la economía vaya bien dependen, en parte, de la situación mundial y, en parte, de las políticas llevadas a cabo por el gobierno. Ahora bien, los datos son lo que son. Y, con los datos en la mano, hay que reconocer que, durante la última legislatura, la situación económica española ha mejorado como nunca.

Avui, 8 de marzo de 2000

Legislatura	Promedio de paro (menos el paro del último año de a legislatura anterior) (1)	Promedio de inflación (menos la inflación del último año de la legislatura anterior) (2)	Tipo de interés (menos el tipo del final del periodo anterior) (3)	Crecimiento del PIB (menos 2,4% de la tasa de largo plazo) (4)	Índice de miseria (1+2+3+4)	Clasificación	Índice de miseria suponiendo un año de atraso en las políticas
Suárez (junio 1977-enero 1981)	+3,7%	−4,5%	+4,5%	−1,6%	+5,3%	7°	+4,7%
Calvo Sotelo (enero 1981-octubre 1982)	+1,8%	−0,2%	−0,5%	−1,4%	+2,5%	5°	−0,2%
González 1 (octubre 1982-junio 1986)	+4,5%	−5,2%	−4,5%	−0,2%	−5,2%	2°	−5,0%
González 2 (junio 1986-octubre 1989)	+0,1%	−2,8%	+2,3%	+2,6%	−3,0%	4°	−0,7%
González 3 (octubre 1989-junio 1993)	−0,7%	−1,2%	−2,7%	−1,1%	−3,5%	3°	−2,3%
González 4 (junio 1993-marzo 1996)	−0,2%	−0,3%	+5,6%	−0,1%	+5,2%	6°	+1,9%
Aznar (marzo 1996-marzo 2000)	−3,2%	−1,2%	−5,5%	+1,1%	−11,0%	1°	−9,8%

Ni se llama Panorámix

No sé si las *Noticias del Guiñol* todavía exhiben al presidente del gobierno español disfrazado de superhéroe. La comparación era, o es, interesante y supongo que su origen es esa pintoresca propensión que don José María Aznar siempre ha tenido a ponerse todas las medallas, a apuntarse todos los éxitos que suceden a su alrededor. Y claro, no es para menos, un personaje tan galardonado, tan capaz de «desfacer los entuertos» en los que se mete su tan inmaduro pueblo, se merece ser equiparado con el hombre de acero, más rápido que una bala, más potente que una locomotora, que no es ni pájaro ni avión: ¡Superman!

En lo social y en lo político, quizá don José María sea digno de tan grata alegoría. No lo sé. Pero en lo económico, la metáfora podría resultar menos adecuada. Y con eso no quiero decir que, siendo él presidente, la economía no haya ido bien: desde 1996 y hasta hace poco, España ha vivido una situación de bonanza con tasas de crecimiento elevadas, inflación controlada, sustanciales reducciones del paro y del déficit fiscal. Eso es verdad. Pero antes de distribuir medallas, debemos preguntarnos si eso fue debido a las políticas del gobierno español o a otros factores. Lo digo porque durante ese mismo período, Estados Unidos vivió exactamente el mismo proceso de prosperidad (incluso creo que Bill Clinton dijo un día que quien venía del planeta Krypton no era Aznar sino él). Lo mismo ocurrió en la mayor parte de las economías occidentales, cuyos presidentes también desempolvaron sus braguitas rojas de superhéroe.

Y claro, si España iba bien, simplemente porque todo el mundo iba bien, quizá Aznar no tenga poderes sobrehumanos: a lo mejor es un tipo con suerte que estaba en el gobierno, justo cuando la locomotora americana alcanzaba el momento más dulce de su historia. Bajo este punto de vista, quizá no deberíamos comparar a don José María con Superman sino con un personaje mucho más terrenal, alguien como... digamos, ¡Forrest Gump!

¡No, no me malentiendan! Lo digo con todo el cariño del mundo: Forrest es un personaje entrañable a quien todo el mundo adora. Simplemente hago la comparación porque su principal característica es la suerte. Recuerden la película: un día adquiere acciones de Apple pensando que está comprando manzanas y se convierte en multimillonario. Otro día compra un viejo barco con el lisiado teniente Dan, simplemente porque se lo había prometido a su compañero Bubba Blue en Vietnam, y acaba creando un imperio de la pesca de gambas. La suerte consigue que logre hacerse famoso, accidentalmente, corriendo en un campo de fútbol, jugando a ping pong, saludando a Kennedy, creando la canción *Imagine* o descubriendo involuntariamente a los culpables del caso Watergate. (Mi escena favorita —y no tiene nada que ver con el culebrón sucesorio del PP— es aquella en que decide cruzar el continente corriendo y un número creciente de seguidores corre detrás de él, creyendo que se trata de un mesías... aunque nadie sabe exactamente qué quiere o adónde va; la gran comitiva corre y corre hasta que, de repente, sin más, Forrest se para y se va a su casa, dejando a miles de incondicionales plantados y sin líder.)

Llegados a este punto, ustedes se preguntarán por qué me preocupa tanto saber si Aznar se parece más a Forrest Gump que a Superman. La explicación es muy simple: dado que la situación económica internacional ya no es tan favorable como antes, sería importante saber si el gobierno español sabe lo que hace (Superman) o simplemente ha vivido de la suerte (Forrest Gump). Y aquí hay dos factores que no me inspiran confianza. Primero, el mes de octubre pasado, nada más empezar la crisis, la tasa de paro española experimentó la mayor subida en ocho años y volvió a situarse por encima del millón y medio de personas. Para «tranquilizarnos», el secretario de Estado de empleo nos anunció que «ese incremento está directamente relacionado con la desaceleración económica y la crisis internacional» y que «en términos relativos, el número de desempleados sigue manteniéndose en niveles similares a los de los años ochenta». Traducción: cuando la economía va bien, es gracias al gobierno y, cuando va mal, es por culpa de la desaceleración internacional... y encima no se quejen porque «en términos relativos» ¡el PSOE lo hizo peor! Usted juzga: ¿poderes sobrenaturales o se acabó la buena estrella?

El segundo factor preocupante es esa obsesión que parece seguir teniendo el gobierno por aquello del «déficit cero». Es de todos conocido que cuando hay una crisis, la recaudación fiscal baja y el gasto público sube automáticamente. Si el gobierno insiste en mantener el déficit cero, deberá subir los tipos impositivos o bajar el gasto público. No hay alternativa. El problema es que ambas estrategias tienden a empeorar la situación económica. La imposición de la estabilidad presupuestaria en época de crisis es, pues, una extravagante insensatez. Y eso lo dicen todos los macroeconomistas del mundo: keynesianos, clásicos, liberales, minesotos, socialistas y lunáticos de diversa índole. ¡Todos!

¿Todos? No. Un pequeño ministerio de irreductibles españoles resiste todavía a los ejércitos del sentido común tras la derrota del gran jefe Deficitcerótix en la batalla de Alesia. Dicen poseer una poción que elaboran en una marmita. Pero me da la impresión que la poción no es mágica porque el druida que la prepara, medio Superman y medio Forrest Gump, no es mago, ni es sabio... ni se llama Panorámix.

La Vanguardia, 17 de noviembre de 2001

7

Innovación y nuevas tecnologías

En este capítulo se tratan diversos aspectos de la innovación y las nuevas tecnologías.

El primer artículo titulado «I+D: El descubrimiento de la fórmula mágica» explica por qué la inversión en I+D no es el único modo de argumentar la productividad y por qué, muy a menudo, los datos sobre la cantidad de I+D que un país lleva a cabo no indican el estado de salud de dicho país. Ello es importante porque durante el año 2000 muchos observadores señalaron que España estaba en la cola europea en cuanto a gastos de I+D se refería, hecho que produjo un gran escándalo, a mi modo de ver equivocado y prematuro.

Los tres artículos que se presentan a continuación describen dos de los procesos judiciales más sonados de los últimos tiempos: el de Microsoft y el de Napster. Cuando escribí el primer artículo todavía no sabía cómo iban a terminar las cosas con la empresa de Bill Gates. De hecho, en el momento de escribir estas líneas aún no se sabe cómo acabará el caso. En la primera parte del libro ya he indicado que el veredicto al que llegó el juez Jackson era una mala solución desde el punto de vista económico. En el artículo titulado «Leyes antiguas, problemas nuevos» se analizan algunos importantes argumentos adicionales. En el artículo «Monopolios aquí y allí» se describen las diferencias que existen entre Europa y Estados Unidos a la hora de afrontar el problema de los monopolios. El artículo que sigue discute la salud que puede tener la economía española, considerando los datos de que disponemos sobre la productividad. El principal argumento es que la baja productividad no justifica un gasto mayor en I+D por parte del gobierno.

Finalmente, en «¿Victoria en Sudáfrica?» se analiza la victoria que el gobierno de Pretoria obtuvo en su pugna con las multinacionales farmacéuticas a raíz de su decisión de producir medicamentos genéricos para combatir el sida. Utilizando los argumentos expuestos en el capítulo «La economía de las ideas» de la primera parte del libro, se llega a la conclusión de que la victoria de Sudáfrica será muy beneficiosa para los actuales enfermos... pero puede tener efectos adversos sobre la futura investigación y la futura creación de vacunas o medicamentos que acaben erradicando la devastadora enfermedad.

I+D: EL DESCUBRIMIENTO DE LA FÓRMULA MÁGICA

Una de las ideas que menos controversia despierta entre los economistas es que el único modo de conseguir que un país crezca a largo plazo y de hacer que sus habitantes obtengan niveles de riqueza y bienestar deseables es aumentar la productividad. Es decir, hacer que, con las mismas horas de trabajo, cada trabajador genere una cantidad cada vez mayor de bienes y servicios. Nadie discute tampoco que una forma de conseguir aumentar esa productividad consiste en *descubrir* nuevos procesos de producción y nuevas fórmulas o en *inventar* nuevos productos, máquinas mejores y ordenadores cada vez más rápidos y potentes. Este hecho ha llevado a muchas personas a pensar que el único modo de mejorar la eficiencia económica es dedicar más y más recursos a *investigación y desarrollo* o I+D. Y es por esa razón por la que los analistas ven con malos ojos el hecho de que nuestro país invierta menos en I+D que nuestros vecinos y competidores. Al fin y al cabo, nos dicen, «un país que no invierte lo suficiente para mejorar la tecnología y ampliar el conocimiento es un país que se está quedando rezagado».

Esa afirmación contundente y ampliamente aceptada es cierta, ya que si un país desea mejorar, crecer y progresar, debe estar al día en el ámbito de innovación y tecnología, especialmente a las puertas del sigo XXI, cuando se está creando un nuevo mundo y una nueva economía que todavía ignoramos adónde nos conducirá. ¡No hay que perder el tren del futuro!

Ahora bien, la afirmación sólo es parcialmente cierta y mitifica en exceso la importancia de la inversión en I+D. Y lo hace por distintas razones. Una parte sustancial de la investigación pública no tiene ningún efecto positivo sobre la productividad de la economía: es bastante evidente que los descubrimientos llevados a cabo por los egiptólogos sobre el estilo de vida en la época de Nefertiti,

aun siendo interesantes desde un punto de vista histórico, no contribuyen a hacer que los trabajadores sean más productivos. Lo
mismo podemos decir de una gran parte de los proyectos de investigación realizados en muchas universidades (¡entre los que, naturalmente, se encuentran algunos proyectos de investigación económica!). Ejercer, pues, una presión política al gobierno para que
gaste más en investigación sin imponerle unos límites sobre el tipo
de investigación que puede ser útil desde un punto de vista económico, puede terminar representando un gasto superfluo de recursos impositivos. Por otro lado, una parte importante del gasto en
I+D que llevan a cabo algunas empresas privadas tampoco contribuye a aumentar la productividad. Por ejemplo, el dinero que
Coco Chanel se gasta en el desarrollo de un nuevo perfume de violetas (gasto que se contabiliza como I+D) puede hacer que los compradores potenciales se sientan más felices o presuman más, pero
en modo alguno se puede decir que la productividad de nuestros
trabajadores aumente por causa de ese aromático gasto. Así pues,
debemos ir con cuidado a la hora de identificar gasto en investigación con productividad.

Una segunda razón por la que la investigación se ha mitificado excesivamente es que, en determinados momentos, nos puede
interesar *adoptar* tecnologías inventadas en otros países más que inventarlas nosotros mismos. La experiencia de los países del sudeste asiático a lo largo de los últimos cuarenta años nos demuestra
que un país puede disfrutar de un éxito económico importante importando tecnologías inventadas en otras partes. Países como Singapur, Corea del Sur, Taiwán, Malaisia, Hong Kong o Tailandia no
han inventado la radio, ni la televisión, ni el coche, ni el CD (productos todos ellos inventados en Estados Unidos, Japón o Europa).
Aun así, esos países acaparan la producción mundial de esos y de
otros muchos bienes, y lo hacen, entre otras razones, a base de seguir una política educativa y con el objetivo de que los trabajadores
puedan aprender a producir cosas nuevas. Es decir, quizá más que
dedicar muchos recursos a la I+D, algunos países harían bien invirtiendo dinero en la mejora de unos sistemas educativos que, hoy
por hoy, no preparan a los trabajadores para usar las nuevas tecnologías ni para adaptarse a un entorno que cambia continuamente.

Una tercera razón por la que no debemos exagerar la importancia de I+D es que, si bien es cierto que la productividad depende de
las tecnologías y de los conocimientos generados por la investigación, también es cierto que depende de muchos otros factores que

no debemos ignorar. Quizá uno de los más importantes sea el libre funcionamiento de los mercados. Por ejemplo, resulta fácil ver que ciertos trabajadores sirven para estar en un banco, mientras que otros serán más productivos trabajando en la construcción. Si el mercado del trabajo está tan regulado que conlleva una gran dificultad para cambiar de trabajo (ya sea porque los costes de despido son muy altos o porque hay mucho paro, de modo que a los trabajadores les da miedo dejar el trabajo para buscar otro mejor), entonces una fracción importante de los trabajadores del país estará realizando un trabajo que no se ajusta a sus capacidades y cualificaciones, y no tendrá la posibilidad de cambiarlo. Ello puede conllevar importantes pérdidas de productividad a escala nacional. En esas circunstancias, la mejor manera de aumentar la productividad sería liberalizar el mercado laboral, y no tanto aumentar el gasto en I+D. La liberalización haría que las personas que no resultan demasiado eficientes en un trabajo lo cambiaran por otro en el que sí fueran más productivos, hecho que aumentaría la producción por trabajador. Podemos dar ejemplos similares referentes a la excesiva regulación de otros mercados como el de la telefonía, los carburantes, los transportes o el sector financiero: por más cosas que inventen los científicos, si una empresa disfruta de una situación monopolística (o al menos protegida) y si no sufre la presión de la competencia, no tendrá ningún incentivo para llevar a la práctica esas mejoras.

Y, en ese sentido, creo que la obsesión que hay en Europa por aumentar el gasto de I+D puede estar funcionando como una excusa para no tomar la decisión que, tarde o temprano, se deberá tomar, y que no consiste más que en reducir la excesiva regulación con la que los gobiernos de la posguerra han encadenado nuestras economías.

Resumiendo, dedicar recursos a la investigación y el desarrollo es positivo... pero no es la fórmula mágica para solucionar el problema de la productividad y el crecimiento de nuestro país.

El Temps, 19 de junio de 2000

MICROSOFT: LEYES ANTIGUAS Y PROBLEMAS NUEVOS

De verdad, me podéis creer: no utilizo Microsoft Word, ni Excel, ni Explorer, y tampoco trabajo para la Corporación Microsoft.

Ahora bien, cuando leí que el juez Thomas Jackson consideraba a la compañía de Bill Gates culpable de ser «un monopolio depredador que abusa de su poder para perjudicar a los consumidores y frenar el progreso tecnológico» y que la fiscal general, Janet
Reno, calificaba el hecho de «gran victoria para el consumidor»,
me sorprendí mucho.

Las cuarenta y tres páginas escritas por el juez se podrían resumir en cuatro hechos básicos. Primero, «Microsoft tiene una cuota
de mercado de sistemas operativos del 95%, que le permite obtener
unos beneficios descomunales, y ello es un monopolio que perjudica al consumidor». Si bien es cierto que los beneficios de Microsoft (7.000 millones de euros el año pasado) son tres veces mayores que los del resto de compañías de software juntas, una cuota de
mercado elevada ni es negativa ni es síntoma de conducta criminal.
En realidad, la ley Sherman (que es el nombre que recibe la ley an-
timonopolística norteamericana) no dice que tener un monopolio
sea ilegal. Lo que es ilegal es la utilización de la posición de monopolio para perjudicar a los consumidores o para ampliar la cuota de
mercado. Por lo tanto, no se puede decir que Bill Gates actuara ilegalmente sólo porque ganó mucho dinero o porque su sistema
operativo Windows se puede encontrar en el 95% de los ordenadores del mercado. Está por demostrar que Microsoft abusara de su
posición para poner *precios abusivos*. El precio que Microsoft cobra
a las compañías productoras de ordenadores para que salgan equipados con el sistema operativo Windows es de unos 30 euros. Ese
precio no puede ser considerado abusivo, puesto que fácilmente
podrían cobrar 180 euros, sin perder a casi ningún cliente (como
referencia el sistema alternativo Linux cuesta, una vez incorporados los programas añadidos o *addons* que se instalan sobre un programa básico gratuito, unos 150 euros, y no es, ni mucho menos,
compatible con tantas aplicaciones como el Windows). Es más, el
Windows evoluciona, literalmente, cada día. ¿De qué modo, pues,
una compañía que ofrece un producto cada día mejor a precios
cada día más bajos perjudica al consumidor? Si hay un sector de la
economía que haya generado progreso tecnológico y precios cada
vez más competitivos en los últimos veinte años, ése es el sector informático. ¿Cómo se puede, pues, tildar de monopolio perjudicial
a ese sector?

El segundo argumento utilizado por el juez Jackson es que Gates «impone barreras a la competencia y utiliza su poder para perjudicar a los posibles competidores». El ejemplo que *demuestra* ese

comportamiento es el incidente con Netscape. En 1994, cuando el sistema Windows ya tenía una posición predominante en el mercado informático mundial, Microsoft intentó utilizar esa posición para introducirse en un mercado nuevo, el mercado de Internet. En esos momentos, ese mercado estaba dominado por otra empresa que se llamaba Netscape. Pues bien, Microsoft obligó (presuntamente) a las empresas que compraban Windows a comprar el navegador de Internet de Microsoft (llamado Explorer) y a dejar de lado Netscape. Si es cierto que lo hizo, entonces se puede decir que utilizó el poder de monopolio de Windows para ampliar la cuota de mercado, y ello sí es ilegal en Estados Unidos.

También se acusa a Bill Gates de *regalar* su navegador de Internet con el objeto de arruinar a la competencia. Ahora bien, la pregunta importante vuelve a ser la misma: ¿cómo perjudica eso a los consumidores? Recordemos que Netscape dominaba el mercado de los navegadores de Internet y vendía su producto a unos 45 euros. Hoy en día, gracias a la acción de Microsoft, tanto el navegador Netscape como el Explorer son gratuitos y la competencia entre ambas empresas no ha cesado de generar mejoras continuadas. Teniendo en cuenta que existen unos 40 millones de navegadores instalados en Estados Unidos, ¡la reducción de precios ha logrado que los consumidores dejaran de pagar unos 1.800 millones de euros sólo en Estados Unidos! Hay quien dice que el peligro de la conducta de Gates es que, cuando haya conseguido eliminar a los competidores, entonces fijará precios de monopolio. Eso está aún por demostrar, y, además, en un Estado de derecho no se puede condenar a nadie porque «es posible que ese alguien cometa crímenes en un futuro».

El tercer argumento es que la gran cuota de mercado acaparada por Windows «no permite alternativas viables, ya que Microsoft no hace públicos los *códigos secretos* (llamados APIS) que permitirían a otras compañías hacer productos que se integraran satisfactoriamente con Windows». Una vez más nos debemos preguntar de qué modo esa conducta probada puede perjudicar al consumidor. Es verdad que los *códigos* de Microsoft son secretos, pero ello no ha impedido que hoy en día se puedan utilizar unos 70.000 productos informáticos con los sistemas operativos Windows. Mucho me parece que el secretismo no perjudica al consumidor.

¿Qué pasará a partir de ahora? Y aquí es cuando el remedio puede ser peor que la enfermedad. Por un lado, el juez podría obligar a Microsoft a vender sus *códigos secretos*. El precio de mercado de esos códigos rondaría los 180.000 millones de euros, cantidad que ninguna empresa del mundo podría pagar. Habría que obligarla, pues, a venderlos a un precio inferior al del mercado. Eso supondría una violación de los derechos de propiedad intelectual de Microsoft con consecuencias devastadoras: si las empresas que se dedican a I+D empezaran a creer que, en cualquier momento, el fiscal puede decidir sustraerles los derechos de propiedad intelectual, inmediatamente dejarían de aplicar I+D y el progreso tecnológico en todos los campos (no sólo en el informático) se detendría.

La segunda opción sería dividir la empresa en tres o cuatro empresas, tal como ocurrió con la Standard Oil en 1911. Esa solución también acarrearía consecuencias negativas. En pocos meses habría tres o cuatro sistemas operativos, y cada vez habría más programas compatibles con algunos de ellos pero no con los otros. La confusión entre los consumidores sería cada vez mayor y más costosa, a menos que se obligara a las tres o cuatro empresas a hacer públicos los *códigos secretos*. Una opción menos radical sería amonestar a Microsoft y advertirle que en el futuro no puede presionar a los productores (cosa que, como he indicado antes, sería deseable).

Bill Gates puede tener un grave problema (aunque ni tan siquiera eso está claro: Rockefeller dobló su fortuna durante los diez años que siguieron a la condena de su empresa, Standard Oil, a dividirse en muchas empresas pequeñas), pero los consumidores de todo el mundo podemos tener uno mayor si los abogados y los políticos siguen aplicando las leyes antimonopolísticas del siglo XIX a las tecnologías del siglo XXI.

Avui, 7 de abril de 2000

MONOPOLIOS AQUÍ Y ALLÍ

¡Vaya semana para las relaciones entre grandes empresas y gobierno! En Estados Unidos, un tribunal de apelaciones dice que Microsoft es culpable de abuso de monopolio... pero anula el castigo que le había impuesto el juez Thomas Jackson. En Europa, el comisario de la competencia, Mario Monti, impide la fusión de los gigantes Honeywell y General Electric... antes de que se convierta en un monopolio industrial. Es decir: en Estados Unidos se anula el castigo a alguien declarado culpable, mientras que en Europa se castiga a alguien que todavía no ha cometido ningún delito. ¿Qué está pasando?

Hay quien dice que esta aparente confusión demuestra lo fraudulentas que son nuestras autoridades: los antiamericanos argumentan que George Bush, que es «amigo del gran capital», está devolviendo los favores que Bill Gates le hizo durante la campaña electoral, y lo hace impidiendo que se divida su empresa. Los antieuropeos, por su parte, dicen que la comisión europea prohíbe la fusión de los dos gigantes norteamericanos (fusión que, por cierto, había sido autorizada en mayo por el Departamento de Justicia de Estados Unidos) con el único objetivo de proteger la industria aeronáutica europea.

No voy a ser yo quien niegue que, a veces, nuestros líderes toman decisiones turbias que ignoran los intereses de la mayoría. Pero para ser justos, antes de lanzar acusaciones de corrupción es necesario intentar justificar racionalmente las decisiones de jueces y políticos.

Lo primero a tener en cuenta es que las legislaciones a favor de la competencia de Estados Unidos y Europa son distintas. Y no sólo las legislaciones, sino que también lo es la filosofía económica. Los norteamericanos no creen que se deba penalizar a una empresa por el simple hecho de ser un monopolio o por tener una gran cuota de mercado. Solamente se la puede castigar si se demuestra que ha utilizado su situación privilegiada para abusar de los consumidores o para ampliar su poder económico. Por ejemplo, Microsoft tiene el 95% del mercado de sistemas operativos informáticos. Este hecho, de por sí, no constituye delito en Estados Unidos. Ahora bien, si Bill Gates se aprovechara de esa situación poniendo precios desorbitados u obligando a los productores de ordenadores a instalar otros programas de Microsoft, cometería un delito de abuso de poder. Y es por ello que, cuando Bill Gates les amenazó con no concederles licencias de Windows si no quitaban el buscador de Internet de Netscape y, en su lugar, instalaban la versión de Microsoft llamada Explorer, el Departamento de Justicia y los fiscales de veinte estados lo llevaron a los tribunales. El juez Jackson les dio la razón en abril del año 2000.

Como castigo, el juez obligó a dividir Microsoft en dos: una empresa de sistemas operativos Windows y otra de aplicaciones, con el Internet Explorer como una de ellas. Pues bien, el pasado 28 de junio el Tribunal de Apelaciones del Distrito de Columbia dio parte de razón al juez Jackson al confirmar que Microsoft había abusado de su situación de monopolio, pero también le dio parte de razón a Bill Gates al decir que la decisión de dividir Microsoft en dos empresas no solucionaba el problema. Y no lo solucionaba porque, tal como se planteaba, la división no hacía más que crear dos monopolios complementarios sin ningún incentivo a competir entre ellos (una explicación más extensa de por qué este castigo no soluciona el problema se puede encontrar en mi reciente libro *Economia liberal per a no economistas i no liberals*, y perdonen la autocita).

Al otro lado del Atlántico, las autoridades europeas prefieren evitar las tentaciones a que se abuse el poder de monopolio antes de que éste ocurra. Podríamos decir que, mientras que en Estados Unidos dicen que «todo el mundo es inocente hasta que se demuestre lo contrario», en Europa creen que «más vale prevenir que curar». Esa diferencia filosófica se puede explicar por el hecho de que la Comisión Europea tiene muy poco poder para castigar o controlar las acciones de las empresas una vez éstas ya han sido fusionadas. También contribuye el hecho de que las damnificaciones en Europa son pequeñas, cosa que no incentiva a los consumidores a denunciar las conductas monopolistas. Por eso se prefiere prevenir las uniones que, como la de Honeywell y GE, dejan a una empresa con una cuota de mercado demasiado grande en lugar de esperar a ver si abusan de su situación de monopolio.

Otra diferencia importante es que los juicios antimonopolio en Estados Unidos son públicos, con montañas de expertos desinteresados testificando para cada una de las partes y cuyos testimonios se pueden encontrar en Internet. Esto contrasta con el secretismo con el que se toman las decisiones sobre fusiones empresariales en Europa. Esa falta de transparencia no es buena porque aviva las sospechas de favoritismos y da argumentos a quienes dicen que los intereses oscuros privan sobre el interés general.

Lo fascinante será ver qué hace ahora la Comisión con el caso Microsoft que, recordémoslo, aún está vivo en Europa. De momento, Mario Monti ya ha puesto un ejército de abogados a investigar las actividades del gigante informático en nuestro continente. Por lo que pueda pasar, Microsoft ya ha anunciado que, a partir de octubre, dará la opción de poner el navegador de Internet que desee el cliente.

Y es que Bill Gates sabe que a los monopolios se les trata de manera distinta aquí y allí.

La Vanguardia, 17 de julio de 2001

INTERCAMBIOS MUSICALES

Nuestra obsesión por el euro, el petróleo, la bolsa y la inflación ha hecho que una de las noticias económicas más trascendentales del año haya pasado casi desapercibida. Se trata del acuerdo al que han llegado la compañía de Internet Napster y la productora musical alemana Bertelsmann.

Napster fue fundada en 1999 por Shawn Fanning, un estudiante de Boston de 18 años que lucía una cabeza rapada cubierta con una gorra de béisbol (visera a la espalda) y que emulaba a sus ídolos raperos vistiendo tejanos grandes y camisetas anchas de hockey sobre hielo. A pesar de su apariencia poco intelectual, Fanning desarrolló un programa informático que permitía intercambiar ficheros musicales a través de Internet. La cosa funciona más o menos así: uno va a www.napster.com, presiona un botón que descarga el programa Napster, y ya está listo para poder copiar los ficheros musicales de todos los internautas que hayan hecho lo mismo (y se calcula que hay unos 38 millones de personas en todo el mundo que lo han hecho). Uno puede buscar su autor o su canción favorita y copiarla en cuestión de segundos. Las canciones se pueden escuchar a través del ordenador o se pueden grabar en un disco compacto para escuchar en el *discman* o en el coche. Los usuarios que quieren, a su vez, ponen sus canciones para que el resto de la comunidad Napster las pueda copiar. En cuestión de horas uno puede construirse una musicoteca que costaría miles de euros si se comprara en la tienda tradicional. Y todo esto totalmente gratis.

Para comprobar la eficiencia del invento, el otro día decidí cronometrar el tiempo que tardaba en instalar el programa y encontrar un disco antiguo que me resultaría difícil de encontrar en una tienda tradicional. Fijé mi objetivo en el ya olvidado *Pavo real* de José Luis Rodríguez *El Puma*. En menos de tres minutos mi ordenador me devolvía a la adolescencia al entonar el «*numerao, numerao, viva la numeración... quien ha visto matrimonio...*». Me quedé impresionado.

Lógicamente, Napster desató las iras de las productoras musicales. Cinco de ellas, lideradas por la alemana Bertelsmann, llevaron a Fanning y a sus colegas a los tribunales de California, acusándoles de violar sus derechos de propiedad intelectual. Napster se defendía diciendo que ellos no copiaban nada sino que se limitaban a ofrecer una tecnología y que no eran responsables de lo que los usuarios pudieran hacer con ella. En julio, el juez dio la razón a las productoras y obligó a Napster a cerrar su negocio. Dos días después, el tribunal de apelaciones le daba la razón a Napster por lo que ésta siguió operando.

Esta semana, las dos compañías han llegado a un acuerdo amistoso: Napster se compromete a cobrar unos cinco euros al mes a los usuarios que utilicen su programa de intercambio y a entregar el 75% del dinero a las distribuidoras tradicionales. A cambio, Bertelsmann retira la demanda judicial, intentará convencer a las otras cuatro demandantes que hagan lo mismo y hace una transferencia multimillonaria a Fanning (la cantidad no se ha hecho pública, aunque se sabe que incluye *stock options* de Bertelsmann).

A pesar de su carácter folclórico, el juicio de Napster es de una trascendencia que va mucho más allá de lo meramente musical. En primer lugar, pone de manifiesto la importancia de mantener los derechos de propiedad intelectual. Si todo el mundo puede copiar una obra sin pagar derechos de autor, los incentivos que tienen los autores a crear se desvanecen. Y cuando esto pase, los escritores dejarán de escribir, los cantantes dejarán de cantar, los inventores dejarán de inventar y las consecuencias económicas, culturales y sociales de todo ello pueden ser, simplemente, devastadoras. Es cierto que siempre ha habido gente que ha grabado casetes, fotocopiado libros y copiado cintas de vídeo ilegalmente, pero el acceso a Internet magnifica el problema ya que permite que se saquen no una o dos o diez copias, sino millones de copias de libros, música o vídeos a partir de un solo original.

En segundo lugar, el juicio pone de manifiesto que nuestro sistema legal, administrativo y político, no está evolucionando a la misma velocidad que la tecnología. La naturaleza descentralizada y supraestatal de Internet plantea unos problemas para los que nuestros legisladores, juristas y jueces no están preparados. Supongamos, por ejemplo, que los jueces californianos obligan a Napster a cerrar sus puertas. No hace falta decir que al cabo de unas horas aparecerá otro emprendedor que ofrecerá un producto parecido o idéntico y lo distribuirá desde China, isla de Mauricio o el Atolón de la Vaca. Los usuarios de todo el mundo podrán acceder a esa página con la misma facilidad con la que se accede a la de California y, al estar situada fuera de la jurisdicción norteamericana, poco podrán hacer las autoridades. La solución que están intentando los legisladores americanos es integrar los derechos de propiedad intelectual en las negociaciones de la Organización Mundial del Comercio. Pero incluso eso puede resultar insuficiente si quedan «paraísos fiscales» que no se adhieren a las reglas internacionales. Quizá la única manera de combatir la piratería tecnológica sea la utilización de armas tecnológicas.

En tercer lugar, la fusión de Napster pone de relieve que, a menudo, las fuerzas del mercado son más poderosas que las fuerzas de la ley. La empresa Bertelsmann se ha dado cuenta que si considera a los 38 millones de usuarios de Napster como 38 millones de ladrones, tiene todas las de perder (¿cómo van a poner a tanta gente en la cárcel?). En cambio, si les considera como 38 millones de clientes, incluso puede acabar ganando dinero: con un margen de beneficio un poco menor pero con el mundo entero como clientela, el negocio puede ser gigantesco.

Sea como fuere, parece que, a partir de ahora, todos los ciudadanos del mundo, seamos abogados, políticos, economistas, artistas, escritores o jueces, deberemos bailar al ritmo de los intercambios musicales.

La Vanguardia, 8 de noviembre de 2000

LA SANIDAD DE LA PRODUCTIVIDAD

Dicen algunos observadores que el crecimiento de la economía española no es *sano* porque no viene acompañado de aumentos de la productividad. En Estados Unidos, la creciente productividad permite a las empresas aumentar salarios sin tener que repercutirlos en los precios. Y eso es *sano*. En España, cualquier incremento salarial genera inflación. Y eso NO es *sano*. La explicación, según los expertos (en *sanidad*), es que el gobierno gasta demasiado poco en la investigación de nuevas tecnologías.

Si los datos de productividad fueran ciertos, los expertos tendrían parte de razón. El problema es que esos datos son como los números complejos: mitad reales y mitad imaginarios.

La medición de la productividad del trabajo, que se define como la producción media por trabajador, plantea multitud de problemas de los que destacaré dos. En primer lugar, hay que tener en cuenta que no todos los trabajadores son iguales y que, cuando se emplea a un trabajador poco cualificado, la productividad media tiende a bajar. Este factor es importante porque el reciente ciclo económico español se ha caracterizado por una espectacular reducción del desempleo. Si, como es de esperar, los que estaban parados eran menos productivos, su contratación tiende a reducir la productividad media, sin que ello tenga nada que ver con las nuevas tecnologías. Naturalmente, esta situación no es mala ya que la alternativa hubiera sido crecer sin crear empleo. Y quien ahora critica al gobierno por generar crecimiento con empleo y sin productividad, lo hubiera criticado todavía más si el crecimiento hubiera sido con productividad pero sin empleo (¡imagínense cómo acusarían al ministro de favorecer a sus amigos si creciera la renta pero no la ocupación!). Los protestantes sistemáticos deben ser ignorados.

El segundo problema es que el cálculo de la producción real es cada vez más difícil. Si la economía elaboró 100 toneladas de patatas en 1990 y 110 en el 2000, está claro que la producción subió en un 10%. Hasta aquí no hay problema. La cosa se complica cuando la calidad de los bienes mejora con el tiempo: si se fabricaron 100.000 coches en el noventa y 110.000 en el año 2000, el número de coches subió en un 10%. Ahora bien, la «producción», es decir, la cantidad de «bienes y servicios disponibles en la economía», aumentó un poco más ya que, a diferencia de las patatas, los coches del 2000 tenían una calidad muy superior y, en consecuencia, los servicios que generaron fueron mucho mayores. Es decir, las estadísticas que no tienen en cuenta los cambios de calidad tienden a subestimar el crecimiento real de la producción y de la productividad. No hace falta decir que este problema es especialmente grave en momentos de grandes cambios tecnológicos como los actuales. A raíz del informe Boskin, Estados Unidos introdujo correcciones en sus estadísticas. Un estudio de Morgan Stanley estima que, si se utilizara la metodología americana en Europa, la productividad estimada subiría en un 0,5%, cosa que representaría una importante revisión. La productividad real española, pues, podría ser mucho mayor de lo que indican las estadísticas oficiales (y digo «podría» porque el siempre misterioso INE no explica exactamente cómo corrige esos sesgos en las estadísticas españolas).

Los datos siempre son ilustrativos, pero la incertidumbre que rodea alguna de las estadísticas que se manejan, aconseja moderación a la hora de tomar grandes decisiones de política económica. A pesar de ello, algunos observadores las utilizan para exigir que el gobierno financie elevadas inversiones en I+D. Y aquí vuelven a equivocarse.

Los grandes beneficiarios de las revoluciones tecnológicas no son los inventores sino los usuarios. Se podría decir que la última gran revolución fue la que motivó la electricidad a principios del siglo XX. Es evidente que los países que han crecido desde entonces, no son sólo los que inventaron la electricidad (si fuera así, ¡solamente Estados Unidos sería rico!), sino todos los que fueron capaces de adaptar sus economías para poder utilizarla de forma generalizada.

De la misma manera, el hecho que el teléfono móvil, Internet, los programas Windows o el ordenador personal no se descubrieran en Barcelona, no impide que gran parte de nuestra población utilice diariamente estos inventos y que nuestras empresas no puedan experimentar mejoras de productividad gracias a estos ingenios. No perder el tren de las tecnologías no significa inventarlas, sino asegurarse que se tiene la capacidad de usarlas y beneficiarse de ellas.

Y para ello se necesitan tres cosas: infraestructuras modernas, un entorno empresarial y fiscal que incentive a las empresas a invertir y, quizá lo más importante, trabajadores formados. Este último factor es muy importante porque la tecnología y el capital humano tienden a ser complementarios. En este sentido, políticas educativas tenderán a dar mejores resultados que políticas que dilapiden millones en I+D. Primero, porque cuantos más trabajadores puedan utilizar las nuevas tecnologías, más productivo y rico será el país en general. Y segundo, porque las disparidades salariales entre los que sean capaces de adaptarse y los que no aumentarán irremediablemente. Para evitarlo, debemos concentrar nuestra atención en la enseñanza. Debemos reformar el sistema educativo para lograr que nuestros estudiantes no sólo aprendan, sino que aprendan a aprender: el proceso de formación en un mundo cambiante nunca se acaba y los trabajadores deben estar preparados para ello.

Podemos dejar que Bill Gates siga inventando nuestro software. Lo que no podemos permitir es que nuestros niños crezcan sin estar adaptados al nuevo mundo de las tecnologías de la información. Eso sí sería poco *sano*.

La Vanguardia, 17 de octubre de 2000

¿VICTORIA EN SUDÁFRICA?

Hace unos meses, el gobierno de Sudáfrica decidió suministrar fármacos genéricos para tratar el sida, expropiando los derechos de propiedad intelectual de los inventores y violando el derecho internacional en materia de patentes. No es de extrañar que unas cuarenta multinacionales farmacéuticas llevaran al gobierno a los tribunales. La pugna ha acabado con la victoria del gobierno de Pretoria y con celebraciones generalizadas por todo el mundo.

La verdad es que yo no sé si celebrar esa victoria o no. Por un lado, no hay duda de que es inhumano impedir que millones de seres humanos enfermos mueran simplemente porque son pobres y no pueden pagar el precio de los fármacos patentados. Las empresas farmacéuticas perderán beneficios, eso es verdad, pero si sirve para salvar millones de vidas humanas, ¿quién puede ser tan desalmado como para no alegrarse?

El problema es que no está claro que la derrota de las multinacionales acabe salvando millones de vidas. Es más, hay razones para creer que, si no se hace algo, pueda suceder exactamente lo contrario. Me explico. Si todo en la vida ya estuviera inventado, lo mejor sería que los derechos de propiedad intelectual desaparecieran y que todo el mundo pudiera producir y vender fármacos sin necesidad de pagar derechos a los inventores. Es decir, lo mejor sería dejar producir genéricos incluso antes de que expiren las patentes. La competencia entre las empresas reduciría los precios hasta niveles asequibles y millones de africanos pobres salvarían la vida.

Desafortunadamente, no todo está inventado y, en particular, no lo está la cura del sida. Hay que recordar que los fármacos en cuestión no curan, sino que solamente retrasan la aparición del sida a los portadores del virus HIV. La cura definitiva está por inventar. Es más, incluso esta solución transitoria puede tener una efectividad muy limitada ya que el virus HIV es, según dicen los médicos, muy mutante. Dicho de otro modo, las pastillas que funcionan ahora quizá no lo hagan dentro de unos meses. Y cuando esto ocurra, iremos corriendo a las empresas farmacéuticas para pedirles que inventen nuevos fármacos que funcionen con la nueva mutación. ¿Creen ustedes que las multinacionales lo harán, si sospechan que las vamos a volver a expropiar?

Curiosamente, la respuesta es que quizá sí que lo hagan. Y la razón es que el mercado real para las farmacéuticas es el europeo y norteamericano, donde los portadores del HIV sí tienen los medios para pagar precios elevados. Las empresas piensan que, con el dinero que recauden en los países ricos, ya podrán recuperar la inversión inicial por lo que seguirán investigando e inventando. Los países pobres sólo tienen que esperar e ir a remolque. En este sentido, puede ser que la expropiación por parte del gobierno de Pretoria no tenga ninguna consecuencia negativa sobre la investigación en temas de sida.

El talón de Aquiles de ese argumento a favor de la producción de genéricos es que África tiene otro problema de salud pública comparable al del sida. Se trata de la malaria, la tuberculosis, la ébola o las fiebres tropicales, enfermedades que no se dan en los países ricos (ni en gran parte del territorio de Sudáfrica, que queda al sur del Trópico de Capricornio). Al no ser estas enfermedades que afecten a los ricos, las multinacionales solamente van a querer tratarlas si ven posibilidades de vender en los países pobres. Incluso se podría dar el caso que las variantes africanas del sida llegaran a ser tan distintas de las americanas y europeas que los fármacos que se aplican aquí no funcionaran allí. Y ahí es donde la expropiación sudafricana puede ser contraproducente, ya que indica que los países pobres también expropiarán los fármacos que curen las demás enfermedades. ¿Consecuencia? Nadie va a invertir ni un duro en investigación de los males específicos de los pobres... y millones de personas van a seguir muriendo.

Nos enfrentamos, pues, a un brutal dilema. Por un lado, si se permite que el gobierno de Sudáfrica expropie a las multinacionales, se estará salvando a millones de enfermos de sida hoy, pero se puede estar condenando a millones a morir de otras enfermedades el día de mañana. Por otro lado, si no se permite, se da la esperanza a millones de enfermos de mañana, pero se condena a los enfermos de sida hoy.

Una posible escapatoria de este aparente callejón sin salida es la que apunté en un artículo publicado en *La Vanguardia* el 17 de junio de 2000. Se trataría de que los países ricos aportaran dinero a un fondo común para comprar vacunas a precio de mercado, vacunas que se regalarían después a los enfermos de los países pobres. Las multinacionales cobrarían un precio elevado, cosa que les daría incentivos a invertir en I+D y los enfermos pobres tendrían medicamentos gratuitos. Las buenas noticias son que Estados Unidos, el Banco Mundial y algún gobierno europeo ya han prometido miles de millones de dólares a ese proyecto.

Una vez inventados los fármacos, quedarán dos retos por afrontar. Primero, se deberá garantizar que el dinero se utiliza para comprar fármacos y no para otras cosas. Segundo, se deberán encontrar sistemas de distribución de vacunas para que éstas lleguen a la población enferma sin que caigan en manos de los desalmados corruptos que suelen aprovecharse de la miseria de sus compatriotas para hacerse ricos revendiéndolas en los países ricos.

Hay razones para ser optimista pero yo, de momento, no canto victoria.

La Vanguardia, 8 de mayo de 2001

8

Euro y Unión Europea

El último capítulo es una colección de artículos cuyo denominador común es Europa. El artículo titulado «Sensación de crisis» recoge la importancia que el optimismo tiene en la economía y analiza las posibles causas del pesimismo que invadía la economía española a finales del año 2000. El escrito que sigue habla del futuro fiscal de la Unión Europea en el contexto de la armonización fiscal, la eliminación de los fondos estructurales y la incorporación de los países del Este. El siguiente artículo, titulado «El tamaño no importa» se pregunta si nos debemos preocupar por el hecho de que el euro bajara a las pocas semanas de su introducción y se haya mantenido bajo desde entonces.

Finalmente, en el último artículo del libro, titulado «Solbes: ¿hermano o primo?» se critica la actitud a menudo irracional que los defensores de la Unión Europea emplean con los ciudadanos al querer imponer políticas económicas perjudiciales con el único argumento de que «son buenas para la Unión».

SENSACIÓN DE CRISIS

Decía John Maynard Keynes que, a menudo, las crisis económicas empiezan cuando a los ciudadanos de un país les invade una sensación de pesimismo. Sensación como la que parece estar invadiendo España y Europa en estos últimos meses.

A pesar de que los datos macroeconómicos siguen siendo buenos, existen tres factores que llevan a muchos a pensar que las cosas no van ya tan bien. El primero es la caída del euro. En principio, que la cotización del euro baje no es necesariamente malo. A pesar de que encarece las importaciones, una moneda débil también hace que nuestros productos sean más baratos, cosa que facilita las exportaciones y el crecimiento económico. ¿A qué viene, pues, tanta desilusión a raíz de la caída del euro? Creo que la explicación debe encontrarse en la falta de visión que demostraron tener nuestros políticos en 1998. Cuando se creó la moneda única, los líderes españoles y europeos sacaron pecho y nos anunciaron a bombo y platillo que eso nos serviría para plantar cara al monopolio financiero del dólar. El euro debía competir con la moneda americana por la supremacía mundial.

La realidad, sin embargo, es que ni las monedas compiten (compiten las empresas que venden productos), ni el euro fue creado para frenar la hegemonía del dólar. La moneda única se creó para reducir los costes de transacción y las incertidumbres cambiarias entre monedas europeas. El objetivo era facilitar las relaciones comerciales entre empresas de la Comunidad y generar más comercio, más crecimiento y más puestos de trabajo. Bajo esta perspectiva, el euro está siendo un éxito y no un fracaso. Vistas las cotizaciones de los últimos meses, sería bueno que los gobernantes hicieran un ejercicio de pedagogía y explicaran a la ciudadanía para qué se creó y para qué no se creó la moneda única y que, si se abandonan los ejercicios de virilidad monetaria, el euro está funcionando muy bien y funcionará aún mejor cuando entre en circulación, sea cual sea su cotización.

El segundo factor que induce al pesimismo es que la inflación se acerca al 4%. Cualquier economista razonable sabe que una inflación del 3,6% (o del 4% o del 5%) no es necesariamente mala... ni siquiera cuando los precios de nuestros colegas europeos suben menos que los nuestros. Infinidad de países han vivido tasas de inflación muy superiores sin haber sufrido catástrofes económicas. ¿Por qué se reciben, pues, los datos del 3,6% con tanta consternación? Creo que la razón es que el gobierno español se ha obsesionado y nos ha obsesionado a todos con la cifra mágica del 2%. Por qué esa cifra es mejor que el 3% o el 4% es una cosa que ningún economista del mundo ha conseguido demostrar. Pero claro, si uno tiene la paranoia del 2% y la inflación acaba siendo el doble, pues uno acaba hundiéndose en la depresión y el pesimismo.

El gobierno debería confesar que el absurdo objetivo del 2% es ya inalcanzable y debería explicar que una tasa de inflación del 4% no es mala, sobre todo para una economía como la española, que crece más que la europea. Es cierto que, si se revela que la inflación será del 4% (cosa que, por otra parte, todo el mundo sabe), las demandas salariales subirán en la misma proporción. Cuando eso suceda, será bueno que se concedan, porque los trabajadores no deben pagar ni las obsesiones ni los fracasos de la administración. Puede que, con eso, la credibilidad del gobierno en la lucha contra la inflación salga algo dañada. Pero sale mucho más dañada cada mes cuando, tras la publicación del IPC, el ministro anuncia con cara de circunstancias que se mantienen las expectativas del 2%, dando la impresión de que o nos intenta engañar o no sabe lo que hace.

La tercera fuente de noticias pesimistas es la constante subida de los precios de los carburantes. Hace unos meses, el gobierno dijo que solucionaría el problema forzando la competencia de las gasolineras y eso fracasó. Las contradicciones en el seno de la Comisión Europea contribuyeron y siguen contribuyendo a dar la impresión de que nuestros líderes carecen de ideas y de soluciones. En el fondo de la cuestión está el hecho de que el Estado se queda el 70% del precio de la gasolina. El gobierno ha tenido mucho tiempo para rebajar esos colosales y abusivos impuestos, pero su codicia recaudadora y su afán por no frustrar el otro gran objetivo macroeconómico (el déficit cero) le impidieron reaccionar a tiempo. Un antiguo filósofo indio dijo hace 2.500 años que el arte de recaudar impuestos debía ser parecido a como las abejas recogen el néctar: «un poquito de cada planta, para recolectar lo suficiente, pero sin dañar a ninguna flor». Nuestros gobernantes parecen haber olvidado este principio fundamental de las finanzas públicas y han acabado dañando a las flores, que se han rebelado con paros, bloqueos de puertos, manifestaciones y caos circulatorios. Ahora ya es demasiado tarde y no se quiere ceder para no dar la impresión de estar capitulando al chantaje de los protestantes. Una vez más, la administración es responsable del pesimismo reinante por intentar engañarnos con una falsa inducción a la competencia que no ha funcionado y por no hacer nada por reducir su parte (el 70%) de un precio que cada día daña a más flores.

A pesar de todas estas percepciones negativas, la economía real sigue yendo muy bien. No estamos tanto en una situación de crisis como de sensación de crisis. Pero, como dijo Keynes, este creciente sentimiento pesimista puede acabar transformándose en una recesión en toda regla si no se hace algo. Las percepciones de la ciudadanía se pueden cambiar, pero requieren un ejercicio de humildad, de sinceridad y, sobre todo, de pedagogía por parte de quien nos gobierna.

La Vanguardia, 29 de setiembre de 2000

PINOCCHIO Y LA UNIÓN EUROPEA

Recuerdo que una de las imágenes que más me afectaron durante mi infancia es la de Pinocchio, viajando en un lujoso carruaje con un centenar de niños hacia la isla del Placer. A los chavales les habían prometido caramelos y pasteles, parques de atracciones y diversiones gratuitas sin tener que trabajar ni estudiar. Sin embargo, una vez en la isla, tras unas pocas horas de diversión y desenfreno, a los pobres muchachos les crecieron orejas de burro y colas. En cuestión de minutos se transformaban en unos perfectos asnos que posteriormente eran vendidos en el mercado de jumentos. Sólo la intervención de Pepito Grillo y del Hada Madrina evitaron que Pinocchio sufriera la irremediable tragedia. Ahora que lo pienso, nunca he sabido cuál fue el destino final de los niños. Pero me temo que no debieron acabar bien.

Todo nos lleva de manera natural a la entrada de España en la moneda única. Cuando todavía estamos bajo los efectos resacosos del éxito conseguido, es preciso empezar a preguntarse sobre el futuro que nos espera en nuestro nuevo club europeo. El proceso hacia la unificación política parece cada vez más imparable. ¿Qué nos depara, pues, el futuro? La verdad es que es difícil de decir porque el camino no está muy bien planificado. Pero existen tres futuros acontecimientos que nos deben hacer mirar hacia el futuro con suma cautela: la armonización fiscal, la reducción de los fondos estructurales y la expansión de la Unión Europea hacia los países del Este.

Una vez conseguida la convergencia nominal, es el turno de la armonización fiscal. En diciembre de 1997, los ministros de finanzas de la UE decidieron adoptar un código de conducta para la fiscalidad con el objetivo de evitar la «competencia desleal» entre países. Es decir, para evitar que los gobiernos estatales o autónomos utilizaran la política fiscal para atraer el negocio empresarial (a base, por ejemplo, de conceder exenciones impositivas a las empresas que inviertan en un determinado país o comunidad). Esto quiere decir que los sistemas impositivos de los diferentes países de la UE serán cada vez más similares. El problema es que la presión fiscal que sufrimos los países del Sur de Europa (entre los que está España) es netamente inferior a la que sufren nuestros vecinos del Norte. Siendo así las cosas, la convergencia o armonización fiscal se puede conseguir, lógicamente, de dos maneras: o bajando los impuestos de los países nórdicos o subiendo los nuestros. El proceso que se acabará adoptando todavía está por decidir. Es posible que pase un poco de todo y que nos encontremos a medio camino. Ahora bien, no me parece muy probable suponer que países como Francia o Suecia se avengan a reducir demasiado sus impuestos y su «Estado del bienestar», por lo que la mitad del camino se encuentra más cerca de Francia y Suecia que de España y Portugal. Por lo tanto, debemos pensar que a medio y largo plazo, los impuestos españoles van a subir sustancialmente. Y eso es malo.

El segundo acontecimiento de importancia para el futuro de la Unión Europea es la progresiva reducción de los fondos estructurales. Los países ricos del entorno alemán están cada vez más hartos de ser la teta de la que maman todos los europeos y están cada vez menos dispuestos a contribuir tan significativamente al presupuesto comunitario. Actualmente, Alemania hace entre el 60 y el 70% de las contribuciones netas de la UE. Hace unos meses, el ministro de economía alemán calificó la situación actual de expolio de inaceptable. Esa misma queja se vio reflejada en una resolución aprobada por el Parlamento Europeo el 28 de mayo que eliminaba los fondos de cohesión para todos los países que se integraran en el euro. De momento, esta resolución no es vinculante, pero si se llevara a cabo, España perdería unos 10.000 millones de euros entre el 2000 y el 2006.

El tercer acontecimiento importante para el futuro de la UE es el de la incorporación de los países de la Europa del Este. Siguiendo los pasos de Hungría y Polonia en 1994, una decena de países (terriblemente pobres, dicho sea de paso) de la Europa del Este han pedido su incorporación a la UE. No sabemos todavía qué países entrarán ni cuándo lo harán. Lo que sí sabemos es que, cuando lo hagan, habrá dos implicaciones importantes. La primera es que el PIB per cápita medio de la Unión va a disminuir. Eso hará que las regiones que actualmente reciben fondos europeos por tener rentas inferiores al 75% de la media europea, dejarán de calificar. La segunda es que los nuevos miembros pasarán a cobrar de los fondos estructurales. Dependiendo de quién entre, es posible que España pase de ser receptor a ser contribuyente neto al proyecto europeo. ¡Y todo esto sin haber alcanzado la renta media europea!

Los pasteles y los caramelos que se nos prometieron al entrar en la Unión Europea comienzan a desaparecer. El mundo fantástico que nos imaginamos se está evaporando ante nuestros ojos. Sea como fuere, debemos pensar seriamente en las consecuencias de todo esto sobre nuestra fiscalidad y nuestro bolsillo. A diferencia de Pinocchio, ¡nosotros no tenemos Hada Madrina!

El Periódico, 18 de junio de 1998

EL TAMAÑO NO IMPORTA

Todavía no hace ni un año que se ha creado y el euro ya ha bajado hasta el «temido» valor de un dólar. A raíz de esa desgracia, algunos observadores han dicho que la Unión Monetaria ha sido incapaz de crear una moneda capaz de competir con el dólar y se estiran de los pelos ante el clamoroso fracaso de la moneda única.

Muchos de los que antes decían que, desde el punto de vista económico, el euro era una mala idea, ahora utilizan su debilidad para decir que tenían razón. Por otro lado, los que cantaban victoria, saltaban de alegría y lanzaban consignas antiamericanas en enero de 1999 (recuerden ustedes que el euro subió durante las primeras semanas de su existencia), hoy se esconden avergonzados ante la anemia que muestra su nueva moneda.

De hecho, yo estoy entre aquellos que decían que el euro no era una buena idea. Y ahora sería relativamente fácil escribir artículos diciendo que, finalmente, la evidencia me ha dado la razón. Pero esto, además de intelectualmente deshonesto, sería falso. Y sería falso porque el valor de una moneda no tiene nada que ver con su viabilidad, ni con el éxito económico de los países que la han creado o adoptado, ni mucho menos con el honor internacional de los ciudadanos comunitarios. A pesar de ello, nuestros dirigentes hablan como si el honor de Europa estuviera ligado de alguna manera a la cotización del euro. Perdónenme ustedes la comparación, pero la verdad es que siempre he pensado que los que identifican la fortaleza de una moneda con el honor nacional son los mismos que se creen que «el tamaño importa». Imagino la escena de José María Aznar fumando puros en el Despacho Oval de la Casa Blanca con Bill Clinton, exclamando orgulloso: «¡Mi moneda es más grande que la tuya!».

El valor de una moneda no sólo no refleja el honor nacional de un país o de una comunidad de ciudadanos sino que ni siquiera evidencia su situación económica. Una economía puede ir muy bien y, al mismo tiempo, tener una moneda fuerte (¿recuerdan la economía norteamericana de Reagan a mediados de los ochenta, cuando el dólar valía 200 pesetas?) o puede ir muy bien y tener una moneda débil (los mismos Estados Unidos seguían yendo bien en 1990, y el dólar descendió a menos de 100 pesetas). El yen japonés estaba muy fuerte cuando la economía crecía a ritmos trepidantes en los ochenta y siguió fuerte durante la calamitosa y miserable década de los noventa. Y así, podríamos seguir dando ejemplos que demuestran una y otra vez que el hecho de que la cotización de una moneda sea elevada no tiene nada que ver con el hecho de que el país o los países que la utilizan vayan bien.

¿Por qué, entonces, insisten nuestros dirigentes políticos y la mayor parte de analistas mediáticos en sentirse «orgullosos» cuando el euro está fuerte y en manifestar pesimismo cuando baja? Supongo que la razón estriba en que cuando crearon el euro, creyeron que el objetivo era tener una moneda que «compitiera con el dólar», que les quitara a los norteamericanos las rentas asociadas a tener la única moneda verdaderamente internacional. De hecho, no cesaron de acusar a los que decíamos que eso del euro no era una buena idea de estar al servicio del imperialismo americano y que los yanquis no querían que se introdujera el euro porque tenían miedo de la competencia. En ese contexto, un euro fuerte hubiera sido interpretado como el refrendo por parte de los mercados a la brillante idea europea de desbancar al dólar. Y eso explica su disgusto, una vez se ha comprobado que, en lugar de subir como la espuma, el euro está en horas bajas.

A pesar de que son muchos los que piensan así, la verdad es que están profundamente equivocados. Las monedas no compiten. Compiten las empresas que producen bienes. Las monedas sirven para comprar y vender dichos bienes. Cuando el euro baja en relación al dólar, los productos norteamericanos encarecen (cosa que perjudica a los importadores europeos que compran en Estados Unidos) y, por la misma razón, los productos europeos se abaratan (cosa que beneficia a los exportadores europeos que pueden vender mucho más en Estados Unidos). Es decir, cuando nuestra moneda se debilita, una parte de nuestra ciudadanía sale perdiendo (en este caso los importadores) y otra sale ganando (en este caso los exportadores). De ninguna manera, pues, se puede afirmar que un euro débil perjudique a los europeos o sea malo para Europa. De hecho, un euro barato conlleva un aumento de las exportaciones europeas a Estados Unidos, cosa que crea ocupación y riqueza. Y eso es mucho más importante que el sentido del «honor» que puedan perder algunos de los nuestros ante la debilidad monetaria. Una vez dicho esto, recordemos que el hecho de tener una moneda única puede tener efectos adversos sobre las economías que la adoptan. Uno de estos costos es la aparición de (sorpresa...) inflaciones diferenciales. Últimamente, países como España han visto cómo su tasa de inflación era superior a la europea, cosa que ha sido utilizada por multitud de observadores para acusar al gobierno de incompetencia. En realidad, la inflación diferencial no representa ningún fracaso del gobierno sino que es la consecuencia natural y normal de tener una sola moneda. Me explico. En una economía de mercado, los precios suben y bajan como respuesta a los movimientos de las ofertas y las demandas. Cuando los productos españoles suben más de precio que los alemanes, se dice que España tiene una inflación diferencial con respecto de Alemania. Cuando la demanda de productos españoles sube más que la demanda de productos alemanes, es normal que el precio español suba más. Si las dos economías tuvieran monedas distintas, el encarecimiento de los productos españoles se podría llevar a cabo a través del aumento de precio de la peseta. Pero si España y Alemania tienen la misma moneda, eso no es posible. La única alternativa es el aumento de los precios españoles por encima de los alemanes. Es decir, la inflación diferencial. Hasta aquí, ningún problema. Las complicaciones aparecerán cuando baje la demanda y los precios españoles estén obligados a bajar. Digo que eso es una complicación porque algunos de los precios españoles son inflexibles a la baja. Y unos de los más inflexibles son los salarios. La inflexibilidad de los salarios a la baja aumentará el paro. Y todo esto se podría evitar si el ajuste se produjera a través de la reducción de la cotización de la peseta, pero eso será imposible cuando el euro haya entrado en vigor y la peseta esté enterrada.

Resumiendo, que el euro haya bajado su cotización por debajo de la paridad con el dólar no representa ningún fracaso para Europa ni ninguna vergüenza para nuestros líderes. Ahora bien, la introducción de la moneda única sigue siendo una mala idea... sea cual sea su cotización con el dólar.

El Periódico, 29 de diciembre de 1999

SOLBES: ¿HERMANO O PRIMO?

«No preguntes lo que tu país puede hacer por ti, sino lo que tú puedes hacer por tu país.» Ésta debe de ser la frase más popular del discurso inaugural de John F. Kennedy y una de las más desafortunadas de cuantas pronunció a lo largo de su vida. La sugerencia de que los ciudadanos deben estar al servicio del país siempre me ha producido escalofríos y me trae a la mente imágenes de películas de regímenes totalitarios como el de *1984* de George Orwell.

Pero la frase de Kennedy acaba de quedar pequeña al lado de la pronunciada por el comisario de la Unión Europea, don Pedro Solbes, quien, mientras regañaba al gobierno de Irlanda por haber presupuestado una reducción de impuestos dijo: «Tradicionalmente, la política económica de un país buscaba lo mejor para sus ciudadanos, pero en una unión económica y monetaria, los países deben hacer lo que es pertinente a nivel europeo». Esa frase confirma mis peores sospechas. Se nos dijo en su momento que la UE estaría a nuestro servicio y nos beneficiaría a todos, pero ahora don Pedro, disfrazado de Gran Hermano, nos pide que no nos preguntemos lo que la UE puede hacer por nosotros, sino lo que nosotros podemos hacer por la UE. Y ahí es cuando me pongo a temblar.

Para poner las cosas en perspectiva, déjenme que describa la escena. Por un lado está Irlanda, que en 1987 era un país agrícola pobre de la periferia europea que vivía de las limosnas comunitarias y de las remesas de sus numerosos emigrantes. Durante ese año, el gobierno impuso profundas reformas que comenzaron con una dramática reducción del gasto público acompañada de una ligera reducción de impuestos y que incluyeron la introducción de incentivos fiscales a la inversión extranjera, la eliminación de regulación en el sector exportador, la liberalización del mercado de trabajo, los incentivos a la escolarización y los pactos con los sindicatos para la limitación de demandas salariales.

Los resultados fueron poco menos que espectaculares. Irlanda ha crecido a un ritmo de cerca del 10% anual. La renta per cápita ha pasado del 72% de la media europea a más del 110%. El país se ha convertido en uno de los líderes tecnológicos del mundo y uno de los principales destinos de la inversión directa en Europa. El crecimiento de la productividad ha sido tan grande que los salarios han aumentado mucho más de lo que los sindicatos hubieran soñado durante el antiguo régimen. La tasa de paro, que rondaba el 18% cuando Irlanda competía con la España socialista por el título de «gobierno europeo más incompetente en el tema del paro» (por cierto, ¿saben dónde estaba el Gran Hermano Solbes en aquella época?), se ha reducido hasta llegar al 5%. En resumen, un país cuya trayectoria económica podría calificarse de milagro en toda regla y por esto algunos lo llaman el «Tigre céltico».

A raíz de todo esto, el déficit fiscal que alcanzaba el 7% del PIB en 1987 se convirtió en un superávit del 4% en el 2000. Como siempre pasa en estos casos, el pueblo se pregunta qué hacer con el dinero que sobra. La respuesta más inteligente la dieron los irlandeses: que se devuelva a quien pertenece, al contribuyente. Razonable, ¿no?

Pues no, porque en el otro lado de la escena están los burócratas europeos, singulares personajes con enormes agujeros en los bolsillos, que gastan todo lo que tienen, que regulan todo lo que pueden, que han creado una complicadísima red de perniciosos subsidios cuyo único objetivo es compensar los efectos negativos de sus otros subsidios y que han conseguido que Europa se convierta en la zona con mayores tasas de paro del mundo desarrollado. Sus acciones, por absurdas que sean, siempre se justifican de la misma manera: «el bien de la Unión». Y, según parece, el bien de la Unión dicta que una reducción de impuestos en Irlanda no procede porque generará mayor crecimiento económico y eso, dicen, es inflacionario. Es cierto que las reglas del juego aceptadas por todos con el Pacto de Estabilidad prohíben las reducciones de impuestos que causan déficits fiscales excesivos. Pero claramente éste no es el caso de Irlanda porque, entre otras cosas, ¡su gobierno mantiene un gran superávit!

Siendo así, ¿por qué se mete el Gran Hermano con Irlanda? Se me ocurren varias explicaciones (algunas de tipo freudiano) pero la más verídica es la que más me preocupa. Los burócratas europeos quieren impedir que comience una carrera de reducciones impositivas que, a pesar de ser beneficiosa para los ciudadanos, ellos consideran «perniciosa para la Unión». Nos quieren imponer una superestructura que monopolice y controle todos los impuestos que se cobran en Europa, evitando una competencia entre administraciones que conllevaría una mayor disciplina fiscal y una reducción del gasto público innecesario. En este sentido, prefieren empezar metiéndose con la débil Irlanda antes de enfrentarse a un rival mucho más poderoso y que ya ha anunciado rebajas fiscales en Italia si gana las próximas elecciones: Silvio Berlusconi. Si mi temor fuera cierto, el comportamiento de don Pedro no se parecería tanto al del Gran Hermano de Orwell como al del primo de Zumosol. Y eso es muy preocupante porque, si los comisarios europeos se meten con los débiles, aunque hagan las cosas bien, simplemente para transmitir mensajes intimidatorios a los poderosos, ¿qué haremos cuando se metan con nosotros? ¿Quién nos protegerá de sus arbitrariedades?

En resumen, no sé si Solbes es el Gran Hermano o el primo de Zumosol, pero la cuestión es: a partir de ahora, ¿deberemos preguntarnos lo que don Pedro puede hacer por nosotros o lo que nosotros debemos hacer por don Pedro? Confieso que, cuanto más pienso en esa pregunta, menos me gusta la respuesta.

La Vanguardia, 17 de febrero de 2001

Índice onomástico

Suharto, 60, 137, 178
Summers y Heston, 109n., 110n.

Temps, El, revista, 219, 248
Tiger's Fund, 162
Tobin, James, 117, 118n., 121
Tobin, tasa, 92, 117-121, 183
Torres, Vicent Xavier, 206
Toyota, 38
Tunku Sala Huddin Abdul Asís Shah
    ibn Al-Marhum Sultan Hisam-
    muddin Alam Shah, 136n.
Turner, Robert E. (Ted), 46, 143
Twain, Mark, 225

UE (Unión Europea), 89, 95, 143,
    159, 192-193, 195, 202, 205,
    261, 264-265, 269
Unicef, 97-98
Unión Monetaria, 266
Universidad de Berkeley, 46n.
Universidad de California, 190
Universidad de Chicago, 51
Universidad de Columbia, 213-214
Universidad de Harvard, 76, 79,
    169, 190
Universidad de Toulouse, 156
Universidad de Yale, 117, 162,
    172, 190, 238
Universitat Pompeu Fabra (UPF),
    206, 208-209

Vanderbilt, William K., 46-47
Vanguardia, La, periódico, 22, 160,
    170, 172, 175, 177, 182, 187,
    189, 191, 194, 198, 203, 205,
    211, 223, 225, 244, 253, 256,
    258, 260, 263, 271
Vargas Llosa, Mario, 187
Veblen, Thorsten, 199
22@BCN, 209

Wade, Abdoulaye, 140-141, 173-174
Wal Mart, 47n., 100
Wall Street, 47n., 162
Walton, S. Robson, 46, 47n.
Walton, Sam, 47n.
Washington, George, 214
Welles, Orson, 66
Western Union, 155
Widener, Joseph, 46
Williamson, Davis, 190
Williamson, Jeffrey, 190
Windsor, los, 48
Wolfesohn, James, 170
Woods, Tiger, 48

Xerox, 72n.

Yeltsin, Boris, 113, 115, 123-124,
    126-127

Zedillo, Ernesto, 172